BEING A SCHOOL
PSYCHOLOGIST
IN AMERICA

我在美国做
学校心理学家

走进真实的美国中小学生活

〔美〕谢 刚 / 著

TRUE LIFE OF
AMERICAN
PUBLIC SCHOOLS

北京师范大学出版集团
BEIJING NORMAL UNIVERSITY PUBLISHING GROUP
北京师范大学出版社

序　言

2015年6月底，我出发去北京做亲子讲座前，加州几位好心的家长告诫，"谢老师，留学低龄化是大势所趋，你已经挡不住了！"

从2005年的632名到2014年的38,089名，来美国读初中和高中的中国学生在10年间飞涨了60倍。

我写这本书，不是要去扭转这个趋势，只是想介绍20年来我在美国中小学的所见所闻、对校内外教育的观察，并提供美国基础教育的第一手资料，供大家参考。

美国基础教育两极分化严重。成绩高的校区属于少数。全国评估显示，只有38%～39%的十二年级学生达到大学入学要求的数学和阅读水平。关于如何全面提高课程的质量，国家迟迟无法达成共识。

从1998—2012年，美国公立高中四年内平均毕业率从71%上升到81%[1]，但即使这样也有将近五分之一的学生不能按时拿到毕业证书！

---

[1] http://www.governing.com/gov-data/high-school-graduation-rates-by-state.html

美国青少年中，大约 10.7% 的人患有抑郁症①，5.9% 有严重焦虑症状②。自杀是青少年的第三大死亡原因③。

美国的父母和孩子同样面临网络上瘾、亲子关系的维护、学习态度和习惯的培养、课外活动的取舍、青春期的逆反……

那看似自由宽松的教育制度，真是孩子们轻松的"乐园"吗？

什么样的孩子，能在这里胜出呢？

*　　　　*　　　　*

和心理学结缘，始于 30 年前高中班主任老师的一次家访。

当时我在某省重点高中读高一，但学业成绩和心理发展都与同学相差很远。老师半小时的家访，让父母和我受宠若惊；几句鼓励的话，帮我重建了对学习的信心。

读本科时，我就忍不住思考：为什么老师半小时传递的信任能产生这么大的力量——让一个初中厌学的学生在高中阶段的后两年半的时间里补学了中学六年的课程，从倒数逆袭成为前三名？那无法用任何标准测试打分的"心理作用"，到底是如何起作用的？

1993 年，当我有幸进入北京师范大学教育心理专业攻读硕士时，才发现原来这就是"皮格马利翁效应"。早在 20 世纪 60 年代，经典的心理学实验就显示，老师的赞美、信任和期待能增强学生的自我价值，使其获得积极向上的动力。

从那以后，我的理想就是能够找到一门学科，让自己有机会把学到的心理学知识直接应用到中小学，让更多孩子获得健康的心理，并从中受益。

1996 年，我幸运地发现了"学校心理学"。

和美国心理学其他分支相比，学校心理学属后起的学科④。按美国学

---

①　http://www.nimh.nih.gov/health/statistics/prevalence/major-depression-among-adolescents.shtml

②　http://www.nimh.nih.gov/health/statistics/prevalence/any-anxiety-disorder-among-children.shtml

③　http://www.aacap.org/AACAP/Families_and_youth/Facts_for_Families/FFF-Guide/Teen-Suicide-010.aspx

④　学校心理学的起源可以追溯到 1896 年莱特讷·维特莫（Lightner Witmer）教授在宾州大学创立的心理和儿童指导诊所（Psychological and Child Guidance Clinic），20 世纪中期，随着心理测量的兴起和《特殊教育法》的完善开始蓬勃发展。

校心理学家协会(NASP①)的定义，学校心理学家"运用心理健康、学习理论和行为管理方面的专业知识，帮助儿童和青少年在学业、社交、行为和情绪管理上更成功。他们是学校团队中独特的成员，支持学生学习的能力，提高老师教学的能力"。

1954年，赛耶会议(Thayer Conference)初步规范了学校心理学家的职业角色、培训和资格认证要求，全美只有大约1,000人从事学校心理学工作。根据NASP网站数据，目前美国已经有30,000多名学校心理学家，其中90.7%是白人，只有1.3%是亚太裔(Asian/Pacific Islanders)。大约24.2%有博士学位，其余的有硕士、专家(specialist)或获得资格证书的专业人士。

感谢宾夕法尼亚州天普大学(Temple University)提供的全额奖学金，让我有机会完成三年的理论课程和在费城公立校区一学年的实习。而后，我在2000年8月来到加州旧金山湾区，在费利蒙联合校区(Fremont Unified School District)正式开始了学校心理学家的工作。

旧金山湾区是除纽约外全美华裔最聚集的地区。虽然有华裔血统的居民只占美国总人口的1.2%，但其中近17%聚居在旧金山湾区。旧金山市华裔居民比例超过20%。我工作生活的费利蒙市，华裔人口约31,000人，占本市总人口的近18%，如果加上其他亚裔移民，比例就达到51%。附近有的城市亚裔更是高达60%以上。②

除了亚裔人口比例远远超出美国各城镇市亚裔人口平均数外，旧金山湾区的最大特点还有平均教育水平高。亚裔移民中，很多人都是各大高科技公司的工程师或管理人员。以费利蒙市为例，有本科或以上学历的居民达到49%，家庭平均年收入114,000美元，远远超过全美平均数③。

费利蒙联合校区一共有34,000多名学生分布在28所小学、5所初中和5所高中。另外，校区还包括一所特殊教育幼儿园和一所为缺勤过多的学生设立的特殊高中。因为美国是就近入学，所以城市的人口结构直接反映在公立学校中学生的组成上。有一个高中区亚裔学生甚至高达85%以

---

① http://www.nasponline.org
② http://quickfacts.census.gov/qfd/states/06000.html
③ https://www.fremont.gov/184/Demographics

上。校区总体教育水平在旧金山湾区有口皆碑，近30年间，多所中小学先后荣获国家和洲际奖项①。

费利蒙市联合校区聘有31名学校心理学家，其中有包括我在内的3位博士。学校心理学最吸引我的地方是，它融会贯通了发展心理学、教育心理学和临床心理学等分支学科中的实用部分，并直接应用在中小学校园里。学校心理学家的工作涵盖许多与教育相关的方面，如亲人或老师突然过世时，提供悲伤辅导咨询；为社交能力有障碍的学生组织"社交技巧小组"服务；为老师提供行为管理咨询、自杀防御等。但我们大部分时间是在做教育心理测评、诊断和设计教育方案。

过去的17年间，我先后服务过（从学前班到十二年级）9个学校的学生、家长和老师。做全职学校心理学工作时，我曾一年为110多名学前儿童②进行测评和诊断，最少的一年也有60多位。

感谢有这样的机会让我们深入了解每一位来进行测评的孩子，通过和父母、老师的访谈、在教室和课间的观察、面谈、前后近四小时的各种能力标准测试、问卷等，再结合特殊教育老师做的个人学业测评，我们可以准确地看到孩子能力发展特点及在学业、行为、情绪等方面吃力的原因，从而设计出最适合他们的教育方案。2005年，长子出生后，我开始在校区每周工作三天，这样除了照顾家庭，还有机会用教育心理学执照在校外做私人咨询，这让我和附近城市很多公私立学校都有联系，同时也扩展了经验。

校内的工作让我有机会深入了解各种学业、行为和情绪问题的根源及相关措施；校外的社区活动让我有机会接触华裔家庭在加州特有的挑战和需求。本书的第一个使命就是，希望通过介绍自己这两方面的工作并结合这十一年来养育两个孩子的体会，可以在留学低龄化势不可当的今天，帮助有需要的家庭更真实地了解美国基础教育，全面分析考虑，帮孩子做最正确的选择。

工作第一年，我曾经很兴奋，以为找到了预测教育成功的捷径：因为每个综合测评的第一项都是智力测试，理论上来讲，它应该和学业成就呈

---

① http://www.fremont.k12.ca.us/Page/28836

② 2002—2003学年，负责圣马特奥-福斯特城校区（San Mateo-Foster City School District）学前测评组工作。

正相关。

可不到两年，我就开始发现智力的局限性，因为我看到在太多案例中，孩子的智力没问题，但就是在班里表现差，有的孩子还影响到周围同学的学习，甚至出现过激行为，导致高中无法毕业。

我开始在工作之余查资料，在校园里观察优秀学生的特点，寻找与"教育成功"相关的因素。我发现了更多优秀的教育心理学研究结果，却看到它们并不为大众所知所用。比如，已经被推广了二十年之久的情商培养、积极心理学①、培养内驱力关键的"成长的心态"、积极管教，还有近年来教育界最热议的"坚毅"等。

从2002年起，我在旧金山湾区电台、电视台和数十个民间组织的支持下，每年和华裔社区探讨教育心理在育儿过程中的应用，并从2012年秋天起在海外文轩网站上记笔记，把生活工作中有实例支持的发现介绍给大家。

什么因素比智力、成绩还有名校更能预测孩子成人后的成就？

怎样培养孩子的自律、自信和韧性？

怎样管教才会对孩子有积极长远的影响？

怎样"爱"才能让孩子学会关爱他人？

什么可以提高孩子成人后对生活的满意度？

……

感谢四年来海外文轩网站和海内外家长的支持，这使我坚持以笔名"心桥"写下相关内容。"心桥"，也象征本书的第二个使命，即为心理学理论和家庭教育搭一座桥，让家长在为人父母的路上更有信心和效率，提高孩子的心理健康水平。

感谢北京师范大学心理学院主办的"华人应用心理学大会"，让我在2016年有幸和国内同人分享美国中小学心理健康教育和心理测评的工作经验。本书的第三个使命，是介绍我在加州从事的学校心理学工作，总结针对孩子在学习、情绪或行为上的困难进行学校测评、诊断和服务的流程，为国内的学校心理学工作者提供第一手资料。

---

① 积极心理学专注于识别和增强能使人生更有意义的力量和美德，是研究美好生活的科学，让个人和社区更健康地成长。M. E. P. Seligman, & M. Csikszentmihalyi. (2000). Positive psychology: An introduction. *American Psychologist*, 55, 5-14.

感谢北京师范大学出版社，是他们的鼓励，让我有勇气把工作笔记整理成书，供大家参考。

感谢先生的支持，让我在工作和家务之余，找到充足的时间完成这个挑战。

感谢威廉和大卫，给我机会和他们共同成长。

更感谢这二十年间服务过的近千名孩子和家长，感谢你们的信任，让我有机会把经验与更多的家庭分享！

谢　刚

2016 年 4 月

目 录

◀ 对岸的草更绿吗？——美国中小学面面观

> 硅谷近36%的居民出生在美国以外，其中约14%来自中国，囊括了来自各大高科技公司、研究机构等的中坚力量，他们都是完成国内基础教育后出国的。当媒体集中在中美教育的差异时，从教育心理学的角度却能发现许多相似之处。比如，国内的优秀学生和加州的优秀学生都具有求知欲强、兴趣广泛、自律性高、和同学们相处得好的特点。应试制度有弊端，却不能否认很多学生在这个过程中养成了上进心和勤奋的习惯。教育制度没有完美的。最好的教育不一定是最贵的选择。客观地了解西方教育的特点和要求，才能帮孩子一起做最理智的选择。

什么年龄留学适应最快？	003
她为什么被劝退？	011
美国的学校有规矩吗？	018
小学教育只是玩儿吗？	023
美国的「小升初」	029
美国孩子爱读书吗？	033
资优教育：「GATE」不「GATE」？	037
大学申请知多少？	042
美国的学校安全吗？	053
E时代：孩子真的要输给网络了吗？	056
美国青少年的精神健康	061
留学的行囊：「失败」的经历打包好了吗？	067
「云吞汤」和打群架	072
「推」还是「放」？	076
考级的疑惑	084

"爱"子有方——教育中的心理学

"教育，是学校里教过的知识都忘掉后，自己还保留的东西。"几十年对"成功和幸福"的研究发现异曲同工，都是强调无法用标准测试量化的内驱力、责任感、信心、恒心、感恩之心等优良的品格和社交能力等软因素，而这一切都离不开成长过程中的接纳、尊重、信任和期待。天生能力(nature)和后天培养(nurture)像长方形的长与宽，一起决定着孩子长大后的面积。哪怕孩子先天的基因占70%，后天的教育占30%，这30%的力量却足以决定那70%的能力可以发挥到什么程度。

『我想要的不是你』 089

哈佛爸爸深度谈 095

命运可以改变吗？ 099

什么=教育"成功"？ 104

海豚是怎样训练出来的？ 111

您相信的不是『我』 115

为什么『聪明』孩子会做『不聪明』的事儿？ 119

情绪的ABC 124

我是……？ 128

输不起的是谁？ 135

学习的起跑线 139

种子，孩子 145

不言『谢』的孩子 150

『送鲜花』和『捡垃圾』 153

这孩子真的『欠揍』吗？ 158

莫让『爱』迷眼睛 161

『剩饭』型的妈 166

『穷养』？『富养』？ 170

当孩子在学校有困难——学校心理学工作

> 当孩子在课堂上有学习、行为或情绪等困难时，学校心理学家负责提供心理测评、诊断、干预和预防服务，为需要特殊教育的学生设计个人方案，取长补短，创造积极的学习环境。心理健康是"个人可以发挥潜能，处理生活中的压力，有效工作，为社区做贡献的状态"。它不是孤立的，需要接纳并支持不同学习特点的成长环境。

学校心理学工作 …… 177

他为什么不做作业？ …… 184

她为什么不说话？ …… 189

当情绪控制主人 …… 193

注意力不集中怎么办？ …… 196

孩子在学校不听话怎么办？ …… 199

『半杯子满』还是『半杯子空』？ …… 203

识字冠军的困惑 …… 208

我为什么还活着？ …… 214

附录　费利蒙联合校区教育心理诊断报告样例 …… 223

对岸的草更绿吗？
——美国中小学面面观

教育制度没有完美的，最好的教育不一定是最贵的选择。硅谷近 36% 的居民出生在美国以外，其中约 14% 来自中国，囊括了来自各大高科技公司、研究机构等的中坚力量，他们都是完成国内基础教育后出国的。当媒体集中在中美教育的差异时，从教育心理学的角度却能发现许多相似之处。比如，国内的优秀学生和加州的优秀学生都具有求知欲强、兴趣广泛、自律性高等特点。应试制度有弊端，却不能否认很多学生在这个过程中养成了上进心和勤奋的习惯。

从 2000 年开始，经济合作与发展组织（OECD）每隔三年采用国际学生评估项目（The Program for International Student Assessment，PISA）来测评不同国家 15 岁学生的数学、科学和阅读能力。2012 年，在参与 PISA 的 65 个国家和地区中，美国高中生的平均阅读分数排第 20 位，科学排第 23 位，数学排第 30 位。上海在各项评比中都高居榜首。①

与此形成鲜明对比的是，来美国读初中和高中的中国学生从 2005 年的 632 名变为 2014 年的 38,089 名，在 10 年间飞涨了 60 多倍。留学低龄化势不可当。

从 1999 年在费城公立校区的全职实习到现在，17 年间的工作确实让我看到美国中小学许多可取的地方，但也有很多不为外人所知的问题。美国基础教育两极分化严重，政府已讨论了多年全国平均水平的危机，但关于如何提高，迟迟无法达成共识。全国评估显示，只有 38%～39% 的十二年级学生达到大学入学要求的数学和阅读水平。

我能理解为什么很多家长想把孩子送到国外读书，但盲目推崇并不可取。国内的教育资源不均衡，但好的已经远远超过了美国普通公立学校的水平。

什么年龄留学适应最快？
为什么有些学生被劝退？
美国的学校安全吗？
美国的校规有哪些？
美国的"小升初"需要注意什么？
美国青少年的心理健康问题
……

教育制度没有最好，只有最适合自己的。最好的教育不一定是最贵的选择。多了解西方教育的要求，客观地分析，才能和孩子的性格特点等相比较，找到最适合他们成长的环境。

---

① https://nces.ed.gov/fastfacts/display.asp?id=1

什么年龄留学适应最快？

> 单纯去适应美式教育，年龄不是关键问题。如果有良好的心理素质、学习态度和行为习惯，什么年龄留学都会在半年到一年内适应。但我不赞成孩子在初中之前留学，除非心智特别成熟，18岁前自己去国外读书也不推荐。青春期是自我同一性和角色混乱的冲突期，这么关键的发展阶段，怎么能放心让异国的同学和老师来影响呢？

2015年夏天，首次有幸和国内家长当面分享工作经验。北京家长们的学习热情让我感动。他们最关心的问题之一是，"孩子在什么年龄留学适应最快？"这个问题让我一下子想起2013年接触的一个新移民家庭。

当时刚开学两天，初中负责七年级的咨询老师来找我，因为任课老师们反映，一位刚从中国来的新生可能被安置错学校了，需要我帮助联系家长。我从孩子的母亲那里了解到，她们全家刚从湖南移民到加州，因为儿子刚满5岁，考虑到他正好可以直接上学前班①，从头开始全盘接受美式教育，应该适应快。而他们的女儿当时在国内刚完成五年级，可因为生日是在11月，而校区当时的政策是12月2号之前满12岁的都算七年级（现在已经根据新的州立法律改成9月1号了），所以被直接分到我们初中。

姐姐长得眉清目秀，但一脸焦急，说自己没上过六年级，虽然在湖南

---

① 美国的义务教育从5岁的学前班（kindergarten）开始提供，6～18岁是加州法律规定必须接受教育的年龄。

课外补习过英语，但内容和这里的课程大相径庭，自己在课上只能听懂不到20%。在国内习惯了一个教室，固定的同学，还有班主任辅导；这里初中却需要六节课换六个不同的教室和老师以及不同的同学。由于对新的体制不熟悉，她课下想努力都不知如何入手。父母不懂英文，也帮不上任何忙。

从表面上看，适应吃力的应该是姐姐，因为同龄的孩子们大多习惯了加州的教学方法、笔记和作业要求等，她有许多需要赶上来的地方。而弟弟和其他5岁的小朋友们都是第一次进正规的学校学习，起跑点更相似。

但事实却正好相反。和姐姐谈完后我安慰她，半年到一年就可以赶上来，因为她在国内已经养成了积极的学习态度和良好的学习习惯。家长没考虑到加州课程中语言特别是词汇量对她学习的挑战，连字典或翻译机之类的工具都没给她准备。我把自己的朗文字典借给她后，天天看着她背着沉重的书包，抱着厚厚的字典，穿梭在不同的教室间。我与阅读量大的历史和科学课老师们交流后，将她的教材换成为学习英语语言的学生准备的简化教材，需要阅读的内容和作业比其他同学简单很多。姐姐很虚心地接受我的建议，不怕多花时间预习，把所有生词都查出来并提前理解。另外，她还很友好，虽然听不懂，但午饭时，常看到她用心地听同学们讲话。有了这种态度和习惯，再大的差异都可以适应。学校也积极配合，由校长亲自和校区联系，破例在一周后把她换到小学六年级——只有一位老师负责29位固定的同学，让她可以更集中精力在学业内容上。

果不其然，2014年秋季再入七年级的时候，姐姐不但口语流利，学习上也从容自如，节节上升。到八年级时，她的英文课老师告诉我，姐姐的阅读理解和写作能力已经完全可以和本地出生的孩子相比。这个刚来到加州时英语语言测试①（California English Language Development Test，CELDT）只是初级（Level 2）的孩子，两年内持续进步，今年考到最高级（Level 5），证明英语程度不再是外语水平了。

相比之下，弟弟虽然和其他5岁的小朋友们一起进入美国正规学校接受教育，但适应起来却吃力许多。当时母亲带着他来和我讨论姐姐的问题时，我马上发现弟弟比同龄人的注意力和自控力差很多。不管给他什么玩具还是书，都没有办法让他安静地坐两分钟以上，不满意时，他还会高声喊叫并伸手打母亲。而他刚入的小学恰好是周围几所小学中管教最重于惩

---

① California English Language Development Test，为在家用英语之外语言的孩子准备，测评英语程度。

罚的一所，所以很快听到他因为不听讲、拒绝做功课或对老师同学的不尊重行为而在课间时被罚坐板凳的情况。因为父母不懂英语，无法和老师及时沟通配合，更增加了他的适应困难。

后来母亲告诉我，因为是个男孩，弟弟在家里霸道惯了，没有任何行为规范。原来父母总觉得孩子还小，大了自然就好了。没想到习惯一旦养成，纠正起来事倍功半。本来以为这个年龄的孩子，只要放到美国公立学校的环境中，英语就可以水到渠成地掌握，岂知因为行为习惯的搅扰，孩子学习非常吃力。

这姐弟两位的经历，在移民学生越来越多的加州公立学校屡见不鲜。不难发现，如果单纯地去适应美式教育，年龄不是关键问题。如果有良好的心理素质、学习态度和行为习惯，什么年龄留学都会在半年到一年内适应。美国小学的成绩单关于"行为、学习技能、计划组织能力"等的内容占每学期考核标准的40%左右，还有校区把标题直接换成"成功的习惯"（见图1-1），重视程度可见一斑。具体内容详见表1-1。

表1-1　美国加州小学行为考核标准（节选）

学前班	Listens attentively 专心听讲
	Works independently 做事独立
	Follows directions 遵守指令
	Stays on task/attention is focused 做事时注意力集中
	Completes and returns homework 按时完成并交上作业
	Displays effort and uses time effectively to produce quality work 有效利用时间，努力做好作业
	Approaches challenges using a variety of strategies 遇到困难尝试不同方法去解决
一年级到六年级	Actively engages and contributes to learning 积极主动地参与学习过程
	Asks for help when needed 需要时会寻找帮助
	Organizes self and uses time effectively to produce quality work 做事有条理，作业质量高
	Demonstrates effort in academic work 学习努力
	Demonstrates independence, perseverance and initiate 显示独立、恒心和主动性

初中开始，成绩单上就只有成绩，极少评语，因为学校认为学生到小学毕业时应该已经掌握了以上学习方法、态度和习惯。可惜的是，就连在加州名列前茅的初中，老师们反映还是有15%～20%的学生在这些方面没有达标。

FREMONT UNIFIED SCHOOL DISTRICT
GRADE 6 REPORT CARD
SCHOOL YEAR _____ - _____

Name _____ Student Number _____
School _____ Teacher _____

PROGRAM PARTICIPATION

English Learner	504 Plan
Resource Class	Title I
Special Day Class	GATE
Speech/Language	Magnet/Immersion
Other:	

EXPLANATION OF MARKS
Subjects with an *: must be given A-F grades each trimester

A – Outstanding D – Below Grade Level
B – Above Grade Level F – Unacceptable Performance at this grade level
C – Grade Level Performance

Other subjects:
O – Outstanding   S – Satisfactory   N – Needs improvement

Standards Subheadings
If blank or S, progress meets expectations
N – Needs additional support/practice
+ – Performs above expectations
/ – Not assessed

TRIMESTER	1	2	3
PROGRESS TOWARD PROMOTION			
Student is on track to meet grade level standards			
CITIZENSHIP AND EMOTIONAL DEVELOPMENT			
Addresses challenges positively using a variety of strategies			
Collaborates, cooperates and contributes appropriately in group activities			
Demonstrates empathy and accepts responsibility for own actions			
Exercises self-control and demonstrates personal accountability			
Follows class and school rules/expectations			
Makes good decisions and solves problems			
Shows respect and courtesy to others and their property			
Takes academic risks			
HABITS FOR SUCCESS			
Actively engages and contributes to learning			
Approaches challenges using a variety of strategies			
Demonstrates effort in academic work			
Listens attentively and follows directions			
Prepares and uses effective time management and organizational skills to produce quality work			
Returns completed assignments on time			
Shows perseverance and initiative			
Uses legible penmanship			
Works independently			
SPEAKING AND LISTENING			
Comprehension and Collaboration			
6 SL.1 Collaborates through discussions and demonstrates multiple perspectives			
6 SL.1 Participates in collaborative conversations with diverse partners			
6 SL.2 Interprets and presents information in various formats			
Presentation of Knowledge and Ideas			
6 SL.3 Identifies evidence and reasons supporting or refuting claims and presents using non-verbal elements			
6 SL.4 Presents information supported by appropriate facts and relevant descriptive details of text or diverse media			
6 SL.4,6 Speaks clearly with appropriate pace, volume and expression			
6 SL.5 Uses audio or visual means ethically and effectively to present, ideas, thoughts or feelings			

TRIMESTER	1	2	3
READING*			
Key Ideas and Details			
6 RL.1, RI.1, RH.1 Cites specific textual evidence to support analysis of primary and secondary sources			
6 RL.2, RI.2, RH.2 Accurately summarizes central ideas and new information from primary and secondary sources			
6 RL.3, RI.3, RH.3 Identifies key process steps within a text			
Craft and Structure			
6 RL.4, RI.4, RH.4 Determines word meaning(s) and phrases in domain-specific context			
6 RH.5 Describes textual information presentation (e.g. sequentially, comparatively, cause/effect)			
6 RL.6, RI.6, RH.6 Identifies textual evidence in support of author's point-of-view or purpose			
6 RI.7, RH.7 Integrates visual elements with other information in print or digital texts			
6 RI.8, RH.8 Distinguishes among fact, opinion and reasoned judgment in a text			
Integration of Knowledge and Ideas			
6 RH.1, 2 Analyzes the relationship between a primary and secondary source on the same topic			
6 RL.7 Compares and contrasts the experience of learning about a selection by reading, watching and/or listening			
6 RL.9, RI.9 Compares and contrasts different genres of text regarding approach of topic			
Range of Reading and Level of Text Complexity			
6 RL.10, RI.10, RH.10 Reads and comprehends grade level text independently and proficiently			
LANGUAGE*			
Conventions of Standard English			
6 L.1 Demonstrates command of the conventions of standard English grammar when writing or speaking			
6 L.2 Uses correct mechanics (capitalizations, punctuation, spelling, etc.) in written work			
Vocabulary Acquisition and Use/Knowledge of Language			
6 L.3 Applies knowledge of English conventions to writing, speaking, reading and listening			
6 L.4 To determine word meaning, uses contextual clues, word roots and affixes in both print and digital reference materials			
6 L.5 Demonstrates understanding of figurative language, word relationships and nuances			
6 L.6 Acquires and uses appropriate grade level and domain-specific academic vocabulary			

8/25/15   Fall Assignment _____

图 1-1　六年级成绩单样本①

不难看出，以上要求和国内教育没有太大区别。回国的半个月正赶上高考放榜，我看到很多关于高分学生的报道，发现他们和我在加州接触的优秀高中生具有许多相似的特征：求知欲强、兴趣广泛、自律性高、时间管理得当。这样的孩子，不论在哪个教育制度下都会是佼佼者。从这里也

---

① 本书所有报告节选中的人名、时间和地点都有改动，以保护学生和家长隐私。

很容易看出为什么姐姐很快就能适应美国学校，因为她已经在国内五年的学习中掌握了这些"成功的习惯"，虽然英文欠缺。

英文是新移民学生都要跨越的坎儿。正常发展的孩子，会在六个月到两年内掌握人际交流用语（BICS），五年到七年内掌握学术认知性语言（CALP）①，也就是课文上用的语言。两者差异很大。例如，小学五年级科学课文上的文字，"Hurricanes are huge spinning storms that develop in warm areas around the equator"（飓风是在赤道附近温暖地带形成的巨大旋转风暴）。这和日常用语"How are you?"（你好）等大相径庭。像姐姐那样在学校留心、用心去多听、多讲，课前预习生词、课后认真完成作业，是快速进步的唯一途径。

可如果孩子没有良好的心理素质和行为习惯为基础，家长只是把孩子送到美国学校就觉得万事大吉，那就大错特错，其结果将适得其反。

2015年秋季，刚转入我们初中部八年级的林同学就是很让人痛心的例子。刚开学不到两周，负责八年级的咨询老师就找到我，说林同学有自闭症征兆，如上课时看上去很紧张，从不用眼睛看老师，老师问他问题总是一言不发，课间和同学们也不交流。再加上家庭作业不交，考试答案不写，其成绩可想而知。

联系到林同学的监护人，我才了解到林同学两年前被离异的父母送到南加州读六年级，小小年纪就不得不住在寄宿家庭（home stay）里，父母在国内工作为他攒学费。林和寄宿家庭一直相处不好，期间换了三家。他自控力差，迷上电子游戏，七年级下半学期有一次打游戏不顺，在学校里不小心脱口而出"活着没意思"。

总体上讲，美国对学生权利保护得很好，没有家长或监护人签字，连选课都不能更改。唯一的例外就是，加州5150号法案规定，如果学生在校期间有任何自杀言论或倾向，学校有权在通知家长前先报警。学生会被警察直接带到精神病院监护72小时。因此，学校按法律报警，林当着同学、老师的面被警察带走。从此，他在学校再不和任何人交流，天天乞求父母把他带回国，但总被拒绝。几个月后，林转来北加州，寄宿在表姐家，就读八年级。虽然表姐对他很关心，常常和学校咨询老师联系，支持他的学习，但他对在加州继续学习毫无动力。林预测如果他门门不及格，父母就没有选择，只能把他带回国，所以虽然老师想尽各种办法帮助他，还安排

---

① http：//www.everythingesl.net/inservices/bics_calp.php

讲中文的同学带他一起吃午饭，我也每周和他碰头，帮他注册"学校圈"网站①以查看每日作业等，但他总是郁郁寡欢。那几个月，他在校园里垂着头孤独的身影，深深留在我记忆里。七年级发生的事情，让林失去了安全感，他真的很需要和父母在一起，找回对自己和周围环境的信任。好在父母终于理解到这一点，在圣诞节前接他回去了。

2014—2015学年，就读美国公立和私立学校的国际学生一共有974,000多名，其中几乎每三名里就有一名来自中国，中国学生以304,040名高居榜首，是第二名（印度）的近三倍②。这比2013—2014学年增长了10.8%。虽然比起以两位数持续高速增长的前五年，增速有回调，但本科及以下就读人数的增长速度仍然迅猛，低龄化趋势明显。从2005—2014的10年间，来美国读初中和高中的中国学生飞涨了60多倍。

除非孩子心智特别成熟，否则我不赞成他们18岁前自己去国外读书。青春期（12～18岁）③是自我同一性和角色混乱的冲突期。这期间青少年面临的主要任务是建立一个新的同一感或树立自己在别人眼中的形象，以及寻找他在社会集体中所占的位置。同时，青少年期因为激素的变化，情绪易波动，行为等各方面需要父母给予更多的耐心和引导。这么关键的发展阶段，父母怎么能放弃对孩子的引导，而放心让他在异国受同学和老师的影响呢？

在北京一场讲座结束后，一位母亲告诉我，她的独子已经被康乃迪克州（Connecticut）一所私立中学录取，九月就去读七年级了。她想让我帮她看看，孩子是否能很好地适应美国学校。我说自己没和孩子接触过，不了解他，怎么能下结论呢？

她很肯定地建议，"我给您发张照片"。

我理解这位母亲的心情，可孩子的心理素质、学习和行为习惯不是一朝一夕养成的，就像教育心理测评不是相面的一样。

可很多家长都是在为孩子的教育寻找一个简洁的答案。比如，"在什么年龄留学最好？"虽然我在讲座结束时提醒大家，年龄不是关键条件，但很多家长还是要求我一定给个具体年龄。

如果是全家一起移民，我觉得孩子七年级或八年级左右是个可以考虑

---

① http：//www.schoolloop.com 许多初、高中使用的学校管理网站，方便学生查看作业、课程、联系老师等。

② http：//www.iie.org/Research-and-Publications/Open-Doors/Data/Fact-Sheets-by-Country/2015

③ 心理社会发展阶段理论，由著名精神分析学家，爱利克·埃里克森教授（Erik H. Erikson，1902—1994）提出。

的时间段，因为美国的初中有些校区是"Junior High School"，包括七年级和八年级；大部分校区是"Middle School"，包括六年级到八年级，和高中（包括九年级到十二年级）教学方式完全相似，可以给孩子机会在入高中前适应一天内换多间教室、多位老师及练习参与课外活动的上课方式。八年级的课业成绩还影响九年级的选课，因为主课（英文、数学、历史、科学）分荣誉课（类似快班）、普通班等不同程度，这样可以避免被排到不适合自己程度的课程。不建议孩子在小学就出来留学的是出于文化的考虑。在美国生活工作了20年，我深有体会，哪怕在华裔云集的硅谷，哪怕中国的节日社区都高调庆祝，哪怕每周去读中文学校，孩子们能掌握的中国语言和文化也是皮毛。虽然父母在家坚持讲中文，大多数孩子在小学三年级左右就只能听懂，然后用英文回答父母。我们养育孩子的目的是什么呢？让他们从5岁开始接受全盘的西方教育，没几年很多孩子和父母都有交流障碍，甚至将来成家立业后没有共同语言，多遗憾啊！至少学完小学课程，把亲子关系和语言文化底子打结实了。随着中国经济的崛起，越来越多美国公立学校开设中文课程。K-12年级公立学校学生学习中文的数量从2005年的两万左右飞涨到2015年的二十万左右[1]。奥巴马总统在2015年发起了"一百万强"提议，目的是2020年让美国一百万学龄儿童在校学习中文。学习中文最好的环境肯定是在中国，轻易放弃太可惜。

话说回来，我从没觉得非得到美国接受基础教育不可。从整体上来讲，美国基础教育正面临危机，两极分化严重。成绩高的校区都有对教育极其重视的家长和社区支持，属于少数，还常被批评给孩子压力过大。虽然高中毕业率在慢慢提高，但毕业生的整体水平令人担忧。国家教育统计中心（National Center for Education Statistics）2014年发布的数据显示，被称为国家基础教育成绩单的教育进展全国评估（National Assessment of Educational Progress，NAEP）发现，只有39%的十二年级学生达到大学数学课程的入学要求，38%达到大学课程的基本阅读水平。非营利组织"成就"（Achieve）在一个全国性调查中发现，50个州里只有18个和哥伦比亚特区要求2014年的高中毕业生完成大学的最低准备条件，即4年英语并通过代数或同等程度数学[2]。但超过五分之一的高中毕业生连入伍的最低测试标准都无法通过[3]。

---

[1] http：//www.washingtonexaminer.com/obama-wants-1-million-americans-learning-chinese-by-2020/article/2572865

[2] http：//www.achieve.org/files/Achieve-ClosingExpectGap2014%20Feb5.pdf

[3] https：//edtrust.org/resource/shut-out-of-the-military-todays-high-school-education-doesnt-mean-youre-ready-for-todays-army/

同时，关于如何全面提高课程的质量，国家迟迟无法达成共识。

以高科技为主的硅谷来说，36％的居民不是在美国出生，其中近14％的居民来自中国①，却是各大高科技公司的中坚，他们不都是完成国内基础教育后出国的吗？我们可以抱怨应试制度的弊端，却不能否认大多数同学在这个过程中收获了丰富的知识，养成了勤奋的习惯，而这又成为他们日后在工作中成功的基础。

国内的基础教育对表达能力重视不够，但对于这个缺失，如果孩子好学，也是可以很快赶上来的。虽然我的本科专业是英语，但23岁到费城读博士时，前三个月我完全不敢在课上发言。之后，我却越来越活跃，以至于欧裔的同学们在毕业聚会上时常调侃，"看看我们做了什么？刚来时你一言不发，现在我们都不能让你闭嘴！"我十分感谢自己在国内接受的基础教育，它为我适应任何文化的高等教育都打下了坚实的基础。

我能理解为什么很多家长急着把孩子送到国外来读书。国内的教育资源不均衡，虽然好的学校已经远远超过了美国普通公立学校的水平，但竞争激烈，许多孩子去非重点学校又不甘心。我也承认，很多孩子，像我家精力过剩的弟弟，确实不适合一天6～10小时坐着学习，但因此而觉得国内基础教育一无是处，是不公平的。

希望家长们在送孩子出国之前，从他们的性格和习惯出发，并多了解西方教育的特点和要求，客观地分析，帮孩子找到最适合他们成长的教育制度，而不是只考虑如何让孩子去适应环境。

---

① https：//www.jointventure.org/images/stories/pdf/index2015.pdf

她为什么被劝退？

> 美国不能修完高中课程但通过GED考试取得高中毕业证书的人可以证明自己和正常高中毕业生有类似的学业知识和智力，但长期跟踪调查却发现他们在成人期的表现和高中辍学的人群更相近。原因就在于他们没有修完几年高中课程所需要的恒心、耐心、自控力、计划性等学习习惯。

2008年秋季刚开学，一位家长打电话来咨询，是关于她监护的外甥女。"函是我妹妹的大女儿，13岁，刚从北京来伍德赛修道院学校[①]，读九年级。"大姨很着急。"来之前我妹一直在夸她有多优秀，学习成绩好，还画得一手好画。可是刚到机场接她时，我就觉得不对劲儿。她一直板着脸，连个'大姨'也不喊。开学前的两天在家里一言不发。我女儿和她年龄相仿，她也不搭理，整天上网到凌晨以后。打电话问她妈妈才知道，她在家已经近两年没和父母说过一句话了。在原来的学校和几个同学很要好，但从不和老师讲话。结果到了现在的学校照旧对谁也不理。老师一周内就叫我一定找讲中文的心理辅导师看看，有没有什么严重的问题。"

伍德赛修道院学校是北加州的一所知名私立高中，环境幽雅，师资力量雄厚。学校实行小班教学，师生比是1∶9，远远超出任何公立高中（>1∶25），所以虽然学费昂贵（寄宿生学费加食宿活动费一年超过61,000美元），还是吸引了来自世界各地约50名国际生来学习。因为我以前和伍

[①] http://www.prioryca.org

德赛修道院学校有接触，知道他们不但学习管理得好，生活上对寄宿生照顾得也很周到，周末有各种活动安排。那么函的问题，除了英文上肯定需要适应一段时间外，还有哪些呢？

第一次见到函，她高挑的身材、入时的短发、沉默的表情，看上去比实际年龄大很多。我夸她像17岁，她虽然当着大姨的面没有出声，但表情缓和了。等大姨离开，函开始回答我的问题，声音自然，没有任何障碍。她说她并没有反对出国读高中的决定并配合准备各种入学考试。在同学们一片羡慕嫉妒的眼光中出国，多少满足了自己的虚荣心，但却并不知道等待她的是什么。谈到交流问题，她说自己本身就不爱讲话，除非是和自己喜欢的朋友在一起。谈到学校，她说一切还好，两人一间宿舍，舍友来自法国，很和善。只是吃的不习惯，虽然学校食堂每周一到两次也安排亚洲口味，但不地道，和国内的饮食有天壤之别。谈到上课，如我所料，她承认虽然自己原来英文成绩还不错，但在这里只能听懂40%以下。读一段带来的科学课本，因为生词多，她读得极不流畅，虽然内容有些以前学过。

看到函并没有任何病理上的社交或交流障碍，我放心了。在美国公立学校见过许多从世界各地刚转学来的国际生，绝大多数都会在一到两年内达到流利的英文听说水平。我帮函分析了这学期的六门课：美术是她的强项；电脑课她也喜欢，而且老师是华裔，虽然不会说中文但对函格外照顾；代数和物理的大多内容应该在国内初一到初二学过，只是需要转换词汇；英文和宗教课阅读和写作量大，对她来说最难。我嘱咐她一定要周末提前预习下一单元，把不懂的词翻译好，这样上课时才能跟得上老师的讲解。对于宗教课学的圣经，她没有任何背景知识，所以我帮她找到中译本，只要肯花时间，一定能对照理解。另外，我提醒函课堂上要多参与讨论，不懂就问，这些在美国学校都算成绩的一部分。

虽然那天礼貌性地给函留了电话，但并没计划之后会再见到她，因为我已经告诉大姨她需要的是英文辅导老师，帮助她理解课文、修改作业等，并不需要价格翻倍的心理辅导老师。没想到一周后接到函妈妈的电话，学校反映函继续在课上课下沉默寡言，并提出如果没有进步就会推荐退学。妈妈请我帮忙帮到底，因为我是唯一可以使函开口讲话的成人。

没想到这一见就是两年，开始每周一次，后来每月一次，期间电话和电子邮件不断，同时还与她妈妈每周沟通，并代表她的监护人去开家长会等。这两年间函和妈妈的交流在不同方式的引导下有了天翻地覆的进步，从刚到时接妈妈电话一声不吭，到六个月后母女可以讲电话长达两小时，这非常让人欣慰。函智力不差，在北京的一所重点中学成绩上游，据她说自己努力的时候可以在年级 1,200 多名学生里考到前 100 名，不努力时也不会滑到 300 名之外。另外，她从三岁开始学画，很有天赋，她的作品让美术老师自叹不如。而且她的中文写作能力强，自己博客上措辞华丽幽婉，描写细腻入微，初看时我想象不出这些出自 13 岁孩子之手。

可就是这个多方面有过人之处的学生，九年级结束前我就提醒她妈妈，函应该在国内高中有更好的发展。十年级结束的时候她父母终于痛下决心让她转回北京。虽然伍德赛学校确实有很多吸引函的地方，如多样的选课制度，包括她擅长的美术和心仪但并不适合她的法语，以及新奇的校园活动、一年两次的学生舞会等。可是尽管有老师一对一辅导，她九年级的成绩除美术以外都滞留在 C 和 D，甚至有时有挂科的危险。十年级有进步，但历史、科学和写作三门主课都在 C-左右。最主要的是哪怕学校提供再多的服务，包括华裔电脑老师周末带她出去散心，函大部分时间也还是郁郁寡欢，用她的话说是"提不起精神学习"。

留学美国并非儿戏，每位学生和家长都会投入巨大的精力和财力来准备。助她们成功是每位教育工作者的责任和心愿，我有什么依据在一年之内就断言函不适合在美国高中求学呢？

1. 学习的主动性

函告诉我，她学习的动力来自国内考试排名次的制度，因为想在同学中有面子，成绩不能太差。但美国的课业成绩完全属于个人隐私，老师把成绩输到学校的网页上，学生需要打入自己的学生证号码才能查看，根本没有排名次一说。家长会也是家长在规定的日期提前选择适合自己的时段，单独会见每科老师。这和我记忆中国内每个班所有家长同坐在一间教室内，墙上贴满了孩子各类名次，并由老师主讲的会大相径庭。美国教育强调学习是学生自己的责任。离开了父母的督促，又没有同伴的压力，留学生要有超出同龄人的责任感和主动性才能在美国学校胜出。那些到高中阶段还没体验到学习内在乐趣的孩子暂时不要考虑寄宿留学。

2. 学习习惯

从 20 世纪 50 年代开始，美国不能修完高中课程的人可以通过普通教育水平（General Educational Development，GED）考试取得高中毕业证书。到现在，平均每七个高中毕业证中就有一个是这样拿到的。GED 考试可以证明，这些年轻人和正常高中毕业生有类似的学业知识和智力，但长期跟踪调查却发现他们在成人期的表现和高中辍学的人群更相近。比如，在 22 岁时，取得 GED 毕业证的年轻人只有 3% 在读本科大学，正常高中毕业生有 46%。取得 GED 毕业证的年轻人年收入、待业率、离婚率、吸毒率等也和高中辍学的人群基本无异，虽然他们的知识和智力更接近高中毕业生。原因就在于他们没有养成修完几年高中课程所需要的恒心、耐心、自控力、计划性等学习习惯。

美国的课业要求孩子具有较强的自己管理时间的能力。初高中的课程像大学一样，学期初发本课大纲，要求都列得很清楚。很多占总成绩比例很大的作业是几周甚至两三个月以后才交的，需要学生合理安排时间，循序渐进，才能水到渠成，临时抱佛脚肯定不行。函只习惯完成类似国内第二天交的作业，常常忘记为几周后的作业做任何准备。有一次她周五晚上打电话，说物理课下周一要交自己动手创作的实验品，还要写清楚假想、原理及成败的原因。查了记录才发现六周前就布置了。那个周六她来我家好一通忙，她口头讨论时其实提出的好几个复杂的设想都很出色，但因为时间紧都来不及尝试，最后只做了个简单的制冷杯。这几小时内创造的产品和其他同学六个星期的准备是没法比的，所以成绩差理所当然。另外，美国初高中的课程绝大多数都不接受超过规定期限的作业，就算接受，成绩也会大打折扣。函连她最强的美术课也得不到 A，原因就是有几次不能按时交作品。

美国从小学开始就强调培养孩子的学习技能，上课认真听讲、做事有条理等考核标准都列在成绩单上。四年级开始更是人手一册统一的行事历，要求自己把每天每节课的作业及其他要求记清，极其粗心或注意力不集中的学生还要由老师每节课后签字，确认没落下任何信息。这些自我管理的工具既培养了责任感，还养成有条理的做事习惯，受益终生。我曾看到一个醒目的标语："习惯决定命运"，确实毫不夸张。而习惯是日积月累养成的。美国的教育制度还没先进到可以把那些在家由父母督促还缺乏学习管理技巧的孩子一夜之间全副武装。

就连美国本土孩子也不是都能养成优良的学习习惯，以至于很多人按时毕业都很困难。美国高中是学分制，哪门不及格就拿不到学分。比如，我工作过的一所高中，每门课算 5 个学分，四年需要在 240 个学分中取得至少 230 个学分才能毕业。虽然美国公立高中四年内平均毕业率在 1998—2012 年从 71％升到 81％，但不可忽视的是将近五分之一的学生不能按时拿到毕业证书。

3. 口语表达和交流能力

美国从幼儿园开始就强调孩子语言表达能力的培养，3～5 岁的孩子被要求轮流从家里拿自己心爱的玩具跟同学分享。一年级要描述自己带来的物品的特点，让同学们来猜是什么。二年级开始有更多锻炼的机会，如讲自己阅读的书，或者科学课上小组汇报实验的结果和原因。初高中开始有演讲队，每周训练，校际到州际的比赛不断。很多课上也有类似模拟法庭的练习。另外，美国教育不太注重考试，有的主课甚至没有大考，成绩完全来自课堂参与和团队论文式的作业，强调合作学习。这些学习方式最接近大多数工作岗位的要求，以便为成人世界做更好的准备。还有就是美国老师很看重学生的反馈，这样才知道哪些概念需要进一步讲解，哪些可以忽略，最怕学生听不懂还不问问题。

可这些对函太陌生。去学校开她的家长会时，老师们普遍反映函多项选择题还不错，但上课从不参与课堂讨论，下课也不去老师规定的课后辅导时间问问题，再就是不知道怎样和几位同学一起做小组的团队作业。她的英文阅读程度还可以一知半解地看课文，可口头表达能力缺乏锻炼，再加上天性较被动，课上从不主动发言。到十年级时在英文家教的多方安排下，她终于可以做到课后去英文老师的办公室请教问题，但和其他老师还是恍若路人。

交流能力不但严重影响到成绩，造成英文能力进步慢，而且还影响到函生活的方方面面。比如，函从小游泳就很好，但她明知学校有游泳队也不主动参加。等到我发现时，她已经错过了报名时间。我问她为什么，她还理直气壮地反问为什么学校不来主动问她。她没法理解如果她不说，没人会知道她是游泳健将。十年级她终于按时报名。加入自己擅长的游泳团队，不但锻炼了身体，还增强了归属感，一举两得。

4. 社交能力

函说她在北京有好几个知心朋友，无话不谈，但在伍德赛学校两年中没有交到一个朋友。积极心理学研究发现，最能预测人幸福感的因素之一就是和周围人的亲密关系。缺乏人际交流也正是函常常郁郁寡欢的原因。在读伍德赛学校时，包括她在内也只有两个来自中国的学生，另外那个女生学习刻苦，课后活动也多，深受同学和老师的尊敬和喜爱。因为高两级，她在函刚到时曾被学校派去帮助函尽快适应校园生活。可惜函在与人交往时生性被动，常常拒人于千里之外，简短地交往后也就不了了之。问函为什么不向学姐多请教，她说没有共同话题，因为那个学生对国内的流行文化不像她这么感兴趣。几次讨论到这个问题函都没法理解，来到一个陌生的国家，需要有开放的态度去学习新的文化才会尽快融入新环境。总是墨守自己习惯的东西，一下课就戴着耳机听周杰伦，又怎能适应新的环境呢？所以个性较封闭或太内向的孩子暂时不要考虑寄宿留学。

5. 独立生活和自律能力

刚认识函的第二周，她发来电子邮件，说手机坏了，因为和裤子一起放到洗衣机里洗了。虽然可惜那个昂贵的手机，但想想也确实难为她了。一个从小被父母和保姆全面照顾的孩子，在家饭来张口，从没收拾过自己的房间和做过任何家务，一下子被送到国外，事无巨细，都要自己打理，怎么能适应呢？还有自律能力，伍德赛学校要求住校学生周一到周四每晚8点到10点间上自习，之后洗漱，11点宿舍关灯。刚到时，宿舍管理人员和我联系，函经常在关灯后打着手电在床上看中文网站到午夜以后，结果早上起不来，不吃早饭，也常常会第一堂课迟到。跟她讲道理，她也明白这个年龄阶段每晚至少需要8小时的睡眠及早饭的重要，不然课上的注意力和记忆力都会大打折扣。但她说在家熬夜惯了，午夜前睡不着。这个习惯在近两年的集体生活之后才稍微有所改变。函生活中的责任感也只是略有提高。记得第一年圣诞节回国，她在机场自己拖行李，让妈妈感动不已，因为之前她是从不会动一根手指的。

　　独立生活和自我管理的能力有基因的成分，但大多是可以培养的。学前期要在睡前把玩具放好；小学时要学会每天整理好书包，而且自己把脏衣服放在洗衣袋，洗好后可以帮忙叠整齐，放在规定的衣柜抽屉里；中学开始可以准备简单的早餐或午餐等。高中不管课业有多么紧，课外活动有多重要，每天一定要留出孩子做家务和管理自己的时间，没有一门功课会像独立生活技能一样陪伴孩子一生。日积月累，良好的生活习惯可以让孩子受益终生。

＊　　　＊　　　＊

　　函并不代表中国所有的青少年。比她高两级的那位女生十年级才来伍德赛学校，凭自己的刻苦和努力，一年之内各门功课出类拔萃，还展示了出色的领导和组织能力——主编年书①，建立社团，三年后同时被多所名校录取。但函在学习和生活中遇到的困难很有代表性。

　　那两年间和函的妈妈通电话时，她多次发出感慨：自己被有些国内媒体的片面报道误导了。她和先生决定送女儿出国留学的原因是为她将来的发展提供一个更高的平台。函出国前妈妈一直坚信美国高中课程简单，国内的中上游学生一定可以在那里出类拔萃。函开学了，妈妈才发现美国的某些课程内容不如国内的深，但侧重学生的理解和应用，强调交流合作，想得个A并不容易。我在高中工作时也时常听到老师有类似反映。许多来

---

① 从小学到高中每个学校都会把当年的人、事加照片记录成书，学生可以在学年末选择购买。

自中国或印度的新移民孩子，虽然从原来的成绩单看物理、化学等重课都学过，可就读美国高中的快班并不轻松，因为这些课讲的内容浅但涉及的知识面广，很多学生以调课告终。

函妈妈一直和我保持联系。令人欣慰的是回国后函心情愉快，很快跟上国内高中的节奏。两年后接到她顺利考入中央美术学院的好消息，而且和父母的关系也越来越亲密。以函当时的成绩，如果留在伍德赛学校，能否按时毕业都是未知数。

教育制度没有最好的，只有最适合自己的。最好的教育不一定是最贵的选择。美国教育系统有它的优点，但想在这里成功，对远离家人的青少年在学习的主动性、学习技巧、表达交流、社交及生活自理自律能力上都有更高的要求。这些方面有优势的孩子一定会在美国学校如鱼得水，但薄弱的孩子真的暂时不适合来美国上寄宿学校，不然浪费全家巨大的精力和财力，得不偿失。

美国的学校有规矩吗？

> 2014年调研的被开除的中国留学生中三分之一是因为不遵守校规，如学术不诚实（22.98%）、出勤问题（9.67%）等。这个以"自由"著称的国家，如果仔细看看各学校的规章，和国内的校规大同小异。

开学不到一个月，六年级的安诸就在课堂上对老师出言不逊，被停学（suspension）一整天。安爸爸是香港移民，愤然和我抱怨："本来以为美国的基础教育体制会比较宽松，没想到校规比香港还严厉！"

美国的小学到高中看上去给孩子很多自由，作业少，业余时间多。特别是高中，可以自己选课、可以公开谈恋爱、中午还可以离开校园去外面吃饭等。但实际上有很多规则在约束孩子行为的底线，有些侧重点还是在亚洲接受基础教育的移民父母不了解，甚至有误解的地方。在这里举三点我感触比较深的地方供大家参考。

1. 课业诚实

美国初中和高中对欺骗行为惩罚非常严厉。"考试不能抄袭"，这个好理解，但亚裔学生不太习惯的是，除了需要小组合作完成的作业，大多数家庭作业要求独立完成。如果看同学的或者允许同学看自己的作业，一律按作弊处理。初犯，作业为零分，需要参加周六学校①，并通知家长；再犯，不但作业为零分，而且半学期（quarter）成绩为F②，并通知家长；如

---

① 周六到校上自习，高中给无故缺勤或其他违纪行为的处罚之一。
② 美国基础教育成绩分 A（90%~100%），B（80%~89%），C（70%~79%），D（60%~69%），F（0~59%）。

果同一门课上有三次作弊行为，那整个学期成绩为 F，并有可能停学 5 天，还要记录在案，申请大学时需要如实上报。

我在高中工作时，每年都有亚裔学生在同学向自己要作业时，想都没想就借给他们看，被老师当场抓住时委屈万分，说不知道这是违规的。但"课业诚实政策"（Academic Honesty Policy）在每年开学时都会随"紧急联络卡"①等表格和资料一起拿回家由家长和学生签字表示认同，签了字却没仔细看内容就怪不得学校照章办事了。

有一位新移民的十年级学生借同学的作业看，第二次被抓住时在我办公室痛哭，坚持认为"不知者不应被罚"。但校方因为在她初犯时曾专门找翻译对她和父母解释清楚，所以还是按规矩把半学期的成绩定为 F。还有几位从小在这里长大的亚裔孩子也坚持自己不知道借给同学作业是违规的，被老师认定是"明知故犯"，不光成绩受影响，还有损和老师的关系。

2. 对他人的尊重

美国学校很重视学生的隐私。孩子满 18 岁之前，家长拥有他们的教育权，其中包括随时察看孩子的学校档案、到班级观察（每次需由校长或代理陪同）等，连换课都需要家长签字。如果不是家长，学生的任何信息都不能透露。可一旦涉及对他人的攻击或威胁，则另当别论。到初中或高中，孩子大了，对老师同学开始有自己强烈的看法，再加上社交压力大，如何协调、处理冲突成为这个年龄阶段的首要任务之一，他们常常采用不当的方式而在不知的情况下触犯校规。

曾经有三位亚裔男生在脸书②上攻击某老师，并骂他讲话做事像"同性恋"。另有一位男生其实从未上过这位老师的课，但因为同伴压力也在脸书上添油加醋，甚至扬言要"收拾老师"。亚裔学生通常不了解的是，每个美国高中都配有一名当地警员，网络霸凌（cyber bully）是他们监管的工作之一。学生本来以为课后的言论不受学校管理，但因为涉及对老师的人身威胁，所以校长请家长们到校开会通知情况，四位同学也都受到停课 1～5 天的处罚。

另外一例，某七年级男生在脸书网上追一位女同学，措辞不当，有失尊敬，惊动警方。在学校处分之前，家长迅速把他转到私立学校。

还有一位新移民的华裔女生，因为扬言要收拾几位同学，被送到办公

---

① 紧急联络卡（Emergency Card）：学年初每位学生都要填写家庭住址，家长/监护人联络电话等，存在学校办公室，以便联系。

② 脸书（Facebook）：社交网站，从 2006 年起开始允许青少年（大于 13 岁）注册，到 2015 年用户已超过 1.18 亿。

室。我去帮校长了解情况时发现,她是常听到那几位同学嘲笑她和另外几位学生穿着举止"没品",才反击,并谎称自己校外有成人朋友可以教训她们。本来她是受害者,被嘲笑后完全可以到助理校长或咨询员处汇报。但因为语言和文化的原因,不当的回击方式被当作人身攻击,直到校长参与,她才发现问题大了,并因此而受到警告。

3. 迟到和旷课

美国公立学校对出勤率的重视,我在工作之前也是没想到的。每个初中都安排一位专门负责考勤的秘书,到了高中更是增加到每个年级都有一位。他们对学生的了解(包括家庭情况)甚至超过老师和咨询员。每天、每一节课的出勤情况都有详细记录,这直接影响到学校从政府得到的资金。如果"缺席热线"(absence hotline)上没有家长留言而孩子不在教室,她们一定会在当天打电话到家里询问原因。

如果因为某种原因孩子会迟到或缺席,父母一定要打电话通知学校。迟到10分钟以上算旷课;迟到7次要和负责纪律的副校长开会,看是否有必要通知校区总管出勤率的委员会。因病、葬礼、宗教节日等不能来上课属于"有因缺席",只要父母给学校的"缺席热线"留言,讲明原因和时间长短,或者孩子返校时给负责本年级出勤的秘书出示父母或大夫写的假条即可。不经父母同意缺勤3天或更长,按逃学处理。

加州义务教育到18岁生日或高中毕业①,之后学生有充分的自由,可以随时选择退学。但18岁前除非有特殊原因,无故旷课是违法的。有亚裔学生不了解按时上课的重要性,几位学生甚至伪造父母笔迹写假条,其实秘书打个电话一核对就露馅了。在学生多次迟到或旷课的情况下,学校会集合家长、老师和学生开会,认真寻找根源:是课太难、家里有困难,还是校园里有霸凌?对症下药,解决问题。

去年秋季有位刚从大陆移民过来的女生因为语言障碍让我代她去体育老师处请假。在国内体育课上,女生有例假时,按惯例可以连续几天不参与体力活动,她理所当然地认为这里应该也是如此。没想到体育老师听到理由后奇怪地看着我们,说他的水球女队员都天天照常训练,从没听说过谁因此请假。除非有医生的证明,否则一律需要参与课堂活动。别说那位女生吃了一惊,连我也没想到会这样严格。

---

① 美国各州义务教育年龄略有差异,详见 http://nces.ed.gov/programs/statereform/tab5_1.asp

* * *

从 2015 版《留美中国学生现状白皮书》中发现，2014 年调研的 1,657 名被开除的中国留学生中，88.7%年龄在 18～25 岁，90%被开除的原因是跟不上课业要求：

①学术表现差(57.56%)，成绩低；
②学术不诚实(22.98%)；
③出勤问题(9.67%)。

能够过五关斩六将申请到美国来读书的，智力都不会太差，但因为不能遵守校规，没有踏实的学习习惯而被开除，实在让人扼腕。

这个以"自由"著称的国家，常听到成人讲"只要不犯法，做什么都没人管！"放在孩子身上，是"只要不违校规，做什么都没人管！"但如果仔细看看美国各学校的规章，管的还真不少，如对武器和毒品零容忍政策（Zero Tolerance for Weapon and Drug）[①]，衣着（不能穿透明的布料、裙子不能短过下垂的双手指尖等），手机（如果在上课期间使用或开着，老师会立即没收，需要家长去助理校长处亲自领回）等。

相比其他族裔，亚裔中因违反校规而被处罚的比例最低。加州大学洛杉矶分校民权项目对各州停学(suspension)数据的研究发现，初中和高中里被停学的非裔学生高达 23.2%，而白人为 6.7%，亚裔只有 2.5%。小学阶段更低，非裔学生比例为 7.6%，白人学生 1.6%，亚裔学生 0.5%[②]。尽管如此，还是建议家长务必参照各校区的网站去了解有关校规，以免无意中触犯。

以上几点参照我工作的加州费利蒙联合校区中小学规章，其他校区大同小异。

附录　费利蒙联合校区小学基本规则

尊敬他人，安全，负责任(Be Respectful, Be Safe, Be Responsible)

1. 尊敬所有教职员工。
2. 保护学校财产和设备。
3. 不带不允许的东西到学校，如任何武器、滑板、滑轮鞋、玩具枪、

---

①　如果发现带刀子、枪等任何武器或毒品到学校，会被开除。

②　http://civilrightsproject.ucla.edu/resources/projects/center-for-civil-rights-remedies/school-to-prison-folder/federal-reports/are-we-closing-the-school-discipline-gap

皮筋儿、烟火、气球、其他玩具等。

4. 行为规范适用于来去学校的路上和校车上。

6. 衣装符合学校要求。

7. 不在校园内嚼口香糖。

8. 有紧急情况或有老师批准时才去学校办公室。

小学班规（Classroom Rules）

1. 进入教室时要安静，马上开始做功课。

2. 保持自己的课桌整洁。

3. 除非老师允许，否则不得把个人用品带到教室，如电子产品和玩具。

4. 书和其他设备必须保护使用，用完后放回原处；课本要包书皮①。

5. 不得在教室内扔东西。

6. 除非被允许，否则不得擅自离开座位。

7. 管好自己的手、脚和物品。

---

① 美国公立小学到高中的课本都是学校的，从初中开始每年借给学生一套，学年结束时需要归还。

小学教育只是玩儿吗？

> 文化不同，教育差异很难简单地用好坏来评断。美国小学教育中能量化的知识无法和亚洲小学相比，但其中父母的参与确实让人感动，包括美术和音乐课义工、课外奥数、棒球等。家长参与越积极的家庭，亲子关系也越好，孩子热情高，提高也快。

次子大卫天生喜欢运动，静坐下来写字对他类似折磨，对美术也不感兴趣。但从学前班开始到三年级，他每年最热衷的作业就是一张"关于我"的大海报（见图1-2）。

那一周一定是轮到他做"本周明星"，需要在海报上贴一张近照，他都是选择穿着棒球队队服的照片。然后要填写关于"我"的数据和信息，从年龄、生日、家庭成员、最喜欢的颜色、食物、运动、爱好到理想和不为人知的地方，无所不包。我最喜欢的一栏是孩子需要写下来："我通过_____来向他人表示关心。"这张海报让孩子们有专门的时间好好思考自己与众不同的特点，给乐于表现的孩子合适的表现途径，更给较内向的孩子机会让同学们了解自己。

学龄期（6~11岁）是勤奋对自卑的心理冲突期。学龄儿童随着认知能力的发展，开始把自己和同伴作比较，所以自尊下降是正常的，特别是那些能力特点和传统教育所强调的语言和数理能力有异的孩子。这张海报让所有的孩子有机会表现自己的特色。比如，大卫就很兴奋地把他得短跑冠军的信息写在"三个关于你特别酷的地方"一栏里。在回答为什么"我是明星"时，他也自信地记录下他棒球和足球都很好。

图 1-2 "关于我"的海报作业

那一周除了把海报在班里做介绍，大卫还有很多"特权"，如排队时会在最前边，做老师的帮手，周五还由他选择谁是下周的"明星学生"等。难怪大卫从来不会抱怨需要花一两小时来为海报涂色装饰。更吸引他的是，"明星"学生在介绍自己时，同学们都会认真听和记，因为每个人要根据海报上的内容完成一封写给"明星"学生的信，上面需要完成的句子有"你很棒是因为_____。""我觉得你_____。""我喜欢你是因为_____。""我希望你_____。""你_____的时候真是_____。"信的上半页还要配上相应的画。周五老师会把所有学生的信订成一本，送给"明星学生"做纪念（见图 1-3）。这些赞美的话语，无疑是对每个孩子"自我"最强的认可。

媒体讲到中美基础教育的区别，给公众最大的印象是美国小学教学内容少，作业量小。美国小学教育中能量化的知识确实无法和亚洲小学相比。但从教育心理学的角度，我看到以下特色，供大家参考。

1. 对个人意识的强化

除了每周轮流做"明星学生",美国小学还通过许多其他方式让孩子们展现自己的特长。比如,创意写作比赛、为年书设计封皮比赛、锻炼动手创造能力的科学小发明展等,还有全国家长协会每年举办的不同主题的艺术比赛,从摄影、作曲、美术、舞蹈到诗歌,鼓励学生用不同方式表达自己的思想。

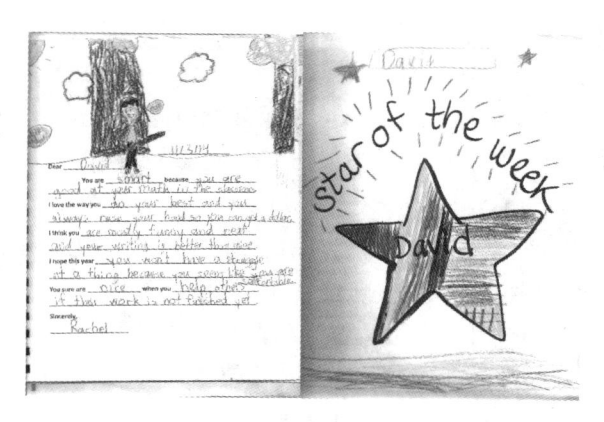

图 1-3 "明星学生"纪念册

去班级做义工的妈妈常和我感慨:怪不得常常在拼字和数学上困难重重、需要辅导的金发女孩自信心看上去总那么强,因为一讲到美术历史或文化,班里亚裔的数学高手们就甘拜下风了,没人知道的比她多。

另外,还有体育。带国内的朋友们参观任何校园,她们第一个惊叹的都是"操场比教室占地面积大",而且篮球架、足球网、棒球场等一应俱全[1]。连大卫这样天生不喜欢上课的学生,每天都迫不及待地上学,原因就是课间可以和朋友们一起打球。每天看到他带着满头大汗和膝盖部位有新洞的裤子回到家,我仿佛都能感受到他对自己的肯定又增强了一点。

对个人意识的强化还体现在老师和学生、家长的交流上。小学老师告诉家长孩子需要提高的地方之前,一定先罗列几条孩子的优点。另外,学校对隐私的保护同时也避免了给孩子或家庭造成任何不必要的压力。比如,年度家长会是每人15分钟单独和老师约好见面交流的。成绩单封在信封里带回家给父母看。年终每个年级都会去图书馆开总结会,由校长亲自给每班的几位学业奖和行为奖的学生颁奖,但家长不被邀请,获奖名单也从不公布在校报上,避免伤害到没得奖学生的自尊心。

---

[1] 绝大多数高中还有游泳馆、摔跤馆和举重房等.

2. 锻炼融会贯通知识的能力

从低年级起，美国小学每个月都有像"项目"一样的作业，需要学生用几周的时间准备去完成。比如，五年级的读书报告，学生可以自选一本书，要求是200页以上，其中词汇、内容和五年级教学水平相当。学生要准备一个鞋盒子，外面清楚地显示标题和作者，并用能反映该书内容的画装饰，里面放上最能代表该书内容的八样物品，如果东西太大就画下来。还要为每样物品在分类卡上写个总结，描述为什么它对这本书很重要。最后每位学生要带着这个鞋盒在15分钟内把自己的书介绍给大家。这个过程就要求学生对书的内容理解深刻，可以融会贯通地教给没读过的同学。

四年级的社会科学课作业也类似。每个月学完加州历史的一个阶段后，每位同学要把本部分总结成一个段落，并在上半页画上最能代表这个历史时期的相应图片。六个月后，每位学生有了一本自己总结的加州近代史书，还要配上有代表性的六幅小图的封面。威廉学到淘金时代时，需要和同桌合作，假装自己是当年报纸的编辑，总结时事并配上图片，分门别类地打印在小"报"上（见图1-4）。学到修贯穿北美大陆的铁道时期时，一个作业就是让学生假装去中国招工，设计海报，可以用中文。威廉兴致勃勃地用中文设计了广告语，配上画。还有老师要学生打扮成当时的历史人物，更生动地体会和了解文化。四年级后多数时候我完全不知道孩子的作业是什么，因为他们都在谷歌文档上完成，便于老师和同学们及时交流。

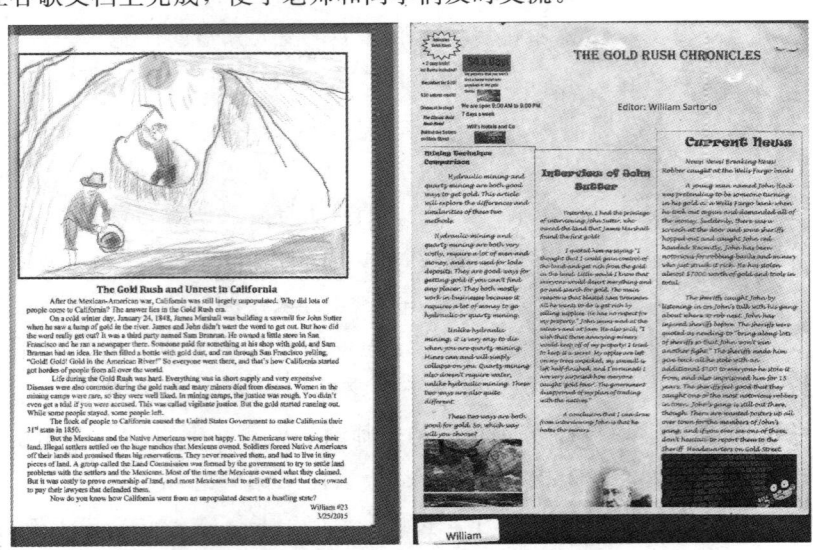

图1-4 四年级历史课作业样本

3. 组织计划能力

从四年级起，每个学生都开始用日历记事本（见图1-5），上面每天有科目的分类，以便记下当天的作业及后几周需要准备的项目或考试。我非常喜欢每年的记事本，日历前面有很多实用信息，如校规、数学计量单位换算表、地图等。记事部分可以锻炼孩子们的组织计划能力，每一页上面还有单词、格言、历史事件或好书简介等。小学成绩单上70多个考核项目，三分之一以上和学习方法与技巧有关，而组织计划能力是其中很重要的部分。

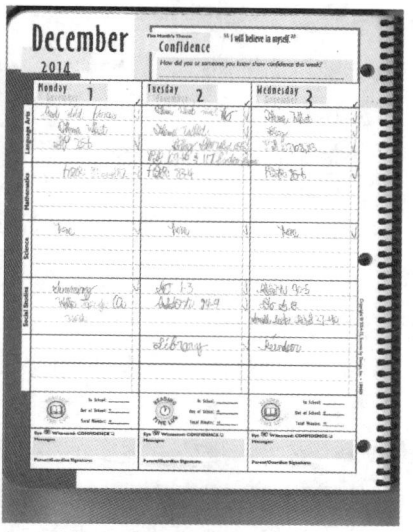

图 1-5　学生日历记事本样本

条理的记事习惯不止对初高中的学习有很大的帮助，而且为将来的生活和职场也打下基础。初高中没有班主任，单科老师没有时间像小学一样检查、督促每天的记录，一切全靠学生自觉。因为作业占大多数科目总成绩的大部分，所以如果作业要求记不下来，不知道大"项目"什么时候要交，哪天考试，会欠准备，从而影响学习进度。

4. 家长的参与

我对美国基础教育最大的感触是其中父母的参与，而那也无形中强化着孩子对教育的态度和动力。加州公立学校经费不足，很多小学连美术和音乐课都由家长作为义工来教。每个中小学更有"家长老师协会"（Parent Teacher Association）[①]——家长义工做主席、财务到各项目主管，从课前，课后指挥交通、课外活动到与校区的沟通——是学校必不可少的一部分。每年开学前她们就开始忙，组织家长义工为每位学生分装需要的学生手册、表格等。美国没有教师节，但专门划出一个星期作为向老师表示感谢

[①] 1897年成立的公益组织，加强家庭在公立教育中的参与，每个公立学校都有分会。http://www.pta.org/

的时间，家长会在那期间组织义工每天为教职员工提供美食。每年利用跑步、义卖等方式举行的筹款会更是由家长会从头到尾安排，用筹款为学校增添电脑设备等。

家长会还组织大型的课外活动，为学生的爱好提供施展之地。比如，奥数，我一直对它有偏见，总觉得是过度强调学业成就的父母才会让孩子参加的。直到威廉去年四年级，我接到家长会的邮件，解释四、五、六年级的学生可以自愿组成小队学习，参加奥数考试。威廉和同级的五个男生，每周在各家轮流聚会，一次两小时左右，由两位爱好数学的爸爸轮流教。那一学年，威廉每次去小组朋友家或是朋友到我们家来上课都像过节一样兴奋。他从小就喜欢数学，学校里教的他早就理解，课外经常上网自学。这次有五位类似爱好的朋友一起学，更增加了他的兴趣。看那两位爸爸教练给的作业，连我这不喜欢数学的人都不得不承认有趣，因为它帮助孩子开动脑筋换位思考。考试也由家长会组织，一学年共五次，从入场签到、桌椅排放到批改卷子都由家长义工安排。考试的费用为每位孩子35美元，也从家长会学年初收到的捐款里出。这样的奥数，和我想象中的竞争完全相反，它会增进热爱数学的孩子继续学习的兴趣。

其他活动，如少年棒球队等，更是家长一马当先，从教练、裁判、队旗的设计、组织球赛到训练时轮流带零食和饮料，无不由家长参与。这不但提高了孩子们的热情，还增进了亲子关系。常见的现象是，参与越积极的家长，孩子球艺提高也越快。

*   *   *

两个孩子在他们就读的小学前后加起来有10年了，我也会遗憾这里数学课程进度的拖拉和方法的琐碎，怀念国内小学琅琅的读书声。现在能记得的唐诗宋词，都得益于当年老师的要求。美国小学从来不让学生背课文，更注重表达。不同的文化，教育差异很难简单地用好坏来评断。我们可以从多方面去理解，为自己的孩子选择最适合的成长环境。

美国的"小升初"

> 因为美国公立学校都是就近入学，无须任何考试，所以"小升初"很少引起家长重视。实际上美国的初中在教学的方式与结构上和小学有质的跨越，对适应能力、自律能力，特别是情绪调控能力的要求也提高很多，为高中做准备。

我工作的初中，学业表现指数（Academic Performance Index，API）[①]高，近1,100名学生中约90%是亚裔。与此形成鲜明对比的是50多位教职员工中加我在内只有两名会讲中文，所以文化在教育上的差异常常从不同角度体现出来。

2012年10月，咨询员在办公室摇头叹息，见我路过赶紧道出一肚子不解。原来是一位刚入学的七年级学生，智力没得说，早在三年级就被鉴定为资优生（Gifted），所以智商肯定是130（百分位数98）以上。也是因为这个原因，依据校区规定可以优先选择荣誉课[②]，所以从课表上看，除体育和美术外，其他课程从英文、历史到数学、科学，主课是一码的快班。他数学还好，但其他三门学得很吃力，特别是科学课，每次到教室他就把头放在桌子上，几次哭出声。咨询员打电话征求父母意见，是否换成普通班的科学课。但家长反应强烈，坚持认为是学校偷懒，不帮孩子努力适应有难度的课，反而给他容易的选择，岂不是让他养成知难而退的态度？所以换课万万不能！

---

① 1999年通过的加州公立学校责任法案设立，测量学校的学业表现和进步情况。
② 和普通班教材一样但进度和深度要求更高。

欧裔的咨询员和任课老师百思不得其解，为什么这些看似光鲜但并不适合自己孩子的难课对亚裔父母来说比孩子的健康更重要呢？难道他们不了解良好的情绪对学习有多重要吗？特别是在孩子刚升入中学的巨大转变过程中。

* * *

因为美国公立学校都是就近入学，无须任何考试，所以"小升初"很少引起家长的重视。实际上美国的初中，不管是两年制还是三年制①，与小学相比，在教学的方式和结构上都有质的跨越，主要体现在以下几个方面。

1. 对适应能力的要求

小学期间学生都有自己固定的教室，每学年老师和同学也是相对固定的。大约30个孩子组成一个班，朝夕相处。每升一年级才会换老师、同学和教室。除了少数接受特殊教育的学生，同一个班级上的课完全相同。85%以上的科目，如英文、数学、社会科学等都由一位老师教，只有自然科学实验、电脑等需要到其他教室上。

到了初中就截然不同了。一般的中学是四门主课外加体育和类似美术、戏剧、西班牙语等的选修课，学生开始根据自己的程度和喜好选课，背着书包在校园里六个不同的教室间穿梭。主课一般都分荣誉课和普通班，虽然教材一样，但讲的深度和进度差别很大，同学间难免互相攀比。没有班主任，老师教的科目以自己考过的资格证书为准。学生需要去适应六位单科老师不同的教学风格和六个班里不同的同学。

2. 对自律能力的要求

小学老师每年只负责自己班内的大约30位学生，不光要教学、记录他们的学业进步，连同伴间的人际冲突到行为管理都要照顾到，有时真感觉像"代理妈妈"。这一点从小学成绩单上多达70多项的评估标准就可以略见一斑，从自控力、社交能力等行为到学习习惯无所不及。

中学里没有班主任制，每位单科老师每天都至少教150位学生，所以没有时间对每位学生的特点有太细致的了解。成绩单锐减成A到F的考核，对学习习惯和自律能力有更高的要求。行为问题基本都是送到负责纪律的副校长办公室处理。

3. 社交压力大很多

小学时虽然每一年的同班同学不尽相同，但因为每一年级吃午饭和课

---

① 费利蒙联合校区的初中（Junior High）只包括七年级和八年级，大部分校区的中学（Middle School）包括六年级到八年级.

间休息都在同一时间，所以同级的孩子多少都认识，并不陌生。中学的学生是由周边几个小学的毕业生组成，所以每年级的人数至少是小学的三四倍，大多是新面孔。小学吃午饭时是以班为单位有固定区域坐的，初中虽然不像高中那样是开放的校园（午饭时间可以离开），但没有固定的座位。如果没人愿意和你一起聊天，那在三五成群的校园里还是蛮显眼的。

中学非常注重学生社交能力的发展，每天午饭时间都专门开放一间教室，准备各种棋类，供不爱运动的学生们一起娱乐。同时，图书馆也开放，而且可以交流讨论，不用像往常一样保持安静。另外，学校每个月还组织"社交"时间，通常是周五放学后，并专门安排老师负责看护。"领导力"（leadership）是最受学生欢迎的选修课之一，因为他们可以自己创意组织各种活动，包括回收纸制品、为附近的慈善机构收集罐装食品、和老师的球赛等，加强校园里的互动。对于生性内向的学生，这两三年是很好的锻炼机会，可以慢慢尝试不同的活动，为高中更多彩的课外生活做准备。

4. 对体育课的重视

体育课从小学的一星期两次到初中的每天必修，项目从球类、长跑、社交舞到举重无所不包，对一些不爱运动的亚裔孩子是新的挑战。美国的体育课重视活动的参与，同时还传授各项目的理论知识。每月都有书面作业，主要是对术语的理解，还要跟踪各赛季的体育新闻，目的是培养孩子终生的兴趣。这个形式的体育课一直到十年级都是必修，高中最后两年才变成选修。

体育是美国文化的重要组成部分，根据地域或上过的大学，成人大多都有自己心仪的球队。工作之余为自己的队加油助威，不失为生活中的另一种寄托，其乐无穷。在工作单位对体育多少了解的人才可能在同事热烈的讨论中插上话，对社交能力有帮助。所以在小学期间对运动没有太大兴趣的孩子，华裔家长不妨按体育课表的进程，多带他们接触熟悉一下各类运动，并在家看看体育新闻、球赛转播。不但锻炼了身体，还一起学习到美国这方面独特的文化。

* * *

工作这十多年，我感觉初中像分水岭，是孩子通往独立最重要的转折和过渡期。智力上乘、在小学时成绩优异但到了中学出现滑坡的孩子屡见不鲜。究其原因，学习习惯不良占一定比例；对情绪缺乏调控能力，因而不能再专心、尽心学习的居大多数。

十二三岁的青少年初期，随着激素的变化，本身情绪就起伏大。再加上初中课业进度差距增大，同伴压力大，都让那些有积极的自我概念、较强的人际沟通和挫折承受力的孩子转眼间胜出。我常常在中学看到，相似的智力下，对自己情绪调控力强的孩子尊重自己也尊重他人，发生冲突时头脑保持客观冷静，困难压力下不失信心与目标，更快乐。相反，缺乏积极的自我概念，一有压力就紧张，冲突时容易冲动，或表达能力弱，都会给孩子在学校及生活中充分发挥自己的潜能造成负面影响。不良情绪还常常影响到身体健康。这些学生经常抱怨头疼、肚子疼等，但到医院却查不出任何生理原因。

管理情绪的能力有基因的影响，但相对智力来讲，它的可塑性还是很强的。如果家长从小就重视孩子的情绪管理，引导他们用适当的语言表达出来，日积月累，孩子调控情绪的能力就会加强。最佳的课业程度是自己稍做努力就可以达到的水平，课太难会打击学习的兴趣，甚至导致厌学，得不偿失。初中是为高中做准备的，巩固优良的学习习惯和态度才是重点。那位母亲对普通课如此抵触，无视孩子的情绪反应，本末倒置。来日方长，孩子的求知欲才是他取之不尽的动力源泉。

青少年开始出现逆反心理，需要父母更多的耐心。很多父母纳闷：原来的乖乖仔怎么好像突然一夜之间在家里一言不发了？如果他们暂时不想把心事告诉父母，请千万别逼问，给他们空间寻找自己。只要之前亲子关系良好，让孩子知道如果他想倾诉，父母的门随时为他开着就够了。这期间同伴对孩子的影响开始超过父母，所以留心一下孩子常交往的同学还是有必要的。

孩子到教室，带来的远远不止是书包里的笔和书，更能影响到他们学习效果和效率的是他们的精神和情绪状态。有积极的学习态度、习惯和情绪做武装，他们才可以放心地迎接中学的挑战，为高中打下坚固的基础。

美国孩子爱读书吗？

> 硬件再好，离了家庭教育的支持也无法发挥全部潜能。美国孩子喜欢读书的比例近几年在明显下降。其中父母的参与度随孩子年龄增长而下降的因素不可忽视。调查发现，如果家长常给孩子读书听，孩子以读书为乐的概率就大很多。

2015年6月，在从旧金山回北京的飞机上，我的旁边坐着一对年轻的夫妇，带着一位十八九个月大的孩子。十一小时的航程，他们居然没给孩子带任何玩具，除了奶瓶、尿布就是一摞书。一路上爸爸有一两小时不停地让孩子重复英文字母的发音，"W，说W""H，说H"，还时不时地给妈妈反馈，"你听这M，已经比上周标准多了！"不到两岁的孩子心不在焉，嘴里重复着字母手里却玩着自己的鞋，得空还去抓爸爸的眼镜。爸爸一直在不满地纠正："抓什么抓！告诉你多少遍了不可以抓爸爸的眼镜！"

一两岁，正是实物学习的阶段，不给他准备玩具，他不抓爸爸的眼镜抓什么呀！阅读固然美好，但启蒙不是这样的啊！

*　　*　　*

我成长在20世纪70年代京杭运河边的小城，父母工作忙碌，从未告诫我"书中自有黄金屋"，也从没特意培养过我读书的习惯，但童年最美好的记忆，除了去河里捞小鱼，就是读书。剧院门口摊了一地的小人儿书，一分钱可以看一本。偶尔手头"阔绰"，可以在那里消磨一下午。每一本里面都是另外一个世界，让我可以瞬间远离家里的烦恼。伴随成长的最大娱乐，还有傍晚收音机里准时播出的刘兰芳评书。她抑扬顿挫的声音，让"岳飞传""杨家将""三国演义"等活灵活现地展现在我面前。每段戛然而止的地方，总会让我提心吊胆，等不及下一段的到来。慢慢地识字多了，家里收集的四大名著和福尔摩斯探案集一直是我假期的最爱，我常常沉浸在其中。但潜意识里，多少总有负罪感，因为学生看"闲书"基本被等同于"不务正业"，就连文学性杂志在我们高中的文科班上也得在晚自习时躲着老师的监视悄悄传看。

等到2005年威廉出生，我发现美国为培养孩子的阅读习惯想得真周到，居然有专门为婴儿设计的布书，按钮还可以带出声音和音乐。威廉一岁多刚走利落了，我才看到每个城市必备的公立图书馆系统更是面面俱到，除了各种语言的幼儿读物，包括有声书，还有定期给孩子安排的丰富多彩的活动，如魔术、音乐表演、故事会以及亲子讲座等。

在公立学校工作，我时常感慨美国为了培养孩子的阅读习惯实在是不遗余力。

低年级每天需要写的家庭作业基本可以在15分钟内完成，但规定每晚要阅读15～30分钟。内容不限，鼓励以兴趣为主。暑假没有作业，但每个学校都会给一张画满圆圈的图，需要家长在孩子每天读书后在圆圈里签名，然后孩子把那个圈涂上颜色。暑假能坚持阅读的，开学后把涂满的图纸交给老师，就有资格参加学校举办的"读者野餐会"，享受比萨饼和冰激凌！

除了学校的图书馆每周安排给各班级的故事和借书时间，每个教室也有自己的班级图书馆。每周学生都会带回家少儿读书俱乐部（Scholastic Reading Club）[1]按年级归类的书广告，几块钱就可以下单。周五老师统一收上来，书在一周内就直接送到各教室，书商同时按学生订购的数目为他们班级提供免费书。每次有孩子过生日，按惯例也都会赠送班级图书馆一本书。

著名儿童作家苏斯博士（Dr. Seuss）在美国的知名度不亚于总统。他的生日成为国家教育协会在各学校倡导的"读越美国日"（Read Across America），吸引着各行业名人到图书馆和小学亲自读书给孩子们听（见图1-6），并掀起阅读高潮。从大人到孩子都戴着"Cat in the Hat"[2]的高帽子，到处洋溢着节日一样的快乐。

---

① 世界上最大的儿童书籍出版商和销售商。http：//www.scholastic.com/home/
② 《戴帽子的猫》是苏斯博士（Dr. Seuss）最知名的儿童书之一.

图 1-6　美国总统夫人读书给小学生听

每年春季在各学校图书馆举办的书展更是吸引着整个社区（见图 1-7）。那一周内有"家庭之夜"，一家家扶老携幼，一起沉浸在书的海洋，流连忘返。老师们也会列出他们班级需要的书目，家长按能力认捐。

图 1-7　学校举办的书展

到了初中和高中，学校在一天中特别留出了 20 分钟的阅读时间，规定不许看教科书，只能看小说等"闲书"，继续鼓励学生的阅读兴趣。学校图书馆更是窗明几净，配备电脑、打印机等，方便学生放学后在那里阅读、查资料、做作业，是很多学生对学校最美好的回忆之一。

可惜的是，哪怕提供这么优越的读书环境，调查发现美国孩子喜欢读书的比例近几年在明显下降[①]：2014 年只有 51% 的儿童表示他们课外以读书为乐，这个比例在 2012 年是 58%，2010 年是 60%。37% 的孩子说他们喜欢读一点儿书，12% 明确表示不喜欢读书。8 岁以后享受阅读的人数比例急剧下降：6~8 岁的儿童中以读书为乐的比例是 62%，但 9~17 岁的儿童比例就降到 46% 左右。究其原因，电子产品的普及、越来越多的作业和课外活动是影响因素，同时，父母的参与度随孩子年龄增长而下降的因素也不可忽视。调查发现，如果家长常在家里给孩子读书，那孩子以读书为

---

① http://www.scholastic.com/readingreport

乐的概率就很大。54%的孩子5岁前父母几乎每天读书给他们听，但6~8岁时，这个比例就下降到34%，9~11岁更是低至17%。40%的6~11岁孩子报告说，他们希望父母还继续读书给他们听。

阅读影响到很多科目的学习，而提高阅读速度和理解能力没有捷径，只有多读。美国学龄儿童中有阅读困难的占15%~20%[1]，这些孩子很难在课外享受读书的快乐。国家教育协会的一项调查发现，70%的初中学生一年读超过10本书，但这个比例到高中就降到49%[2]。2013年的抽查显示，美国25%的成人在最近一年内读了1~5本书，15%读了6~10本，20%读了11~50本，还有8%读了超过50本，但28%的成人在最近一年内没读过一本书[3]。

我承认孩子们并非天生都喜欢阅读。威廉从1岁多就总是主动去抓给幼儿设计的书，可以盯着看半天。4岁时，自己就琢磨出英文的语音规则，更是到哪儿都书不离手。但就连大卫这样天生偏爱运动的孩子也同样能养成睡前不读书不能熄灯的习惯，这确实是来自家人都爱读书的氛围。

2015年回国期间，我了解到几位朋友读高中的孩子们在紧张的课业外不忘抽时间阅读自己热爱的哲学、历史等书籍，让人欣慰。打开一本好书，随时随地都会带来馨香。希望我们的下一代永远享受阅读的快乐。

---

[1] http://www.ldonline.org/article/223/
[2] http://www.nea.org/grants/facts-about-childrens-literacy.html
[3] https://today.yougov.com/news/2013/09/30/poll-results-reading/

资优教育："GATE"不"GATE"？

> 美国对资优教育效果的研究结论褒贬不一。很多研究指责对 GATE 重视不够，耽误了国家栋梁的培养。还有很多研究发现资优教育并无显著长效。但一个不争的事实是，如果把 GATE 测试的成绩单误以为是"成功"的门票，那就小题大做了。

大卫二年级时加入了一个离家很近的课后学校①。开学时我按通知去参加给二年级家长准备的信息会。老师抑扬顿挫、慷慨激昂地大谈二年级要如何多做阅读、数学等练习题，加强写作，才能为三年级的 GATE 考试做充分的准备。老师骄傲地提到，她曾经带过一个班在 GATE 考试中通过率达 95%，让在座家长无不报以佩服加羡慕的目光。

我在下面却如坐针毡。

我无意冒犯老师，毕竟是新来的。但她对 GATE 考试的曲解真的误导了在座的二年级家长。

资优教育（Gifted and Talented Education，GATE）在费利蒙校区大多数是通过每年初春给三年级学生做的集体测试——认知能力测试（Cognitive Abilities Test™，CogAT®）——确认出来的，分数需要达到 130 以上，也就是百分位数 98 或 99。换句话说，按统计学来讲，一百位孩子中有两位会通过。三年级家长也可以选择推迟一年再让孩子参加，因为怕孩

---

① 加州公立学校放学早，双职工家庭只能自费让课后学校来负责接，类似托管，直到父母下班。

子年龄小等原因导致注意力不集中，不能考出真实水平。五年级和六年级的学生测试成绩没达到或刚转学来而错过测试的，也可以通过出色的学业成绩获得老师的推荐而归入 GATE。

对 GATE 的定义各校区不同，如洛杉矶联合校区用奈格里尔非语言能力测试（Naglieri Nonverbal Abilities Test®，NNAT®）分数，并综合老师推荐、学业成绩等其他因素在五年级时进行选拔[1]。全美天才儿童协会（The National Association for Gifted Children in the United States）的定义则更广：天才儿童指那些在某一领域（包括数学、音乐、语言、美术、舞蹈、运动等）展示超常的推理和学习能力或者成就的儿童（顶尖 10% 或更少）[2]。很多校区，如斯坦福附近的帕洛阿图（Palo Alto），选择不要 GATE 服务，其逻辑是我们所有的学生都是"天才"。

像刀和枪一样，GATE 考试本身没有错，心态好了，可以把它看成手中有利的工具。比如，2003 年我在一个五年级班上看到大家都在安静写作文时，有位男生东张西望。课后提及他，老师骄傲地说那位学生是"天才中的天才"（当时校区还有资源给每位推荐的学生做一对一的韦氏儿童智力量表第四版，所以分数可以清晰地显示不同等级[3]）。别看他好像不专心，其实是在深度思考。他一旦集中精力，写出来的作文可达高中水平。如果老师不知道这些信息，很可能认为那位孩子是精力不集中从而去强压改正。这些年我接触过好多这样的例子，孩子在教室里好动，字写得潦草，有些甚至是不太听讲的问题学生，但有这个 GATE 考试就显示出超常的推理水平，可以让老师对他们的行为更理解和宽容，因为 GATE 学生一定会分给取得资优教育证的老师教，他们了解 GATE 学生的特点。可心态不好，GATE 考试也可以成为"杀人"的武器。很多课后学校和家长把这个测试的成绩单误以为是"成功"的门票，那就小题大做了。

1. 认知能力测试（CogAT®）[4]不是权威的智力测试，不能全面测评一个孩子的智力

每年的通知单出来后，总有几位家长面色凝重地找到我，没开口前我还以为她们失业了或家里发生重大变故需要心理辅导。结果全是因为孩子

---

[1] http：//achieve.lausd.net/Page/1989
[2] http：//www.nagc.org/resources-publications/resources/definitions-giftedness
[3] 根据韦氏儿童智力量表第四版（Wechsler Intelligence Scale for Children-Fourth Edition），智商 130～138 为中等天才（moderately gifted）；138～145 为高等天才（highly gifted）；145～152 是特级天才（exceptionally gifted）；152～160 是超级天才（profoundly gifted）。
[4] http：//www.riverpub.com/products/cogAt/

的CogAT®百分位数是90多，甚至有一位孩子是97，家长却因分数没上GATE线而忧心忡忡。如果因此而丧失了对孩子的信心，否认孩子的价值，那就大错特错了。校区之所以选择CogAT®作为挑选GATE学生的工具，是因为它可以集体施测，一小时内就可以粗略估算出孩子在语言、数学和非语言三方面的能力，并和学业测评相关高。但很多孩子有音乐、体能或社交方面的天分，用传统的智力测试是显示不出来的。请千万不要以为CogAT®分数不够就证明孩子没有才能。

2. 认知能力不是阅读和数学计算等学业问题，对训练结果要有现实的期待

虽然CogAT®在教育心理学界不被用作正式的智力测试（韦氏儿童智力量表第五版[1]等一对一智商测试更权威），但它毕竟自称是"认知能力"测试，而"认知能力"是孩子与生俱来的能力，不是后天可以轻易学来的。天资属于顶尖2%的孩子，不做任何准备依旧会显示自己的超常；其他孩子就算做再多例题，提高的幅度也是有限的，不然这个智力测试就设计失败了。老师在考前都会帮学生熟悉一下题型，没坏处。大量阅读提高词汇量也对语言方面有帮助，但反复做练习题绝不能把原本智力不是顶尖2%的学生培训到那个水平。最高听说过某位孩子上GATE补习班，初试百分位数是30左右，六个月练习后提高到61。

那位老师夸口某三年级班有95%的学生通过CogAT®考试，如果把四、五、六年级的学生都算起来的话，通过的比例是75%左右。这和周围小学GATE的比例相似，实际是周边社区的孩子天生智力好，而不是课后学校练习出来的。她还鼓励家长另交钱去上MPM数学课[2]，说是通过GATE考试的孩子基本都选择MPM。我接触的GATE孩子里喜欢数学的确实多，但从未上过MPM课的大有人在，更别提什么GATE补习班。用这种牵强的逻辑给家长施加压力去交钱上可有可无的辅导课，是不道德的。

3. GATE的通知单不是"成功"的门票

资优教育的概念在中国已深入人心，大学的少年班、小学和中学的快班等，都是家长瞩目的班级。美国GATE的方式各不相同。东部有校区的GATE学生被集中在专门的天才儿童学校受教育，而费利蒙校区小学的

---

[1] 韦氏儿童智力量表第五版（Wechsler Intelligence Scale for Children®，Fifth Edition）http://www.pearsonclinical.com/psychology/products/100000771/wechsler-intelligence-scale-for-childrensupsupfifth-edition-wisc-v.html

[2] http://www.mpmmath.us/

GATE 学生和非 GATE 学生坐在一个教室里，但老师是受过 GATE 培训的，使用差异教学来区别对待 GATE 学生，如阅读同一篇文章后给 GATE 学生的问题更有深度。初高中 GATE 学生可以优先选修荣誉课，进度和深度都比普通班强。

对资优教育效果的研究结论褒贬不一。很多研究指责对 GATE 重视不够，耽误了国家栋梁的培养[①]。还有很多研究者发现，资优教育并无显著长效[②]。但一个不争的事实是，智力超常绝不是孩子"成功"的保证。

实际上，几十年来对"成功"的研究，没有一个提过"智力超常"是必要因素。早在七十多年前，世界上时间跨度最长的天才儿童基因对个人成就影响力的研究就打破了"智商万能"的神话。在这个由斯坦福大学教授路易斯·特曼（Dr. Lewis Terman）组织的始于1921年的研究中，他的团队跟踪调查了1,528名智商超过130的儿童，研究他们的学校教育、工作表现、婚姻和孩子状况、幸福感、退休生活等人生大事，直到去世。结果发现他们虽然在基础教育阶段各方面适应很好，成人后也有的在职场表现出众，如其中有加州最高法院法官、剧作家、50多名大学教授等，但在某一领域有突出表现或受过高等教育后从事律师、工程师、老师等职业的比例不足半数。1947年最后一次参与研究后，特曼教授不得不得出结论，"不管从哪个角度去衡量，智力和人生的成就不成正比"[③]。

费利蒙校区 GATE 办公室主任每次给家长做讲座，总要反复提醒：很多 GATE 孩子情绪上脆弱，超过5%的 GATE 学生无法完成高中学业等，但听进去的家长又有多少。2011年，我在高中工作时，一年内就有三位 GATE 学生因无法调控情绪而辍学，校方虽想尽办法却无法扭转。虽然初中 GATE 学生可以优先选荣誉课，但每年都有约11%的学生在半学期内被换回普通班，因为成绩是 D 或 F。老师们都反映，走得最远的不是那些最聪明的、一学就会的学生，而是那些智力中上但遇到困难不放弃、最有恒心的学生。

2014年秋季刚开学时，一位亚裔家长喜出望外地告诉我她四年级的儿子通过 GATE 考试了。隔天奥林匹克科学竞赛选拔，因为是四、五、六年级一起测，所以很多题目是四年级没教过的概念。她的孩子是在场五十多位学生中唯一一位对着试卷发呆十几分钟后，需要我提醒才越过第一题去

---

① http://www.alleerationinstitute.org/nation_deceived/nd_vl.pdf
② http://www.nber.org/papers/w17089
③ L. Terman, & M. Oden. (1947). *The Gifted Child Grows Up: Twenty-five Years' Follow-up of a Superior Group*. Stanford: Stanford University Press.

先做自己理解的题目的。

　　智力，归根结底是综合自己所有去解决问题的能力。这些基本的解决问题的技巧到四年级还没学会，智力测试成绩再超常又有什么用呢？

　　所以，如果孩子通过资优教育测试，请记住他们以后各方面需要引导的还很多；没通过的更不要妄自菲薄，因为成功的因素大多数是智力测试显示不出来的。每位孩子的天分，最需要了解自己的父母在日常生活中慢慢帮他们去发掘，千万别把责任寄托在任何考试上。

大学申请知多少？

> 条条大路通罗马。大学不是教育的终点，但却是绝大多数亚裔孩子基础教育结束后的选择。虽然教育不是只为了申请大学，但需要提醒的是，要成功申请，如果计划从高中开始就太晚了。
>
> 美国大学里至少50%的学生入学时定不下来想学什么，50%～70%的学生在毕业前至少换过一次专业。一半以上的大学毕业生从事和自己专业没直接关系的工作。"成功的大学生活"不是以学校的名气来定，而是取决于自己在那4～6年中有无发挥自己能力的学习和锻炼机会。

近十年来，旧金山湾区的升学申请机构如雨后春笋，层出不穷。每年举办的教育展也成为各大升学机构的展览。2013年，我有幸从头到尾听了各机构的讲座，眼界大开：怪不得那么多家长对这些机构印象不好，原来有某些机构真的由没多少教育背景的人操刀，绑架父母对孩子的爱心和担心，扭曲了高等教育。越来越多的家长和高中生在咨询过程中需要相关的信息，于是我在当年秋季通过加大洛杉矶分校的远程教育系统选修了"大学申请咨询"课（Counseling the College Bound Student），在这里把笔记结合咨询工作中的心得总结下来，供需要的家庭参考。

1. 大学申请真的需要私人顾问吗？

刚开学两星期，老师抛出热门话题：高中生究竟需不需要花钱买私人大学申请咨询服务？这一话题引起全班30多名学生踊跃参与。老师介绍我们读的文章①，公正全面地讨论利弊，启发我想到了许多以前没想过的问题。

要想全面回答这个问题，必须先了解高中生成功申请大学要做到的五个步骤。

（1）准备阶段（学前班到十二年级）

- 有动力在学业上成功。
- 建立良好的学习习惯。
- 在高中选修适合为大学做预备的课程。
- 培养非学业的才能和兴趣。
- 了解大学申请的步骤和时限。

（2）寻找（九年级到十一年级）

- 考虑学业和社交因素，知道自己要找什么类型的大学。
- 参观一些当地的大学。
- 参加大学招生会，和不同大学的代表交谈。
- 上网收集信息，了解不同大学的选择。

（3）申请（十二年级）

- 知道申请表上要被问到的问题，学业的和非学业的信息都有。
- 准备充裕的时间完成所有步骤，包括申请表、作文、推荐信等。
- 务必在期限前把申请材料寄出。

（4）录取（十二年级）

- 评估所有给自己录取信的学校，并比较提供的经济资助。
- 知道如果没被第一志愿录取，对策是什么。
- 知道如果没被任何大学录取，对策是什么。
- 选择最适合自己的大学，并在期限前寄出接受录取的文件。

（5）注册（十二年级）

- 顺利修完十二年级课业。
- 把十二年级的成绩单等另外要求的文件寄给要去就读的大学。
- 确认宿舍等相关需要。
- 完成需要的大学排课测试。
- 参加开学前的新生介绍会（orientation）。

结合课本《大学申请咨询基础》②和老师列的大纲，不难发现，孩子如

---

① http://www.huffingtonpost.com/ruth-starkman/private-college-admissions-consulting_b_3625632.html

② http://www.nacacnet.org/research/PublicationsResources/Marketplace/texbooks/Pages/Fundamentals.aspx

果从小养成了积极的学习习惯、做事有条理、了解自己的特点、写作表达能力又强的话，有公立学校咨询员画龙点睛的点拨就足够了，完全可以独立完成大学的搜索和申请。公立学校咨询员在校园里工作，直接负责课表的安排，还要为学生写推荐信，所以对大学申请的帮助处于得天独厚的位置。另外，美国绝大多数的高中都会在九年级为所有学生提供网上问卷调查，从人格特点、能力曲线到职业倾向等方面，为每位学生的选择提供参考意见。费利蒙联合校区用家庭联系（Family Connection-Naviance）①这个综合性教育网站，不止在九年级时根据学生人格和职业测评的结果为每一位列出相关的专业和大学，还帮助计划四年的课程、储存成绩、提醒申请期限、奖学金等相关信息，方便学生管理大学申请的过程。

可如果孩子在学习上比较被动、学习习惯不好、做事没有条理、写作表达能力欠缺，而父母又没有足够的时间和精力与他一起去学习和完成申请的过程，那么考虑私人升学顾问服务就理所当然了。首先，公立学校咨询员和学生的比例是1∶500左右，而且很多调查报道，他们在学校近80%的时间花在和大学申请毫无关系的职责上，很难安排单独咨询的时间，能做到的是一些集体活动，如组织当地大学到校园办大学招生会（College Fair）、介绍课程及校园生活等信息。私人升学顾问一般每年只收30名以内的学生，而且所有工作时间都投入到大学申请上，为每位学生提供一对一的服务是公立员工做不到的。

美国私人升学咨询服务发展迅速，2013年在秋季入学的大学生中，约26%雇用了私人升学顾问，比十年前翻了3倍。虽然我没见到旧金山湾区高中的数据，但就学校的观察，亚裔学生雇用私人升学顾问的比例远远超过26%。原因有几个：首先，矽谷技术移民多，很多父母20岁到30多岁才接触美国的教育和文化系统，对基础教育到本科的衔接并不了解。再加上工作压力大，没有太多闲暇时间去和孩子一起摸索升学申请过程，在经济允许的条件下，他们宁可花钱买心安。

大学申请不止是简单的填表。如果私人升学顾问接受过系统的培训，像加州大学洛杉矶分校远程教育系统的七门"大学申请咨询证书"课程（College Counseling Certificate Program，UCLA），根据以上总结的大纲，能够从培养孩子的学习习惯，找到课外活动的兴趣，提供大学、专业和职业选择的推荐，到标准考试的准备等方面，帮孩子找到努力的方向，那他们

---

① http://www.naviance.com/college-and-career-readiness-platform/self-discovery/student-and-family-portal

在这个衔接阶段的服务是有效的。

在挑选升学顾问机构时，一定要考虑以下因素。

第一，私人顾问自己毕业的学校并不代表他们咨询服务的水平。

请务必查清顾问有无"大学升学咨询师"资格认证，所在机构是否是国家大学申请咨询协会（National Association for College Admission Counseling，NACAC）的成员。如果服务不专业，至少可以保证投诉有门。

第二，收费最高的不一定提供最佳服务。

庞大的跨国机构用铺天盖地的广告去开拓市场，其实这些费用最终都来自父母交的学费，和他们提供的咨询服务质量并不成正比。曾经有一位欧裔升学顾问在旧金山湾区某知名亚裔机构工作6年后离开，自己提供私人服务。他诚恳地告诉我，在那家机构做不下去的原因是看不惯他们对家长漫天开价，良心上过不去。他现在提供同样的咨询服务，但只收大机构35%的价格，做得心安理得。

第三，私人顾问是否以人为本，而不是拿固定模具把孩子往里塞。

成绩等数据是死的，同样的成绩下，每位孩子的情况和需求各不相同。有位家长告诉我，一位升学顾问第一眼看到儿子高中平均成绩（GPA）①3.2就立刻宣布，"你这成绩进加州大学是不可能的！"但她根本不了解的是这位学生商业操作能力突出，曾和校队拿过商业策划州冠，而且人际交流能力极强，当年被伊利诺伊大学香槟分校（University of Illinois Urbana-Champaign，UIUC）顺利录取。升学顾问的很大职责是帮孩子在申请过程中扬长避短，怎么能凭成绩就把门封上呢？

第四，请调整对升学顾问的期待值。

升学顾问和房地产经纪、律师或会计师不一样，后者的服务很全面，交了费用，他们会负责打理所有文件。但升学顾问只是提供指导，表格还需要学生亲自来填，个人作文需要孩子亲自来写。顾问可以提供建议，怎样修改可以让文章更突出，但不能帮他们改。课外活动可以推荐，标准考试可以提供准备课服务，但达到、考成什么水平要靠孩子自己。学校成绩等除了可以建议学习方法外，也是超出顾问可以控制的范围。所以，对升学顾问辅导的结果要有客观的期待。

其他更明显的，如弄虚作假等，就不用提了。就算是给孩子一个垫脚石，把他推入一个和自己能力、性格等不相称的大学，他能顺利完成学业

---

① 全 A 是 4.0，详见 http://www.collegeboard.com/html/academicTracker-howto-convert.html。大学预修课程和荣誉课的 A 高于 4.0。

吗？美国大学本科四年的毕业率从 50% 多到 80% 多不等。就算是六年，很多大学也是十位里有一位拿不到毕业证书。比如，加州大学伯克利分校四年的毕业率是 68.9%，六年的毕业率是 91.1%。几个公众熟悉的大学毕业率如下①。

大学	4Years	6Years
加州大学伯克利分校	68.9%	91.1%
加州大学洛杉矶分校	68.0%	89.8%
加州大学戴维斯分校	51.2%	82.3%
加州大学圣地亚哥分校	56.8%	86.1%
芝加哥大学	86.5%	92.9%
斯坦福大学	78.4%	94.7%
宾夕法尼亚大学	88.6%	95.5%
哈佛大学	87.1%	97.4%

图 1-8 本科毕业率

进入大学不是终点，而是孩子另一个阶段的起点。送进了不适合自己的大学再中途退出，岂不是更浪费时间，而且心理上也承受着挫折。我的邻居中就有的费尽心思把孩子推进加州大学戴维斯分校（University of California at Davis），结果爸爸现在需要每周六开车到戴维斯帮孩子做作业，大人孩子都累。其实如果孩子当年进入水平相当的社区大学准备两年再转学到加州大学，学习起来应该更得心应手。

优秀的升学顾问应该对北美和欧洲的多数大学有一定了解，并对孩子有了解，才能找到两者之间最佳的匹配，而不是只认父母熟识的名校，不顾孩子的兴趣和能力，一律按那个要求规划。

2."名校"情结

每年 500 多个毕业生里入名校比比皆是的高中，举办了一场别开生面的研讨会，邀请了三位当年考大学时的"弱势"校友来分享自己后来居上的经验，让家长大开眼界。

在数理超强的亚裔社区一位当年物理挂科的学生，可谓压力很大。但他从小喜欢化学，到高中后更找到自己在这一科上的兴趣。毕业时，他只申请到一个加州很普通的州立大学（California State University, Chico），但学的是他钟爱的化学专业。四年间他如鱼得水，并在导师的帮助下和斯坦福大学化学系合作课题，本科毕业后顺利拿全额奖学金到斯坦福化学系攻读博士学位。

---

① 美国各大学的毕业率都列在这个网站上。http://collegecompletion.chronicle.com/

另一位学生当年成绩平平,据他本人讲,对上课没有太大兴趣,但酷爱钻研赚钱之道。高中时,他就开始在本市各小型商店拉赞助,把它们的信息印在学校各社团的简介手册上。毕业时被刚建成的加大摩斯德(University of California at Merced)分校录取,选择了自己喜欢的商科,乐在其中。他的贸易公司几年内就已经做得风生水起。

最后一位学生当年不但成绩优良而且口才很好,本来完全可以申请名校,但因为家庭经济原因,自己选择先上了两年本市的奥隆尼(Ohlone College)社区大学。因为学费低廉,所以半工半读,没用父母一分钱。专科毕业后成绩优异的她顺利转学入加州大学伯克利分校,现在已经是知名律师。

我们这些应试教育制度下考出来的华裔父母,对大学多少有些"考状元"情结。每年名校招生办的讲座场场爆满,吸引着上万望子成龙的家长。如果孩子有这能力,上名校选择适合自己的专业当然是首选。但校友真实的经历让在座的很多父母如释重负:原来美式的高等教育真的是条条大路通罗马!只要孩子学到热爱的专业,保持旺盛的求知欲,不论毕业于哪所学校都会有好的发展!

讲座结束后,家长意犹未尽,热烈讨论自己的看法。他们都承认"名校"也许能在找工作时助你一臂之力,但走上工作岗位后再想进步可全凭工作能力。不少家长惭愧地承认,他们毕业于加州大学伯克利之类的顶尖学校,但他们工作能力超强的顶头上司却常常来自周边名不见经传的加州州立大学东湾(California State University, East Bay)或圣荷西分校(California State University, San Jose)。

哪怕看到这些现实,还是难解这个"名校"情结。

我在高中工作时,和协助学生申请大学的咨询老师共事,她们最大的感慨就是为什么华裔家庭的选择面这么窄呢?难道她们眼里只有那些有数的名校吗?邻市斯坦福大学招生办的负责人曾明确地告诉家长,每年平均有4万多名高中毕业生申请斯坦福大学,其中大概3.5万人基本符合招生要求,但最终学校只能从中录取1,400人左右。其他名校也大抵如此。除非斯坦福有独一无二吸引孩子的专业,否则为什么非得去挤那座独木桥呢?

美国的高等教育引人瞩目,全世界排行前20的高校里有10所在这里[①]。它最大的特点是量大:全国有4,495所大学(不包括远程教育机构),

---

① http://www.topuniversities.com/university-rankings/world-university-rankings/2015#sorting=rank+region=+country=+faculty=+stars=false+search=

其中本科2,774所。很多优秀的大学，我们这些移民父母根本没听说过。只要孩子想继续学习，一定会找到适合自己的专业和学校，大可不必紧张。举个例子，以下是美国25位诺贝尔化学奖得主本科时就读的大学，除了屈指可数的几个耳熟能详的名字——斯坦福大学、麻省理工学院、哈佛大学、达特摩斯（Dartmouth）大学和莱斯（Rice）大学，绝大多数我们闻所未闻。

奥格斯堡大学	Augsburg College
伯里亚大学	Berea College
杨百翰大学	Brigham Young University
纽约城市大学	City College of New York
格林奈尔学院	Grinnell College
佐治亚理工学院	Georgia Institute of Technology
希望学院	Hope College
麦克吉尔大学	McGill University
俄亥俄卫理斯大学	Ohio Wesleyan University
佛罗里达罗林斯学院	Rollins College, Florida
加利福尼亚大学河滨分校	University of California Riverside
俄亥俄州待顿大学	University of Dayton, Ohio
佛罗里达大学	University of Florida
马萨诸塞大学	University of Massachusetts
内布拉斯加大学	University of Nebraska
华盛顿州立大学	Washington State University

加州的公立高等教育分三级：加州州立大学于1857年建立，迄今有23所，学生40万人；加州大学于1868年建立，迄今有10所，学生23万人；最强大的是1967年才建立的社区大学制度，45年间拥有112所，学生达到240万人。这些学校各有特点。比如，社区大学学费低廉，一个学分不到50美元（本州居民），而且在读高中生可以就近免费修课。它们的选修课比加州州立大学和加州大学多，适合还没完全定下学习方向的高中生，可以有多一点时间选择。州立大学虽然没有加州大学的牌子响，但却拥有许多加州大学没有的实用专业。而且大多课堂上学生数量只是加州大学的四分之一，可以和老师有更多交流，再加上学费还不到加州大学的一半。如果孩子喜欢学术研究，那加州大学就有很多优势。

这门"大学申请咨询"课程从不同的角度让我了解到：专业虽重要却也

不是一切，挑选大学的过程是高中生去深入了解自己的过程，有许多其他因素要考虑，如大学的地理位置、天气、校园气氛，学生族裔比例，有无去国外大学交流学习的机会，有无做研究或实习的机会。还有，自己适合公立大学动辄几百人的大课还是私立大学师生比例小于50的小课；喜欢和老师有更多的切磋，还是更愿意和同学讨论等。学生需要去检测自己求知的热情来决定，是选择对课业要求严格，为将来研究生院更高深的求学打基础的大学，还是选择实用性强，毕业后可以帮助自己顺利进入职场的学校。所以，选大学之前关键是要先确认自己全面的喜好，最好的大学是最适合自己的。

亲自去心仪的学校参观，参加招生办定期组织的带解说还负责回答问题的"校园游"，是很有必要的。多听听各院校毕业生的经验也很有帮助。这个"挑选"的概念对我们这些当年只知道按自己高中的成绩去预估高考水平来填报大学志愿的一辈人真是新奇。绝大多数的我们在入学前是连大学的门朝哪儿开都不知道的。

很多青少年在高中毕业之际并不清楚自己想深造什么，所以越来越多的美国高中毕业生去读大学之前选择"间隔年"（gap year），通过服务性或公益活动给自己机会去探索世界，同时寻找人生的方向。有研究表明，有过"间隔年"经历的年轻人比同龄人在大学的表现更好，因为学习上有目标，所以更努力，成绩高是水到渠成[①]。越来越多大学设计1+4结构，鼓励大一学生正式入学前先为不同公益组织服务一年。

就算暂时不清楚自己的专业取向也没关系。美国大学里至少50%的学生入学时定不下来想学什么，绝大多数美国本科大学的前两年是修公共课，给学生留了时间去探索不同的课业来决定后两年的学习方向。专业可以随时换，只需填张表格。50%～70%的学生在毕业前至少换过一次专业。一半以上的大学毕业生从事和自己专业没直接关系的工作。但每个专业都有自己的必修课，修完才能毕业，所以常换专业会影响毕业时间。这也是为什么美国的本科大学统计毕业率时，虽然会列出来四年毕业的比例，但所有研究以六年内的毕业率为准。

"成功的大学生活"不是以学校的名气来定，而是取决于自己在那4～6年中有无发挥自己能力的学习和锻炼机会。谷歌公司曾研究过300多个参数，看哪个可以预测员工的表现。结果发现大学排名、专业等看似很重要

---

① http://www.usnews.com/education/best-colleges/articles/2014/09/23/how-a-gap-year-can-make-students-successful

http://www.nacacnet.org/studentinfo/articles/pages/gap-year-.aspx

的参数都和工作岗位上的表现无显著相关。唯一预测力强的是员工是否排在本校应届大学毕业生中最上面的20%。这个结论在商界常被验证。1999年被《财富》杂志命名为"二十世纪最佳经理"的通用电器前总监杰克·韦尔奇博士(Dr. Jack Welch)很庆幸自己本科就读普通的马萨诸塞大学阿默斯特分校(University of Massachusetts Amherst)，不然学业压力太大，就没时间通过课外活动去发展更重要的组织和领导能力了。

修这门课前，我和许多家长一样，以为美国新闻周刊(US News and World Report)每年给出的最佳大学排行榜是最科学的总结。老师推荐的两篇文章打破了我的误解。耶鲁大学罗纳德·俄闰伯格教授(Dr. Ronald G. Ehrenberg)[①]一针见血地分析了为什么美国新闻周刊给大学排名时用的七个标准中有六个和大学的教学质量没有直接相关，还鼓励了各院校间不健康的竞争。美国大学申请顾问协会2010年的普查结果[②]也让人大跌眼镜，原来我们这么信宠的排行榜，97%左右的高中咨询老师和大学招生办认为并不准确。普查结果证明每年那本杂志上有很多关于大学申请更有用的信息，如关于申请助学金等。杂志本身也反复写明："排名只是参考，请不要把它当作唯一选学校的标准。"但家长往往只盯着那几页排名，买椟还珠，而忽略了更重要的内容。

3. 作文——展示独特的自我

因为申请人数众多，每一份辛辛苦苦花费学生数周准备好的申请材料，平均只被大学招生办老师浏览10～15分钟。除非有突出的成就，像全国竞赛冠军之类的，大多数背景、成绩相似的学生需要靠作文拼出高低。成绩等数字是死的，罗列课外活动是纸上谈兵，唯一能把所有经历和成绩生动地串联起来，让学生本人"活"在考官面前的只有个人作文。比如，GPA同样3.75，但分量可因学生成长的环境大相径庭。学生应该把作文当作和招生办老师的对话，用自己的声音，让陌生人在几百字内了解自己独特的性格、人生观和喜好。

通用申请网站(Common App)[③]上众多私立大学要求提供的个人作文，五个题目中有三个是关于"品格"的成长[④]。

---

① http://digitalcommons.ilr.cornell.edu/cgi/viewcontent.cgi?article=1043&context=workingpapers

② http://www.nacacnet.org/about/Governance/Comm/Documents/USNewsSecondReport.pdf

③ 通用申请(http://www.commonapp.org/)是美国大学本科入学申请常用的网站，目前有500多所公立和私立大学使用，但不包括加州大学。

④ http://appsupport.commonapp.org/link/portal/33011/33013/Article/1694/What-are-the-2015-16-Common-Application-Essay-Prompts

请描述一次失败的经历如何影响了您及从中学到的教训。

请记录您曾经挑战过的一个现有观点或信念的经历。

请分享让您过渡到成人期的经历。

优秀作文应该真实而生动，避免华丽辞藻的堆积，不知所云，或重复自己简历上的成就，味同嚼蜡。命题作文没有固定答案，格式更可以尽情发挥，可以是诗歌、对话等，并不局限于标准的五段议论文，也不一定有明确的结论，只要能让读的人看到作者是什么样的人、想法是什么，思路清晰，例子扣题并且具体，和其他申请信息浑然一体。

另外，大学都有自己独特的地方，都为自己感到骄傲。所以学生要多了解自己申请的学校与众不同的地方，在文章中多体现自己的选择是有的放矢，清楚自己要什么，目标明确才能给招生老师留下深刻的印象。比如，一位北京国际学校的高中生了解到她心仪的南加州大学（University of Southern California）最流行的手势是象征胜利的 V 字形，于是在申请表上要求选三个词形容自己时，就写下 vivid（活泼）、vanguard（勇敢）、veracity（真诚），而且作文中处处体现了自己活泼、勇敢、真诚的方面，这和她优良的成绩、多彩的校园活动（如武术队长）等相映成趣，被顺利录取是水到渠成。

所以高中生不要临时抱佛脚，平时就要多阅读优秀的作品，如爱默生的《自然》（*Ralph Waldo Emerson's Nature*），乔纳森·斯威夫特的《一个小小的建议》（*Jonathan Swift's A Modest Proposal*）等以及时事杂志，积累精彩的文章结构、句型。再加上高中英文课有老师指导多用类似题目练习，到时候才能下笔成章。作文写完后给有经验的老师或成人过目，看文章的说服力有多强。其他的细节，如语法、拼写等自己也要多注意。

4. 推荐信

很多公立大学，如加州大学和加州州立大学，不需要准备推荐信。绝大多数私立大学则要求申请材料中包括一封高中咨询辅导员（Guidance Counselor）和两位任课老师的推荐信。录取率越低的私立大学，推荐信的分量就越重。2011 年对大学招生办的调查表明，录取率低于 50% 的私立大学把高中咨询员推荐信的重要性评到高达 52%，任课老师的推荐信高达 51%。

计划申请私立大学的高中生从九年级起就要为推荐信做准备，修课去掌握知识的同时，也要和老师好好相处，找到两位老师可以在十二年级申请大学时作为自己有力支持。很多学生听说理想的情况下是人文科和数理科学科各有一位老师来写推荐信，其实选择老师最主要的标准是了解自己的个性特点，特别是教自己有兴趣在大学深造的科目的老师。如果学生曾在校外某研究机构做过实习生或有兼职工作，那导师或雇主也可以写出强有力的推荐信，前提条件是他们信里的侧重点要与校内任课老师的不同，展现申请人的其他品质。推荐信总数不得超过5封。

我身边许多成绩优异的高中生申请大学时最大的难题是他们从未在选课或交友上有过任何需要和咨询辅导员讨论的地方，所以咨询辅导员并不认识他们，怎么能写出有力的推荐呢？如果孩子刚上高中，请务必让咨询辅导员认识自己，校园活动或生活中多寻找机会让咨询辅导员了解自己，至少也要时常打个招呼。如果已经是十二年级了，就请列出自己高中的成绩、成就、活动等，以及家长的反馈，让咨询辅导员能在短时间内了解自己是什么样的学生，从而为他们写推荐提供素材。

推荐信的目的和前面写到的个人作文非常相似，是为大学提供成绩单不能体现的学生品质，如个人魅力、责任感、独特的思想、幽默、勇气、凝聚力等。强有力的推荐信的特点和优秀的个人作文如出一辙，需要在500～800字，用实例生动地描画出申请人最突出的个性。

麻省理工学院网站上有一篇致美国各高中咨询辅导老师的文章[①]，其中举例对比，非常形象地概括了大学在推荐信中寻找什么。比如，什么给这位学生动力，让他兴奋？他如何应对失望和失败？他是否有勇气打破课堂的常规经验，挑战现有的理论？这些问题是所有私立学校都关心的。

* * *

了解美国大学申请的真正含义，父母就会充分利用这个过程帮孩子发现自我，找到方向。真正以孩子为本，会发现选择很多，压力很小。只要孩子求知欲强，有良好的学习习惯和自理能力，他们到哪里都会打开自己的一片天地。大学不是教育的终点线，而是新的起点。育儿的成果，是以孩子离开父母后的表现来判断的；教育的成败，也是由学生离开学校后的成绩来决定。路遥知马力，我们的孩子不一定要在升学时赢在起跑线上，但一定不在毕业后输在终点线上。

---

① http://mitadmissions.org/apply/prepare/writingrecs

美国的学校安全吗？

> 枪击案的悲剧虽然惨痛，但千万不要以为它代表美国学校的安全状态。美国除了治安极差的地区，在校园被谋杀的概率相比起其他原因几乎可以忽略不计。学校一向把孩子的安全放在第一位。

2012年12月14日早上，枪声打破了康州新镇（Newtown）的宁静：20岁的亚当·兰扎（Adam Lanza）闯入桑迪·胡克小学（Sandy Hook），开枪打死了20个孩子和6名教职员工后自杀，制造了美国历史上仅次于弗吉尼亚理工学院[①]的校园枪击案。1999年，科罗拉多州科伦拜恩（Columbine）高中枪击案[②]的伤疤再次被揭起。美国学校的安全又成为全世界各大媒体最热衷的议题。

枪击事件曝光一小时内，费利蒙公立校区总监已经向全体教职员工发出电子邮件，提醒大家如果有家长不放心一定耐心接待，并转发了美国心理学会关于如何帮孩子应对悲剧的注意事项[③]。周一早上一开学，所有学校都降国旗并在上课前为遇难者集体默哀。

即使之后警方发现了再多关于凶手犯罪动机的理论，都永远不能改变的现实是26个无辜的生命就这样消失了。这彻骨的痛不知道怎样用语言表达。

---

① 2007年4月16日，弗吉尼亚州理工学院（Virginia Polytechnic Institute and State University）韩裔大四学生赵承熙（Seung-Hui Cho）枪杀32人，打伤17人后自杀，制造了美国历史上死亡人数最多的枪击事件。

② 1999年4月20日，科罗拉多州的科伦拜恩高中，两名十二年级学生杀害了12名学生和一名教师后自杀，另有21人受伤。

③ http://www.apa.org/helpcenter/aftermath.aspx

每位家长和老师的安全感都受到威胁：如果这样的悲剧可以发生在安宁的百年小镇新镇，那它就可能发生在任何地方。美国的公立学校没有围墙、门卫。它们怎样维护学生的安全呢？

* * *

1999年在宾夕法尼亚州费城其公立高中实习时，我确实有过安全的担忧。那里进校门必须经过巨大的金属检测仪，怕学生带武器来。但非裔学生亲口告诉我，再好的仪器也无法阻止他们带枪进来，因为他们完全可以里应外合，把枪从楼后的窗口钓上来。费城市区每年的谋杀案数量都在全美名列前茅，学校的治安差是和当地的大环境息息相关的。

这十六年来，在加州公立学校的工作经验告诉我，美国绝大多数的学校还是很安全的。如果发现带刀子、枪等任何武器或毒品到学校，当事学生会被开除并接受辅导服务等。每所学校都有应对紧急情况的计划，步骤详尽。2010年，有一位亚裔高中学生一入九年级就引起老师的关注，因为他常常表现出和年龄不相符的压抑的愤怒，会把自己的拳头在墙上打到出血。学校马上邀请父母到学校开会，研究怎样帮助他，其中一项提议是进行教育心理测评，看需不需要提供心理辅导。可惜遭到父母拒绝，说他们在校外已经开始心理治疗（美国教育法规定，没有父母签字，学校不得为孩子提供任何测评或咨询服务）。之后，这位学生请假几天。一天早上校长突然接到他母亲的电话，说儿子带了武器，正在去学校的路上，她拦不住。校长马上通过扩音器通知全校各班级进入戒严（lockdown）状态，所有学生在一分钟内进入离自己最近的教室，并将门反锁，百叶窗关闭，整个校园鸦雀无声。校长同时报警并通知学区总部，周围的初中和4所小学也被戒严。那位学生到高中校园后打不开任何教室，就朝附近的初中走去，还没到就被赶来的警察逮捕。因为是未成年人，而且未造成任何伤害，法律不追究他的责任。但他永远不能回到公立高中，而被安排到专门服务有严重心理和行为问题的学生的特教学校，完成学业的同时接受心理治疗服务。

像新镇这样的悲剧虽然惨痛，但千万不要以为它代表美国学校的安全状态。美国除了治安极差的地区，在校园被谋杀的概率相比起其他原因几乎可以忽略不计。比如，青少年死亡的最大原因是意外事故[1]。美国平均

---

[1] http：//www.cdc.gov/nchs/data/databriefs/db37.pdf

每天有 6 名 16～19 岁的青少年死于车祸①。只是因为校园枪击案对社区及社会影响更大，所以媒体报道更多。

美国学校一向把孩子的安全放在第一位。学校和当地警方联系密切，周围一有风吹草动，如追捕超速或偷车的嫌犯，附近学校一律戒严。费利蒙校区的小学每月一次火警演习，一年两次地震演习；初高中每年四次火警演习，两次地震演习。孩子对危险发生时的应对方式和撤退路线十分了解。每个班级都配备应急用品，从饮用水、创可贴到便桶一应俱全。学校每年为教职员工提供急救训练，老师还要签字，保证在天灾到来时，一律要坚守岗位，否则会受到法律制裁，除非自己有 5 岁以下的孩子。再加上对建筑设施的要求，所以加州虽属地震带，孩子在天灾中遇难的概率比车祸小很多。

看看历年来校园枪击案的凶犯，每个都有心理和行为问题的历史。比如，2007 年制造弗吉尼亚理工学院枪击案的韩国籍学生赵承熙（Seung-Hui Cho）在初中阶段就被诊断患有焦虑症。美国文化崇尚人权和自由，成人后除非自愿，否则精神病症的治疗外界无法强迫。再加上对枪支的管理到现在不能达成共识，恶性事件时有发生，影响深远。

柏拉图曾经说过，"有责任感的人无须法律都会循规蹈矩，而想造事的人有法律也置若罔闻"。亚当·兰扎（Adam Lanza）这样的人，防不胜防。但我们不要因为他而失去对人性的信任，就像我们不会因为"9·11"事件而永远不敢坐飞机。桑迪·胡克小学枪击案是悲惨的，但没必要因此为所有学校的安全担心。虽然没有围墙，教室的门上课时都是锁着的。教给孩子常识，学会在危险到来时保护自己是必要的，但不要恐吓他们。世间丑恶的事情永远都会时有发生，但并不会因此而遮蔽美好。

---

① http://www.cdc.gov/motorvehiclesafety/teen_drivers/teendrivers_factsheet.html

E 时代：孩子真的要输给网络了吗？

> 美国近 90% 的青少年会玩电脑游戏或使用社交网站，8~18 岁达到"上瘾"程度，严重影响到生活和学习的近 10%。网络上瘾往往只是表面症状，弥补着孩子在生活中缺乏的各种心理需要。赶走黑暗唯一的途径就是"光明"。多帮孩子找到生活学习中更能建立成就感的活动，多和孩子加强交流，增进信任，逐渐培养自控力。

2014 年 4 月，一个周五的深夜，我睡得正沉，却被大卫用洗手间的声音吵醒，就习惯性地去威廉卧室帮他盖被子，因为他晚上睡觉时总是踢被子。看到他的床是空的，我的瞌睡虫一下就被吓跑了。卧室、洗手间都找遍了也没他的影子，我抱着一线希望跑去漆黑一团的客厅，却发现客厅里有若隐若现的光。悄悄走过去，看到在电脑屏幕荧光的反射下威廉变形的脸，我简直不敢相信自己的眼睛。

这真的是我那个从小不会撒谎、不会偷懒、喜欢读书的孩子吗？

他怎么可能在半夜跑出来玩电脑游戏呢？

威廉马上关了电脑，回他卧室去了。当时我什么也没说，把笔记本带回主卧室，之后辗转反侧，难以入睡。

我自诩开通，从没有禁止过孩子玩电脑游戏，但一直相信游戏在家里有很好的控制，因为两个孩子都知道要把作业、棒球、象棋等都做完才可以玩，而且时间的限制也是他们同意的，每天不超过 20 分钟。

可那晚的经历让我亲眼看见：自己低估了网络游戏的诱惑，同时高估了9岁孩子的自控能力!

如果连威廉这样从小爱读书、爱学习的孩子都会忍不住半夜爬起来去玩游戏,我不敢想象大卫再大点儿会如何难以控制?

难道在这个电子产品横行的时代,我们的孩子真的要输给网络了吗?

*　　　*　　　*

6月14号下午有幸参加由美国精神疾病联盟(National Alliance on Mental Illness, NAMI)①主办的专家研讨会: E网情深——如何面对与处理青少年网络成瘾？黄伟康博士(加州执照临床心理学家)、林孝臻博士(加州执照临床心理学家)、林慧娟治疗师(加州执照婚姻家庭心理治疗师)、张琛[现任第16年洛斯加托斯-萨拉托加(Los Gatos-Saratoga)高中校区委员]和邵阳博士(费利蒙校区委员,教会青少年团契负责人)从不同角度的分析让我受益匪浅,心里也踏实了许多。在这里结合自己收集的资料和工作生活中的观察,与有同样忧虑的家长分享。

1. 什么是网络成瘾?

网络成瘾症(Internet Addiction Disorder, IAD)②最初是在1995年由医学博士艾文·顾德伯格(Ivan Goldberg, M. D.)提出的,常用的其他名称还有网络使用失调(Problematic Internet Use, PIU)或强执性网络使用(Compulsive Internet Use, CIU),其中又包括对社交网站、网络游戏、网络赌博等的分类成瘾。由于网络成瘾症诊断难以标准化,所以虽然近年来引起各国医学界重视,被美国心理协会正式认定为一种疾病,但始终没有被编入精神疾病诊断与统计手册(Diagnostic and Statistical Manual of Mental Disorders, DSM-V)。心理学、病理学和医学等研究常用的定义是:因过度使用电脑网络而扰乱常规生活。网络成瘾症难以确诊的另外一个原因是,研究证明真正有网络成瘾的病例中有高达86%的同时符合其他精神疾病的诊断标准,最多的是抑郁症。

资料中能找到的诊断网络成瘾的标准大同小异,包括以下几点。

①过度使用网络:一周超过24小时,也就是每天3小时以上。

②耐受性(Tolerance):能达到满足的游戏时间越来越长。

③戒断症状:一旦停止玩游戏,会烦躁不安甚至发脾气、焦虑、悲伤等。

---

①　https://www.nami.org/
②　http://www.minddisorders.com/Flu-Inv/Internet-addiction-disorder.html

④影响正常的作息、学习和生活：晚上睡不够、早上起不来、上课时睡觉、作业不做、考试不准备、旷课、成绩下降，对过去感兴趣的活动失去兴趣、游戏不在眼前时也不能停止想着游戏的内容等。

⑤为了打游戏而和家长撒谎，造成冲突。

⑥虽知道不对，但没有毅力去停止；有开始玩的自由，却没有停止的自由。

我和威廉根据这些标准对照他的行为，发现他对游戏"氏族冲突"(Clash of Clan)的痴迷已经达到"游戏不在眼前时也不能停止想着游戏的内容"。他承认和同学在学校课间时常讨论游戏的进度，做作业和课外活动很快，目的也是能够做完后可以继续游戏。那晚半夜爬起来玩游戏，是实在忍不住诱惑，因为几位同学在家里可以玩一小时以上，进度远远超过他，这让他在学校很没面子。好在这个"着迷"暂时还没有影响到他正常的学习和生活，被发现后，他也承认错误并接受惩罚，保证以后不会再犯，所以没到"瘾"的地步。

我工作中接触到的几位青少年就没有这么幸运了。今年上半年七年级的一个男生开始连续旷课，最终达到"逃学"的天数。警察和学校管理员(campus supervisor)去家访时，不敢相信这个孩子的卧室里有 iPad、iPhone、游戏机(Xbox)等一切可以想到的电子产品，而且直接连到墙上的大屏幕电视上，躺在床上就可以舒舒服服地打各种电子游戏。家里没有任何规范，在这种环境中，孩子怎么可能想去上学呢？与在家里玩游戏相比，上学是多么辛苦和乏味。虽然我和学校咨询员反复讲明弊处，这个孩子的家长最终还是让他退学，选择在家教育(homeschool)，因为达到学校考勤的要求对这个家庭实在太困难了。

2. 青少年为何沉迷于网络？

我们下一代成长的环境，可以总结为"E时代"，因为电子产品横行(e-lectronics rule)，青少年也更容易自我中心(ego-centric)。

网络上瘾，往往只是表面症状。青少年在他们的生活中遇到困难时，如社交压力、无聊、不敢表达真实的自我，网络便成为一个快速简便的方法，让他们完成不能在现实生活中做的事，或去编造一个虚幻完美的自我形象来逃离现实，满足控制感，减轻压力。看似有相同问题的孩子，究其根本原因各不相同，因为网络游戏不止为青少年提供了视听享受的盛宴，游戏的升级、随时间而积累的身份的提高和及时积极的反馈等，都弥补着孩子在生活中缺乏的各种心理需要，如相互依恋的人际关系、被尊重感、满足感等。

很多青少年把玩游戏当作紧张学习之余的放松。曾经有位母亲找到我说，不明白为什么自己的女儿十一年级了还每天玩日本动漫宠物精灵（Pokemon），在父母眼里"太小儿科"。可稍微询问一下就发现，她女儿时间管理得很好，同时修4门AP课①，门门拿A不说，负责管理一个非营利组织，每晚还能保证十一点前休息。像这样的情况父母就无须担心，因为游戏并没有影响到孩子正常的学习和生活。

抽样调查显示：美国近90%的青少年会玩电脑游戏或使用社交网站，8～18岁达到"上瘾"程度，严重影响到生活和学习的不足10%②。大多数青少年只要小时候养成正确的学习态度和责任感，课外有更健康的活动吸引，如运动、演讲队等，不管多么被电玩吸引，一年内都会厌烦并减少游戏时间甚至彻底离开。而那些确实达到"上瘾"程度的，都有其他心理需要的缺失。

3. 作为父母，如何预防和帮助孩子解决网络成瘾问题？

像很多家教中的问题一样，预防网络上瘾比上瘾后再治疗事半功倍。2005年，伦敦汉姆史密斯医院（Hammersmith Hospital）的研究发现，网络成瘾的人在打游戏时大脑中分泌的多巴胺（dopamine）水平是不打游戏时的两倍，而多巴胺则是给人带来快感的激素③。类似的发现出现在近几年不同的样本中。所以一旦上瘾产生生理反应，治疗起来就更加困难。

赶走黑暗唯一的途径就是"光明"。生活中有许多更有意义的活动可以吸引孩子的注意力，带来成就感。良好的亲子关系是必不可少的前提。父母需要了解家庭对孩子的影响，从小多花时间与孩子一起，帮助孩子处理网络成瘾的根本问题，在生活中找到其他可以带来快乐的活动，如看电影、玩棋类、参与运动、教会青少年团契活动等。

预防的措施还有不要过早给孩子配备智能型手机，因为孩子并不需要它来管理学习，而且绝大多数孩子没有自控能力去抵制手边网络游戏的诱惑。把电子产品，包括电脑等，放在家里的公共房间，如餐厅或客厅的桌子上，以便家人互相督促，避免让孩子和电子产品单独相处。从威廉的教训中，我学会了在入睡前把笔记本搬到主卧室，不让孩子存侥幸心理。邵阳博士从家长的角度分享：他家两个孩子就习惯在客厅用电脑做作业，晚上11点后无网络。现在老大在耶鲁读大一，老二在高中也是成绩优异。这让在座家长很

---

① 大学预修课程，通过考试可以算大学学分。

② D. A. Gentile. (2009). Pathological Video-Game Use Among Youth Ages 8 to 18: a National Study. *Psychological Science*, 20(5)：594-602.

③ M. D. Griffiths. (2005). A 'Components' Model of Addiction Within A Biopsychosocial Framework. *Journal of Substance Use*, 10，191-197.

受鼓舞：在家里良好的亲子关系下，制定出的合理一致的规矩非但不会造成青少年更逆反，反而会让他们做事更有分寸，更有安全感。

威廉和大卫还教给我，其实网络上有很多设计非常好的教育性游戏，如练习打字速度的游戏(www.nitrotype.com)、小学数学的游戏(www.sumdog.com)、可汗学院(www.khanacademy.org)。这些游戏也及时给孩子奖励，如可以升级等，在满足成就感的同时还可以让他们学到知识。

造成网络上瘾的环境原因是没有限制，没有责任。另外，介绍其他几种管理方法。

(1) 制定规则

和孩子一起商量每天最多打多长时间的游戏，什么时间可以玩，如作业和课外活动完成后、不可以是一天中记忆力最强的时段(早上起来头半小时或入睡前最后半小时)；如果超过了规定时间后果是什么(逻辑后果是第二天没有玩游戏的特权)等。对青少年来讲，家规一定要取得他们的同意，不然他们不会在执行上合作。比如，矽谷某教会曾组织青少年团契一起讨论网络成瘾的问题，成员们自己提出"上网时间不得超过每日读圣经和祷告的时间"。只有自己定的规则，才会更容易去遵守。

(2) 一致地执行规则

那晚威廉被发现超过家里规定的游戏时间，又牺牲睡眠，所以取消一周内玩游戏的特权，他心服口服。特别是在第二天参加的一场棋赛中，他下出了一年来最差的成绩，这给他上了直观生动的一课：睡眠不足对棋技造成了负面影响。从那以后家里从未再出现过半夜起来玩游戏的现象。

(3) 父母以身作则

这一点我也要检讨自己：当孩子们看到我常常花很多时间在电脑上写文章、查资料时，去让他们控制网络时间的话语就显得很无力。以后要在孩子休息前多和他们一起读书、打球、交流等，把上网放在他们入睡后。

父母需要学习成瘾的警告标志，如果家长的努力不能帮助孩子控制网瘾，那就需要尽快寻求专业帮助。

* * *

网络的兴起，确实为人类的生活带来无数便利，但它是为我们服务的，不能让它绑架了我们的生活。青少年对世界还处在探索阶段，其自控能力也在学习中。多帮孩子找到生活、学习中更能建立成就感的活动，多和孩子加强交流，增进信任，逐渐培养自控力，这样我们做父母的就再也不用恐惧网络了。

美国青少年的精神健康

> 全国精神疾病联盟的数据显示，美国9～17岁的青少年中21%的人有可以诊断的精神健康问题或上瘾症状，但其中只有20%左右会求医并接受治疗服务。青少年精神健康征文比赛中大部分主题都是由高期待或攀比带来的压力而造成的抑郁或焦虑症状。令人鼓舞的是很多青少年在家人和朋友的帮助下，逐步发现如果不照顾好自己的精神健康，"成功"就根本不存在。

"我坐在教室的椅子里，心里却满是恐惧。我问自己，'每天都为所有的事担忧，这怎么上大学啊？'各种想法在我脑子里飞奔，老师可千万别提问我。身上每一个部分都刺痛，随时都会不由自主地跳起来。我觉得自己马上就要晕倒了。"(A. W.)①

"不够好，我总是这样想。我一直都逼着自己去达到无法触摸的目标，越来越高，特别是失败的时候。解决不了一道微积分题，我可以把脑袋在课桌上砸半小时。我苛刻地责备自己，陷入了恶性循环，越来越深地把自己推向无底深渊。"(E. W.)

"像不断被舆论和批评粉碎的圣人，她应该超越那样的浅薄。只是，她不知道。没有任何学术成就或善良足以让她感到被爱和赞赏。眼中的自己满是缺陷，她盲目地去改变自己的形象。对于没有自信的女孩子，对外表吸引力的追求只会导致自我毁灭。"(R. X.)

---

① 英文原文见作者博客 http://www.overseaswindow.com/node/10005

2013年春季，旧金山湾区跨文化基金会①主办的第一届青少年精神健康征文比赛，我有幸被邀请做评委之一。来自40多所高中的127位学生根据自己的经历或观察，回答"什么是对高中生影响最大的精神健康问题？"每一篇真诚的分享都让我动容。其中好多文章写到自己或朋友曾忍不住在洗手间痛哭、自残甚至试图自杀，却把心里的痛在家人面前掩藏。这些让人不得不思考，到底我们对下一代有多少了解？

"她每天都打造那一碰即碎的面具，仔细地粘上微笑，却把无尽的忧伤留给自己。她只有16岁。"（A. V.）

上一次我们问孩子感受如何，而不是查成绩和作业，是什么时候？
我们知道他们的热爱和梦想吗？
我们了解他们的担忧、恐惧和愤怒吗？
我深深感激这些勇敢的小作者，督促我们思考这些问题。

127篇征文中有75篇主题是高期待和攀比带来的压力而造成的抑郁或焦虑症状，其他文章涉及饮食障碍、多动症、定位危机、文化适应不良等。这和近年来关于青少年精神健康调研的数据基本一致。2009年，斯坦福大学对旧金山湾区近五千名高中生的普查②发现，54%的女生和32%的男生说他们最近一个月有三个以上的身体症状和压力有关，如头疼、腹痛、难以入睡等。离普林斯顿大学咫尺之遥的新泽西州西温莎·普兰斯堡学区（West Windsor-Plainsboro Regional School District）总监在2015年秋季给社区家长的信中也汇报，修荣誉课和大学预修课程的学生中有68%"总是或几乎总是感到紧张"；5,000多名初中和高中生中有120名被推荐做精神健康测评，40名需要住院治疗；州立英文测试中两篇作文公开承认有自杀倾向③。2007年的调查④发现，73%的青少年把学业压力列为他们吸毒的最主要原因，但只有7%的家长认为孩子会为了减轻压力而吸毒。

2006年，国家睡眠基金会（National Sleep Foundation）发现，80%的美国青少年睡眠时间远低于这个年龄的推荐水平（每晚9.25小时），28%

---

① 跨文化基金会（Culture to Culture Foundation）：非营利组织，使命是提高华裔社区对精神健康的意识和重视。

② M. K. Galloway, J. O. Conner, & D. Pope. (2009). *Stanford Survey of Adolescent School Experiences*. Challegnge Success May Conference.

③ http://www.nytimes.com/2015/12/26/nyregion/reforms-to-ease-students-stress-divide-a-new-jersey-school-district.html?_r=0

④ http://www.drugfree.org/wp-content/uploads/2011/04/PATS-Teens-2007-Full-Report.pdf

曾在课上睡着①。2009 年对旧金山湾区 5,000 多名高中生的调查也表明，他们平均只睡 6 小时左右。连续睡眠不足不但会导致白天上课睡觉，还会影响注意力、理解力和记忆力，并造成易怒等情绪行为问题。

国际卫生组织在世界精神健康普查中发现，在 14 个发达和发展中国家的比较研究中，美国有精神疾病的比例最高（26%）②。因抑郁症而旷工造成的损失估计每年超过 31 亿美元，而抑郁症的发病年龄也越来越小。

2014 年春季，跨文化基金会主办了题为"对成功的定义如何影响到精神健康"的第二届青少年征文比赛，吸引了来自 78 所高中的 242 名学生参加。很多学生生动地记录了在进入高中后，家庭和同伴的压力如何在他们世界观形成的阶段主导着他们对"成功"的定义。

"一入高中，压力就铺天盖地。我得上 SAT③ 补习班、拿 AP 课、展示领导能力、学音乐、搞体育、做社区服务，还得说外语。最要命的是我要成为最棒的，才能打败其他同学，拿着最高的奖学金去上最棒的大学，将来拿到最好的工作，过最好的生活，这样才能晒给全世界我有最棒的妈妈，养了我这个最棒的孩子……这些压力让我的自尊和自信跌到谷底，焦虑到顶，想到该做的任何事都恐惧。"(M. Y.)④

"'在学校需要表现完美'的压力一年前开始让我丧失理智。同学们都超负荷的同时修 5~6 门 AP 课，然后对做不到的人嗤之以鼻。我怕被人看不起，那样我会自己看不起自己，所以就逼着自己像他们一样选课。结果几个月下来我很少睡觉，有时是熬夜学习，有时是焦虑得睡不着。到后来作业老交不上……我绝望地想逃离这个必须保持'完美'的责任。"(L. K.)

"搓成一团的纸、睁不开的眼睛、疯狂地喝着带咖啡因的绿茶。我把成功定义为全 A 的成绩单和标准考试高分，曾经以为这些都是最终成功必不可少的成分。"(K. L. S.)

一位学生记录了自己从十年级初对学校和学习充满热情到一年内憎恶学习的转变："十年级之前，我每天盼着上学……但那一切都改变了，就是从我化学课上得的那个 D 开始的。从此我的重心就从学习美妙的科学知识秒变成疯狂地提高成绩。很快，所有的教育都变味了。1 月和 6 月成绩单上齐刷刷的 A 成了我活着的唯一目标……这种压力让我不但鄙视学校，

---

① https://sleepfoundation.org/sites/default/files/2006_summary_of_findings.pdf
② http://www.who.int/mediacentre/news/notes/2004/np14/en/
③ SAT，Schdastic Aptitude Test：学习能力倾向测验，美国的标准考试.
④ http://www.overseaswindow.com/node/14392

还延伸到憎恶整个世界。"

意识到精神健康的需要是第一步。我非常感动几十位作者都认识到最糟的就是对精神健康置若罔闻。斯坦福大学精神健康专家组（Mental Health and Well-being Task Force）提出，美国的下一代正经历着"沉默瘟疫"[1]。他们长期睡眠匮乏，缺少自由支配时间等，这些都提高了对精神和心理健康的挑战。

从1843年的美国庇护运动、1975年的社区支持运动到现在，美国的精神健康服务已经有很大改善，但对精神疾病的偏见依然存在。全国精神疾病联盟的数据[2]显示，9～17岁的青少年中21%的人存在可以诊断为精神健康问题或上瘾症状。一半左右的精神疾病在14岁前发病，大约10.7%的青少年有抑郁症[3]，5.9%有严重焦虑症状[4]，但其中只有20%左右的孩子会被诊断并接受治疗服务。美国精神健康（Mental Health America）组织研究证明，公众关于精神健康的知识了解越多，服务提供的比例就越高。精神健康服务覆盖范围越广，接受服务的人就越多。

值得欣慰的是，越来越多的校区开始认识到青少年心理和精神健康的重要性，逐级提供服务。校际范围的活动包括家长之夜等，科普情绪智能和心理健康知识。教职员工每年的培训也会学习心理健康问题的症状，以便在教室和校园里及时发现，尽早干预。每年学校还会提醒和鼓励老师们在教书之余多了解和关心学生，建立相互信任的关系，这样学生在有压力或挫折时多一个支持。另外，大多数小学拨款，从校外治疗机构雇用心理专业的实习生为学生提供咨询服务。初高中也增加了咨询辅导员的数量，并和社区的心理健康机构紧密合作，特别是费利蒙市政府属下的青少年和家庭服务中心（Youth and Family Services）。许多高中生还自发组织同伴支持活动。非营利组织，如跨文化基金会、引导改变（directing change）[5]等，更是积极组织讲座、微电影和征文比赛，努力提高社区对心理和精神健康的意识和重视。

我很佩服那些敏锐的高中生，在观察和经历中发现："所有这些痛苦中有一个公分母，那就是对失败的恐惧。"（L.K.）

---

[1] https：//wellness.stanford.edu/sites/default/files/taskforce_report.pdf

[2] http：//www.nami.org/Find-Support/Teens-and-Young-Adults

[3] http：//www.nimh.nih.gov/health/statistics/prevalence/major-depression-among-adolescents.shtml

[4] http：//www.nimh.nih.gov/health/statistics/prevalence/any-anxiety-disorder-among-children.shtml

[5] http：//www.directingchange.org/

因为这个恐惧，有谁敢去挑战现有理论呢？

而勇于挑战现有理论的勇气，不是社会进步的前提吗？

如果在高中时就开始害怕失败，甚至让这种恐惧控制自己，"成功"从何谈起呢？

我们的学校在传授知识的同时，有没有教孩子更重要的生活教训，如挫折承受力，如何处理焦虑，如何感恩？

在家里我们有没有讨论过，每个人都各有恩赐，拿爬树的能力去评价一条鱼是不逻辑的？

我们有没有让孩子看到，如何面对生活中的不完美、如何从失败中吸取教训、如何谦虚地待人接物，比代数方程式和经济理论还重要？

我们有没有帮孩子学以致用，提高对学习的兴趣，为一生旺盛的求知欲打下基石？

青少年在了解自己、了解周围世界的过程中充满着幻想、尝试和错误。很多参赛者在家人和朋友的帮助下，逐步发现如果不照顾好自己的精神健康，"成功"就根本不存在。意识到精神健康的重要性后，他们摸索着如何去平衡。

"高中之初，'成功'辖制着我的精神健康。但经历风雨之后，现在我的精神健康比起'成功'有绝对的主权。成功不再是做到最好，而是能在生活中处处找到幸福的能力。"(L. F.)

"我曾经以为成功就是达到自己的目标，但它让我在达不到目标时丧失勇气。现在我终于了解，成功是无论环境如何恶劣，自己还能奋进的力量。这个定义让我可以在不同的情况下考验自己的表现，一生保持积极的心态。"(C. M. C.)

"与其继续把成功设立为让妈妈为我骄傲，不如去寻找自己的目标和兴趣。我需要经常提醒自己，我的生命不只是实现妈妈的期望。如果我对成功的定义是建设一个更健康快乐的世界，那第一步就是先建造一个更健康快乐的自己。"(M. Y.)

"没有最好的，也永远不会有。我曾经用来衡量自己价值的标准永远也不可能全面定义我整个人。成绩单、SAT、奖杯和奖状不能代表我，排名和上次数学考试错了几道题也不能代表我。只把自己看作是和别人相比的参数就太小看我了。"(C. R.)

2009年，斯坦福大学的挑战成功①机构列出了帮助孩子们取得真正成功的建议，如减低表现的压力、避免课业和活动过重、找到自己的兴趣、保留放松时间和全家相处时间等，而这些在征文中屡见共鸣。

世界卫生组织对精神健康的定义是"个人能够实现自己的潜能，舒缓生活中的压力，有效率地工作，为社区做贡献的状态②。"

那是我们对所有下一代的希望。

---

① http：//www.challengesuccess.org/
② http：//www.who.int/features/factfiles/mental_health/en/

留学的行囊:"失败"的经历打包好了吗?

> 自杀占美国 15~24 岁的年轻人死亡原因的第三位。它有不同的风险因素,然后由"失望、失败、被拒绝"等原因引发。生活中多少父母总有错觉,以为让孩子永远成功,才会走向更高的成就。过度保护,不让孩子经历任何失败,错失了通过失败和挫折来锻炼的良机。

2014 年 9 月 24 日,当许多学生还沉浸在新学年的兴奋中时,邻市一位华裔高中毕业生选择了结束自己风华正茂的生命。戴着 SAT 满分的光环,却没能进入自己理想中的名校,只被加州大学分校录取,是媒体报道的自杀原因。

2015 年 3 月 9 日,附近另一位华裔学生卧轨自杀了。他是那个学区当年第三位自杀的高中生。

在人们唏嘘感叹国内众多因压力或高考失利而绝望的孩子时,很少有人想到,彼岸那看似自由的校园也远不是轻松的乐园。在美国公立校区工作之前,我也曾被有些国内媒体的片面理解误导,以为美国高中课程简单,不费吹灰之力就能轻易完成,然后可以把大把时间用来发展课外兴趣。工作后很快就发现,美国的课程也许不如国内深,但侧重学生的理解和应用,强调交流合作,想学好并不容易。再加上从九年级起就要准备 SAT 或 ACT[①] 考试、课外活动、私立大学的推荐信等,压力并不比国内

---

① SAT 外的另一个高中标准考试,供大学申请参考用。https://www.act.org/

高中的小。多姿多彩的校园生活下，掩盖着鲜有人知的现实：自杀占美国15～24岁死亡原因的第三位，而相对美国总人口来讲，自杀只占第十一位。

　　自杀并非一个原因造成，而是存在不同的风险因素（如精神疾患、家庭压力、情境危机等），然后由一个诱因引发。国家精神健康研究院（National Institute of Mental Health）清楚地指出，青少年自杀的诱因常常是"失望、失败、被拒绝等，如和女朋友分手、考试成绩不理想或者家庭纠纷"。

　　2013年秋季，美国为31,889位中国学生签发了来美国读高中的签证。2014年涨到38,089位，和2005年相比涨了近60倍。当铺天盖地的留学中介致力于如何用漂亮的成绩单和简历把孩子们送进高中或大学，当爱子心切的父母为他们打包最新款的笔记本、充足的学费和时尚的衣着时，我们有没有问过：孩子留学的行囊里，是否装备好了过去"失败"的经历？

＊　　＊　　＊

　　2012年11月，罗同学在回家的路上发生车祸，他是唯一一位系牢安全带的，却阴差阳错，也是唯一一位受冲击力最大而重伤脊椎的，脖子以下完全瘫痪。罗从小是运动健将，是学校棒球队和足球队主力，运动是他的生命。可在飞来横祸面前，他没有任何抱怨，一再强调"请集中在我能做什么，而不是不能做什么"（focus on my ability, not disability），不但积极配合治疗，而且在老师和家人的支持下继续完成课业，坐着轮椅参加了毕业晚会和典礼。当助理校长泪如雨下地为他颁发励志奖学金时，全场师生起立，掌声雷动。

　　这种积极乐观的态度肯定和遗传有关，但这和他从小就不断面临困难和挑战，经历生活的不完美不无关系。罗因为语言和听觉处理能力障碍，从一年级起就接受不同程度的特殊教育服务。大部分学生顺手拈来的阅读、写作和记忆能力，对他来说像负重爬山一样艰难。九年级我为他做教育复测时，翻阅历年的教育记录，每一位老师都赞叹他积极的学习态度和友好的个性。这些乐观的态度使他在灾难来临时如此从容。看到生活的不完美，却可以用完美的态度去面对。

　　很遗憾的是，我接触过的高中生中，特别是智力上乘的"聪明学生"，很多人的成长环境走向另一个极端。小学时没经历过任何学习困难，中学时继续生活在一个假象里："全A就是一切！"到高中时覆盖面更广，不但成绩要全A，社团活动要做领导，参加竞赛也要拿第一。

　　生活中，多少父母总有错觉，以为让孩子永远成功，才会走向更高的成就。他们过度保护孩子，不让孩子经历任何失败，却忘记了人生不如意十之八九，错失了通过失败和挫折来锻炼孩子的良机，以至于孩子将来被扑面而来的失败打个措手不及。这个现象，哪个文化都存在，不分国籍。

比如，美国的校际体育比赛上经常有家长在孩子输球时出言不逊，甚至曾有家长把自己的愤怒宣泄在脸书等社交网站上，威胁对方师生的安全而引起警方干预。

高中时有家长找到老师，要求改孩子的分数："我是医学博士，这道化学题这样解明明是对的，凭什么减半分？"原因就是那半分决定了那门课的成绩是 A 还是 B。

在这样的环境下成长，孩子会产生错觉："输""失败"，是多么不可接受！这就是生活，一切要这样完美。这样的环境导致这么多学业出类拔萃的孩子"输"不起。

而现实呢？

我们成长的过程谁没有一路坎坷？谁是出生到现在学业一帆风顺，事业、家庭、健康全都是一路绿灯一路凯歌？在旧金山湾区，30 岁以上没有被公司裁员过的，有几成？40 岁以上婚姻没亮过红灯的有几个？从大学读到博士，一门课程都没有低于 A 的，又有多少？越是高学历高收入的父母，尤其是第一代移民，越容易在孩子教育中施加过多的期望值，并且很少或者从来不讲自己当年失败和不完美的经历。孩子们常常听到的就是父母亲当年多么厉害，在各种竞赛中轻松地过关斩将，出国上名校、找工作进大公司，全是这些高大形象。时间长了，连父母亲自己都忘了自己的奋斗、失败和生活中的酸楚。可父母以为是励志的训导，很多都成了高压气筒。不如和孩子多分享自己成长过程中的心路历程，让他们更真实地了解父母，虽然不甘平凡做了点事情，但绝不是完美的超人。也让他们了解自己的世界里面一定会有不完美，而且是很正常的。

考试可能发挥不好……

自己开车再小心都可能被别人蹭撞到……

倾心追求的人不一定喜欢自己……

美国再好的棒球队，每年能赢近 60% 的球赛已经是不得了的成绩，完美的"全赢"是不存在的。所以职业球员一定要习惯"胜败乃兵家常事"，不然这个工作会很痛苦。

哪个行业不是如此呢？

营销人员培训，要先学如何失败，因为 90% 以上的推销会被拒绝。

美国航空航天局（National Aeronautics and Space Administration，NASA）招宇航员，拒绝没记录失败经历的简历，因为太空中任何出乎意料的恶劣状况都极有可能出现，没经历过失败的人怎么知道如何在压力下镇定自若地处理？

各大名校都在"个人作文"或老师的推荐信上要求介绍申请学生如何面对挫折和失败的经历以及如何敢于接受挑战的勇气。因为过去的成绩再辉煌，都可能在挫折面前不堪一击，都不如恒心和韧性更能预测将来能走多远。

同样是加州大学分校的录取通知，为什么给大多数学生带来的是兴奋和期待，而给其他学生带来的却是沮丧和绝望呢？为什么同样的挑战，不同的孩子和家庭会用截然相反的情绪和态度来面对呢？

对"自杀"的研究表明，"看不到任何希望"（hopelessness）是最强的预测因素之一。怎样才能让孩子在困境中永远都能看到希望呢？

这其中基因的因素肯定有：因为有些孩子天生较乐观，更容易充满希望；有些则遇事时更倾向于把注意力集中在负面信息上而绝望。除去基因，更值得家长关注的是影响情绪的心态。

斯坦福心理系教授凯萝·杜艾克博士（Dr. Carol Dweck）研究内驱力（motivation）20多年，在《心态：新成功心理学》[1]一书中总结：如果父母有"固定的心态"（fixed mindset），把好成绩归结于"孩子聪明"等概括化的固定因素，孩子自然会用"成功"来证明自己多聪明、多出色。可这里最大的陷阱是，按这个逻辑，失败就会证明自己不聪明或不优秀，可以轻易把建立在成功上的自尊和自信打垮。如果"失败"都是对"自信"的威胁，那肯定就要千方百计去躲避任何可能"失败"的风险。

杜艾克博士对几百名学生的经典教育心理实验清楚地显示了这一点：如果孩子在学习的过程中被表扬的是结果成功与否，他们慢慢就不敢接受任何挑战，只捡容易的去做，以求心理的安全，最终是连自己完全有能力做好的题目都会出错；而常被表扬努力过程的孩子享受练习和钻研，形成了"成长的心态"（growth mindset），会知难而进，不但敢于接受挑战，而且不断进步，有超出能力所预测的表现。在他们眼里，困难再难，控制权还是在自己手里。"做成"不是唯一的目标，失败也不是对自己价值的否定，所以才总会看到希望。

丹维尔市（Danville）一位八年级的女生，学习一直名列前茅，却因一次代数不及格而自杀。她的母亲被采访时一口咬定："It's all that stupid F!"

---

[1] C. Dweck. (2006). *Mindset: The New Psychology of Success.* New York: Ballantine Books.

（都是那个F惹的祸！）每次讲座提到这个例子时，都有在座父母一针见血地指出：如果孩子连一次不及格的代数成绩都承受不起，她如何能面对生活中随处可见的挫折和失败呢？不是那个F，而是对F的心态害了她。如果把不及格当作对自己哪里需要更努力的提醒，怎么可能因此而走上绝路呢？

真正发生了什么事比起孩子和家长如何看待这件事几乎微不足道，个人对事件的诠释才是决定应对方式的关键。如果把名校的拒绝信看成是自己"失败"的印证，那就很容易情绪低落甚至绝望。但如果把它看作自己继续学习成长的崭新平台，那去加州大学分校就是新里程的开始，希望也会如野火燎原。

所以，孩子在身边成长的过程中，请千万别忘记让他们常看到成绩背后的付出，有机会经历失败，增强对挫折的免疫力。学习过"输"，将来才能"输得起"。只有这样，不论孩子选择去哪里的高中、大学里学什么专业、将来做什么工作、和谁生活在一起，我们做父母的都尽可放心，生活如何风云变幻，孩子都会从容面对。

"云吞汤"和打群架
—— 看文化的适应

> 不管海一代在美国工作了多久、是否取得公民身份，绝大多数仍清楚地把自己定位为"在美国生活的中国人"，而不是"美国人"。所谓文化的"融入"，在移民国家很难定义，特别是如此多元的加州，不如"尊重并接受"更实际。很多文化间的不理解或误解来自于不了解。

1997年春季，"学习障碍治疗"课进入见习阶段。教授带领我们全班十几位同学一起来到天普大学（Temple University）附近的小学一年级课堂。天普大学地处费城市中心，公立小学里学生80%以上是非裔。刚进门，一位坐在后排的男生就大声朝我喊："Wonton soup!!!"（云吞汤）一下把全班的注意力都集中到我这里，引起满堂大笑。

19年前的费城，华裔大部分集中在唐人街，主流文化对我们并不了解。廉价中餐馆的外卖，云吞汤可不是菜单上的代表吗？我是学校心理学系唯一的亚裔学生，站在一堆白人同学里甚是显眼。那孩子马上联想到"云吞汤"，思维实在敏捷。

我们那学期的见习任务是每人负责一位有阅读困难的学生，一周两小时，运用课上学到的方法帮他们提高阅读水平。第二天我发现那位大喊"云吞汤"的学生居然被分给我。他叫莫瑞斯（Maurice），贴头的卷发，黑白分明的大眼睛，第一次和我工作居然有些怕。我猜是怕我笑他不会阅读，报复他取笑我。

我从来没提过那件事，每周想尽办法把阅读变成游戏，慢慢提高他的兴趣及语音辨识和分析能力。时间慢慢过去了，可以看出每次辅导时间莫瑞斯有多兴奋看到我来。学期结束时，他依依不舍地问我中国在哪里？除了"云吞汤"还有什么？最后，他忽闪着明亮的大眼睛告诉我，长大了，他一定要去中国看看。

我一直记得那双明亮的眼睛。不知道他的心愿实现了没有？

这十多年来在加州公立学校工作，有的学校亚裔比例已经达到90％，到处是黄皮肤黑头发。虽然全美总人口有华裔血统的只占1.2％，但其中六分之一聚居在旧金山湾区，附近很多城市华裔居民比例都近20％，如果加上其他亚裔移民的话轻易过半，比例远远超出美国平均数。春节、中秋节、端午节等社区都高调庆祝，几乎每个校区都开设中英双语沉浸式学习班，里面不乏金发碧眼的孩子，让我常常产生错觉，以为我们的文化已成为主流，也很少想到文化间的差异和理解。直到邻市的一位家长打电话来抱怨自己六年级的孩子被学校停学（suspend），原因是参与十几位华裔学生和印度裔同学的群架，我才想到其实我们在文化的接受和交流上还有很多路要走。

美国多元的文化起初常被比喻为"大熔炉"，后来慢慢变成"大色拉碗"，因为不管来这里多久，各自文化的本色还在。不管我们这一批20世纪八九十年代出国留学的海一代在美国工作了多久、是否取得公民身份，忠诚的中国胃、根深蒂固的中文永不更改，绝大多数人清楚地把自己定位为"在美国生活的中国人"，而不是"美国人"。我们的下一代就没这么幸运了。很多在传统的白人社区长大的华裔告诉我，作为当地唯一的黄种人，他们到成人后才真正接受自己的长相、血统、语言等。特别是做了父母之后，很多当年曾竭力反抗中文学校的海二代，现在居然真心鼓励自己的孩子去参加。

所谓文化的"融入"，在美国这样的移民国家很难定义，特别是在如此多元的加州，不如"尊重并接受"更实际。我们中华文化源远流长，确实非常值得骄傲。但我们这些海一代父母，从小成长在绝大多数国人都是汉族的环境中，换到这个"色拉碗"里，真正接受多元文化并不是那么容易。

在我的两个孩子曾就读的幼儿园里，学生来自几十个不同文化背景的家庭，观察他们玩耍就可以看出，那个年纪孩子眼里看不到肤色的区别、口音的差异，更别提国籍。微笑是相通的。很快，喜好类似的就玩儿在一起了。这种融洽的混合一直延续到小学低年级，但年级越高，校园里的朋友堆就越能看出种族的痕迹。

我永远不会认为莫瑞斯当年叫我"云吞汤"是种族歧视，因为他唯一知道的和中国相关的知识就只有"云吞汤"，他的反应是出于有限的了解。如果在他的学校有开中文课，讲中国的历史和神话故事，寒暑假有机会到中国游学，那他喊出来的兴许是"嫦娥"呢？我在费城的好友来自波多黎各，她就坚持认为我长得像"木兰"，因为她唯一接触过的中国文化就是看过"木兰"这个动画片。

很多文化间的不理解或误解来自于不了解。有的成见会无意中帮助我们。比如，我读博士时，犹太裔导师一口咬定中国学生数学好，如释重负地把所有关于统计的任务都交给我，不容我解释："那什么，中国学生里也有像我这样数学不好的。您没看见我在北师大的成绩单上'统计课'最差吗？"在师姐师妹信任的目光里，我硬着头皮去做统计，居然发现这里的任务并不难。以前对数学的恐惧多来自于和周围同学的比较，突然间世易时移，自己变成统计上大家仰视的对象，信心大增，慢慢越做越熟练。导师对我的看法改变了我对统计的态度，环境中的期待变成现实。

但大部分的种族成见会形成阻碍，让人连了解其他文化的兴趣都没有了。记得在费城上学时过生日，我邀请到在宾大(UPenn)读书的非裔朋友，让同座的三位华裔朋友咋舌不已，侧眼相看。其实那位非裔学生曾留学北京多年，熟识中文及中国文化。只是朋友先入为主的观念，认为费城的非裔都生活在贫困线下、教育程度低、不是靠政府救济金度日就是贩毒为生，以致无形中避而远之，永远看不到有些非裔同亚裔一样好学上进。

那位打电话来的母亲也是一样，虽然自己浑然不觉，但言辞间不时流露出对印度裔的不满，让我联想到读研究生时也常常听到理工科的学生抱怨：天下最惨的莫过于华裔留学生遇到印度裔老板。这种结论背后肯定有刻骨的体验，但如此一句就把整个族裔打倒，总觉得有些太武断。

其实如果真的睁开眼睛看看，每种文化都有自己的历史。如果愿意，多少都有我们可以学习的地方。德国人的严谨、英国人的绅士、美国人的独立……生活在西方国家没必要扔掉筷子换刀叉吃饭，但至少也得认可刀叉也可以把食物送到嘴里的功能。我们可能还没有其他族裔的知心朋友，但至少不要以偏概全，在孩子面前任意贬低其他族裔，断了他们互相交往学习的路，甚至产生冲突。

我们对教育的极度重视和许多其他文化有明显差异，甚至在有些社区开始造成亚裔和其他族裔间的裂痕。新泽西州西温莎·普兰斯堡学区(West Windsor-Plainsboro Regional School District)的欧裔父母就抱怨，越来越多的亚裔移民(比例达65%)带来过度强调成绩和成就的文化。总监在2015年秋季给社区家长写了长达16页的信，提议教育改革方案来减低压力，包括把数学快班推迟到六年级，限制选修荣誉课和大学预修课程的数量等。虽然遭到了众多亚裔父母的抗议，认为是毁了求知能力强的孩子提高自己的机会，但校区董事会还是以 7∶2 通过。

美国基础教育两极分化严重。成绩高的校区很多都是亚裔云集。美国基础教育整体水平令人担忧。被称为国家基础教育成绩单的教育进展的全国评估（National Assessment of Educational Progress，NAEP）数据显示，只有 39% 的十二年级学生达到大学数学课程的入学要求，38% 达到大学课程的基本阅读水平。全国平均高中毕业率只有 81%，而亚裔占多数的高中，毕业率可以高达 97.5%[1]。全国高中毕业生进入大学的平均比例只有 66%（其中 65% 是本科）[2]，但亚裔占多数的高中，高达 94% 的毕业生可以进入大学（其中 90% 是本科）。我们对下一代成绩、成就的重视，为孩子的教育在时间、精力和财力上的付出，有许多值得其他族裔学习的地方。

可同时，我们也需要认识到其他族裔的批评有一定道理。我们需要看到教育不只等于学业成绩，孩子的心理健康、社交能力的发展、品质的培养、责任感、对社区和社会的关心等都是教育的一部分。对孩子要求高，还要以他们自己的热爱为基础，而不是以实现父母的梦想为基础。其他族裔对孩子的接纳值得我们借鉴。

有时听到或看到报道，我们华裔不被理解、遭歧视，让人愤愤不平。静下心来想想，我们又提供过哪些机会让别的族裔了解我们呢？有的学校早上送孩子时满眼都是龙的传人，但一到义务活动时华裔面孔就不到 20%。这让人家如何尊重我们呢？

好在近几年华裔社区已经意识到这种情况，各种华人团体开始集结，更多的华裔参政议政，出现了首位来自大陆的民选官员等。还有台湾同胞会连续多年在感恩节为上百位无家可归的人提供晚餐，让美国人了解到华夏乐施好善的传统。更多的华裔孩子参加童子军活动、公益项目等，逐渐打破了我们只重学业的原型，这值得我们骄傲。

只要家长有开放尊重的态度，一定会为下一代打造更和谐的学习生活环境，不管文化背景多么不同。

---

[1] http：//www.msjhs.org/Page/10421
[2] http：//nces.ed.gov/fastfacts/display.asp？id=372

"推"还是"放"？
—— 从课外活动中学到了什么？

> 孩子在哪个领域学习都会有遇到困难想放弃的时候。如果兴趣还在，再加上一点外力，如志趣相同的伙伴，那他们还是可以继续进步的。如果父母能调整心态，记住孩子永远的热爱是最终的目的，那学习的过程就不会因不必要的压力而夭折。

加州小学学前班只有三小时，中午就得接。低年级下午两点半就放学了，高年级晚些，但和初高中一样，也是三点之前。双职工父母只能考虑课后班（类似托管）。

2010年9月，威廉刚上学前班，我每周在校区工作的那三天下午他就被送到一家华人开的课后班。之前上了三年的幼儿园的宗旨是"玩儿就是学习"，我们虽然知道他从两岁起就对数学非常感兴趣，但从未刻意培养过。这个课后班刚巧提供珠心算课，每周一次，包括在学费里。威廉那叫一个兴奋！老师一次布置3页的作业，他一下写完20多页，三周就完成了学前班一年的书。记得他边做题边告诉我："妈妈，我太爱算盘了！"然后第三周，9月25号，威廉突然郑重宣布："我要和算盘结婚！"

天知道"结婚"的概念他哪儿学来的？但人家这么认真，我这当妈的也义不容辞，果断地为他拍下"结婚照"留纪念。

那一年就是不停地每隔几周换一级的书，从个位数字的加减一直换到十个四位数的加减及三位数的乘除。感谢他的老师，虽然在教其他十几位孩子的同时还要给威廉开小灶也毫无怨言，并特意推荐他去考级。我本来是没兴趣的，因为一直觉得在这个年龄不应该课外加任何学业的补习。要不是因为这个课是他课后班时间的一部分，我是不会让他上的。但老师一片好心，不好推辞，于是报名。

不去不知道，一去吓一跳。真长见识啊！之前我从未听说过珠心算在美国还有级考，更没想到来考的孩子加陪同家长是人山人海，一色的黑头发，挤满了万豪酒店（Marriott）大堂，大有考状元的架势。监考老师循规办事，按号入场，一切很成体系。考的证书早已不知被我放哪儿去了，但考场当时壮观的景象和诸多父母期盼的眼神至今历历在目，让我直观地感受到亚裔父母"望子成龙"的心情。

随着难度的增加，威廉慢慢不再把算盘放在枕边睡觉了。刚好二年级后换的课后班没有珠心算课，虽然他以前的老师极力鼓励他到家里上私课，并给我们看每年夏天在台湾或东南亚举办的国际珠心算竞赛的信息。可惜我和尼克都觉得孩子以后学数学的机会还很多，没必要这么早就太吃力，而且本着不为学业补习破费的原则，威廉和算盘的缘分就到此为止了。

瑞典裔心理学家安得斯·埃里克森教授（Dr. K. Anders Ericsson）研究[①]发现，任何领域，不论是电脑、体育、文学还是艺术，预测一个人是否能有成就，最强的因素就是在那上面有投入一万小时，这在马尔科姆·格莱德威尔（Malcolm Gladwell）2008年的畅销书《异类：成功的故事》[②]中被广为传播。一万小时是什么概念？如果每天练习一小时需要近30年，每天三小时还需要10年。虽然最近普林斯顿大学对88个不同行业的分析发现"一万小时规则"对商业等领域并不适用[③]，但不得不承认的是这个规则对相对稳定的领域预测性还是很强的，如象棋、网球、古典音乐等。

从珠心算上我学习到，父母的支持对孩子的进步非常重要。因为不管学什么，再有天赋，很少有孩子可以自觉地练到底，更不用提期间的接送、学费和鼓励。孩子有兴趣，父母也觉得重要，路才能走下去。威廉对数字的接受能力天生就很强，但因为我和尼克相信计算能力只是数学很小的一部分，所以没有提供给他继续学习的机会并且也没有鼓励他每天练习，所以多年后他还是停留在一个水平。

---

① K. Anders Ericsson, W. Roy Roring, & Nandagopal Kiruthiga. (2007). Giftedness and Evidence for Reproducibly Superior Performance. *High Ability Studies*，18(18)：3-56.

② M. Gladwell. (2008). *Outliers：The Story of Success*. New York：Back Bay Books.

③ http：//soscouttbarry kaufman.com/wp-content/uploads/2014/07/macnamara-et-al.-2014.pdf

* * *

因为加州教育经费的缩减，威廉所在公立小学的音乐课由非音乐专业的家长义工来教，一周45分钟，大部分时间集中在合唱上。音乐是人生最大的享受之一，更是给大脑很好的保健操，我们只能课后加。

刚把钢琴搬回家，威廉就乐了，"这不就是数学吗？5黑7白5黑7白的，规律！"

这一乐，幼儿钢琴的三本书，大部分五岁孩子一年才学完，他三个月后又换了。虽然当时和算盘还处在蜜月期，但自觉花在琴键上的时间也不少，还超爱乐理书，每天教我新的发现。六个月后音乐学校会演，威廉已经可以把简版的"致艾丽丝"弹得有板有眼了。

在我还没来得及窃喜的时候，人家已经慢慢想打退堂鼓了。

"这越来越难了！某某同学只有一本课本，我怎么同时弹四本啊！"

这次，我和尼克没轻易放弃，和他好好谈："乐器可以商量，但音乐一定得学下去。如果现在停钢琴，可以，那四年级起就要加入学校乐队，一直到高中。跟爸爸一样吹黑管也不错。"

威廉考虑了一下，决定还是继续学钢琴。所以到现在都在不断进步，弹到喜欢的曲目自得其乐，而且乐理知识和对音乐历史的了解让他在学校的艺术课上常常语出惊人，得到老师表扬，还有机会为敬拜歌曲伴奏，这些都加强了他练琴的动力。

这个经历让我学习到，虽然父母要尊重孩子的兴趣爱好，但课外活动的取舍也不能完全听从他们的选择。像很多其他活动一样，钢琴也是入门容易深造难。年纪小的时候，能自发地知难而进的太少见了。活动的难度大时动摇是正常的，根据孩子的情况换个方式前进，如从古典音乐到流行音乐，适度"推"是必要的。两年前如果我们听了威廉的抱怨就依他放弃，下次他再遇到别的难题，"知难而退"可能就是他的选择。

亚裔云集的旧金山湾区，大多数父母下班后和周末会花大量时间帮孩子培养才艺。让人眼花缭乱的兴趣班提供的选择和国内不相上下，有的城市甚至出现补习一条街。多数华裔孩子至少学一样乐器，其中钢琴、小提琴居多。公立学校从四年级开始有乐队，到了初中和高中，乐队是一门选修课。校外有不同的乐团，看演出时也发现华裔成员居多。

不得不提的是，我周围朋友的孩子都从五六岁开始学琴，但到三年级之后还坚持的越来越少。每次做亲子讲座，总有父母分享练琴是亲子关系的杀手。

曾经有位爸爸恳求我帮帮他女儿,因为她总是在练琴时和妈妈大吵大闹。了解了前因后果,我就告诉她,"您的女儿我帮不了,除非可以和您太太谈谈"。原因是妈妈弹得一手好钢琴,所以每次女儿一练,她马上能指出来哪里有错。虽然妈妈想让女儿进步的出发点是好的,可一味地批评指正只会让女儿把"练琴"和负面情绪联系在一起。积极心理学证明,只有把鼓励和指正的比例保持在4∶1到5∶1,人接受起来才能更有效。如果妈妈可以多看到女儿努力过程中的优点,如不管曲子多难还在坚持练习,并挑些女儿喜欢的曲目,和她四手联奏等,那练琴的过程就可以成为加强亲子关系的好机会。不然,女儿很难坚持下去。

音乐是美好的,给孩子机会学乐器,对大脑的发育也有益处。但音乐带来的应该是美好的享受,造成冲突甚至厌恶情绪就得不偿失了。将来愿意走音乐专业道路的孩子毕竟是少数。如果父母能调整心态,记住让孩子永远热爱音乐是最终的目的,那学习的过程就不会因不必要的压力而夭折。

*　　　*　　　*

学前班刚结束的那个暑假,闲来无事,我把国际象棋介绍给威廉,马上吸引了他全部的精力。第一天他就一动不动地连续盯着电脑屏幕六个多小时,在儿童象棋网站上了解规则。

"妈,你时不时地来给我送点儿吃的喝的就行了。"

说这话时,他眼睛还一点儿没走神儿,直到晚饭时遭到我"严重威胁",才离开椅子。

一年级那一整年,说"着迷"也不足以形容他的状态。先说阅读,从四岁起威廉看到字就拔不动腿,什么书都看。自从学象棋后他就只看象棋书了,每天晚上要谈判,尽量拖延关灯的时间好再多看几页,很多书都是从头到尾反复看好几遍。对别的书,包括学校老师要求的书,一概敷衍了事。

再说作文,从学前班起他就可以成页地写,而且逻辑清晰,从不跑题。到了一年级,不管老师出什么题目,他都会在两句之内转到象棋上去。

《愉快的暑假》(翻译)

今年夏天我们全家去德国度假,德国的表叔真好啊,每天和我下棋。他先出兵E4,我出兵E5;然后他出马C3,我出马F6……(此处略去3页棋谱)(结论)这个暑假是我度过的最愉快的假期。

(得，合着亲戚带我们参观海德堡等古迹、在田间小路上骑马、采蓝莓等美好回忆，都被象棋淹没了。)

《我最喜欢的人》(翻译)

我最喜欢的人是我爷爷，他给我买了很多象棋书。每次亲看我还和我下棋，输给我也很高兴，不像爸爸，输给我还噘嘴。爷爷一般开盘先……(此处略去3页棋谱)(结论)这就是为什么我最爱的人是爷爷。

(得，合着爷爷带他去公园玩儿、陪他游泳、给他做意大利面等种种好处，全被忘了。)

老师纳闷儿地问：他除了象棋，还能写点儿别的吗？

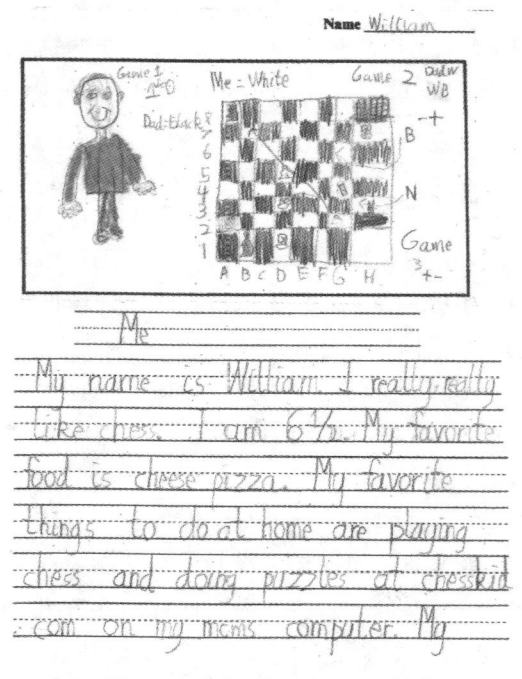

图1-9 威廉一年级作文样本

下棋确实给威廉带来了许多快乐。他常感叹："妈妈，下棋两小时感觉就像两分钟，过得怎么这么快！"

那是因为他已经进入了积极心理学中所描述的最幸福的境界：flow(福流)，即人最全神贯注地做自己喜欢的事时，忘记时间存在的状态。有人到成年还体会不到的幸福，威廉六岁就享受了。床头柜上一个比一个高的奖杯，再加上偶尔参加公开赛拿到的奖金，都鼓励他在最初的一年多乐此不疲。

威廉的爱好也把我们带入了旧金山湾区的象棋圈，不然我还真不知道它的存在。他开始参加记分比赛时我们才发现，旧金山湾区几十个象棋俱乐部提供的课后班几乎涵盖了所有小学，棋赛更是每周都有。参加比赛的棋手以华裔和印度裔居多。

威廉学象棋的过程中让我学到很多，教育了我如何用成长的心态看待孩子的失误。威廉在2012年秋季的棋赛上连续六个月处于停滞状态，因为难度在等级分1,300以上，和初学者开始有质的跨越。湾区水平高的棋赛都是公开赛，不论年龄，按等级分配对手，所以威廉经常和远远大于他的人，甚至成人下棋。成人的注意力强，一盘棋坐两三小时，一天连续下四五盘，不成问题，可对七八岁的孩子就难了。2013年1月，我带威廉去旧金山市参加一场公开赛，他四盘里有三盘的对手是成人，另一盘的对手是一个六年级的孩子。每盘棋都下两小时，结束时已经晚上八点多了。威廉只平了一盘，其他三盘都输了。回家的路上，他哭着说以后再也不想参加计分的棋赛了，只想下棋来娱乐。我和尼克本来就只是把象棋看作一个很好的锻炼思维能力的游戏，所以尊重他的决定。

没想到峰回路转，之后没几天，威廉接到了同校棋手的邀请，要组队去参加4月初在田纳西州举行的超级全国杯(Super National)。小学、初中和高中的全国赛每年都有，但超级全国杯每四年才举办一次，所以吸引了从学前班到十二年级5,000多名选手，1,000多个校队，打破了世界纪录，成为人数最多的国际象棋比赛。威廉学校的其他三位棋手都是美国各年龄组全国排名前50，所以被邀请和他们组队，我们深感荣幸，同时也激发了威廉继续学习象棋的兴趣。4月5日到7日，他和队友在首战几乎全军覆灭的情况下越战越勇，7盘棋后以0.5分之差险胜来自福吉尼亚州的头号种子队，取得K-5年级组冠军。

那三天的经历让威廉学到很多。首先，他是第一次和加州以外的棋手切磋，而且是在一间上千盘棋同时进行的大厅里，这让他感受到自己对象棋的热爱得到了认可：原来全国这么多孩子都喜欢象棋，而且下得好的这么多！还有，他看到团队的力量远远大于个人。他们的等级分在本年龄组的第20~50名，想得到个人冠军的概率几乎为零。但他们四位加起来的平均等级分达到参赛队里的第四名，冲冠的概率就大很多。最重要的是，威廉和队友都学到，在最初的失败后如果不放弃，继续尽全力，还有反败为胜的机会。如果在首盘三输一平的结局下大家都怨天尤人，灰头土脸地去面对后面六盘，甚至立刻离开，那就连胜利的机会都没有了。

象棋更清楚地让我看到，孩子在哪个领域的学习都不会一帆风顺，都会有遇到困难想放弃的时候。如果兴趣还在，再加上一点外力，如志趣相同的伙伴鼓励，那他们还是可以继续进步的。当初我和尼克以为是"尊重孩子的意愿"，准备完全放弃竞技象棋，威廉当时看似脆弱的信心也不像能参加校队的状态。如果就此放弃，他永远不会知道自己能在三个月内越过停滞了半年的 1,300，达到 1,460。所以适当的"推"是有效果的。

超级全国杯比赛期间，我有幸接触到很多来自全国各地的"象棋发烧友"和"象棋父母"。他们对象棋的热爱，特别是那些来自中西部的家庭，让我深感惭愧。我们从威廉学棋以来从未带他去外地下过棋，这次到田纳西州也是奔着校队能拿名次来的，目的太功利了。很多父母和带校队的老师告诉我，他们和孩子每年都远道去参加全国赛，就是因为下一代对象棋的热爱，喜欢和全国各地兴趣相同的孩子一起切磋，很多还成为每年聚一次的朋友。棋赛有好几部分是专门为无等级分的孩子准备的，每个年级组里也有 1,000 分、1,200 分或 800 分以下组，让初学者有机会赢奖杯。看到那么多孩子不论输赢都像过节一样兴高采烈的样子，我可以想象他们将来不论什么年纪、住在哪里、从事什么工作，象棋都会永远是生活中快乐的源泉。

*　　　*　　　*

旧金山湾区最多的课外活动选择是体育。从两三岁开始就有不同的幼儿运动课，学龄期市政府下属的娱乐办公室提供从足球、棒球到高尔夫球各种各样的课后班和夏令营。华裔的私立机构，包括游泳馆、乒乓球馆和羽毛球馆等，更是吸引人，因为主教练很多都是原奥林匹克运动员。小学高年级开始可以参加校篮球队，初中时增加了校排球队，选拔竞争非常激烈，能被挑中是很值得骄傲的。高中就更多彩了，田径队、橄榄球队、摔跤队等无所不包。到了高中还能坚持参加运动队的学生水平普遍不低，都是严格选拔出来的。在赛季期间任何运动队的训练也都非常紧张，每周至少十几小时，校际比赛有的还需要错过半节课才能去参加。校队的学生有最低成绩要求，再有才的运动员，如果平均成绩低于 2.0(C) 也会被劝退。优秀的运动员非常吸引大学，因为大学的球队是它们文化的重要组成部分，所以在高中比赛中出众的运动员很早就会有大学抛出橄榄枝。这十几年来很高兴看到越来越多的华裔学生在体育运动中有突出表现。特别受华裔青睐的项目是花样滑冰、游泳、网球和高尔夫球。

威廉的棒球也是我们花时间最多的活动，虽然我知道以他的能力不会坚持到高中。棒球季期间，每周除了要接送他去训练两次和比赛两次外，家长还要做义工，参与训练或负其他责任。威廉从学前班开始参加少儿棒球队（Little League），一是他从小和尼克一起看棒球赛，自己很喜欢；二是我们认为团队的体育活动锻炼孩子的集体精神，特别对威廉这样天生社交能力弱的孩子有帮助。棒球中威廉不但增强了自己的身体协调能力，更亲身感受到在一个团队里只是个人强是没用的，因为队友间要相互依赖配合才能胜利。失败有人分担，就不会那么沉重；胜利有人分享，那种快乐却是翻倍！集体的归属感和认同感是孩子自尊的基础之一，更不要说和队友一起挥汗建立起来的友谊，比任何书本知识都重要。

尼克在棒球上受益更多。他是很理性的人，所以在威廉三岁前常常有挫折感，因为不知道该怎样和婴幼儿交流。威廉5~8岁参加少棒队，尼克可算找到用武之地了。只要不出差，他每周都义务做教练。练球增进了父子间的感情，让尼克更有做父亲的信心。

和其他运动一样，少棒队接纳低年级有兴趣的孩子参加，但四年级后，随着比赛强度的增加，球技提高慢的孩子就慢慢退出了，留下的都是水平不错且非常热爱并愿意为之付出更多时间和精力的孩子。因为和象棋比赛时间总是冲突，威廉9岁后也放弃了棒球队，但对棒球的热爱依旧，常在院子里和家人投投球。同时，他每周还去参加一次集体的网球课，暑假喜欢游泳，寒假热衷滑雪等。能参加运动队的孩子是少数，但对运动的兴趣应该保持，锻炼身体的习惯更要养成。

* * *

感谢威廉的爱好，让我了解到美国中小学生多彩的课外活动，结识了很多一路同行的家长和孩子，并让我在工作中更理解其他家长的辛劳。孩子的兴趣在变，我也要不断调整期待值。以后年级越高，做完作业后能自己支配的时间就越少。但有意义的课外活动我一定会投入时间和精力，因为孩子和我从中不但得到了许多快乐，学到的教训和经验对健康性格的培养和锻炼，比起课本知识，更是受益终生。

考级的疑惑

> 考级是给孩子水平的认证，还是给家长间相互攀比提供方便呢？就自己的经历来讲，花三四个月的时间去准备一个可有可无的考试，代价太大。继续享受音乐带来的快乐，比任何证书都重要！

2012年1月，有幸在加州某国际象棋大赛开幕式上听到年仅9岁的超级琴童的钢琴独奏，让我叹为观止。他不光把肖邦的曲子表达得淋漓尽致，自己创作的一首曲子更让在座观众，包括来自欧洲各国的大师们，听得如痴如醉。门外汉的我冒着傻气请教他妈妈："弹得这么好，得是多少级啊？"

那位妈妈和气地回答："不知道，因为他从没考过级。"

一年后，在湾区偶遇另外一位华裔琴童，已经在卡耐基音乐厅表演过。请教他父亲，回答也是一样："从来没考过级！"

我纳闷儿了：如果弹得这么好的孩子都不考级，那传说中的钢琴级别是谁在考呢？

威廉从5岁半开始学钢琴，三年后的10月底，俄裔老师推荐他去考优秀等级证书（Certificate of Merit，CM）5级，说每年只会推荐一半的学生去考，"推荐"就证明你准备好了。当时一激动，就答应了。

结果还没等到交注册费我们就后悔了。这个准备的过程和我们当初支持威廉练钢琴的初衷背道而驰。选修一门乐器，对大脑是很好的保健，还弥补了公立学校因资金不足而削减的音乐课程。像任何其他课外活动一样，兴趣是动力。威廉一直很喜欢弹不同的曲子，近一年来对教会敬拜音乐尤其感兴趣，还去书店挑了不少圣歌的谱子，自己弹得不亦乐乎。我也刚征得古典音乐出身的老师的同意，每次上课时加一首威廉自选的曲目。我们从未想过让威廉走音乐专业，总觉得曲子练得差不多，保持兴趣能继续就好了。可自从同意去考等级证书，老师上课就只教那三首古典曲目，翻来覆去地挑出不足的地方，力求完美，这让威廉越练越烦。还有，威廉从小酷爱乐理，一直都是比弹的曲子高两级，今年弹5级的乐谱但在学7级的乐理书，所以重新去看5级的乐理书对他毫无新意。本来挺喜欢的钢琴，现在都有心叫停了。

12月底，小心翼翼地问老师可不可以退出等级证书考试，白交注册费（48美元）也可以。老师一脸不悦，说名字已经交上去了，不得反悔。收起退堂鼓，只盼着考试赶快结束，就可以正常地学习了。

三月开考前，老师不满自己辛辛苦苦给威廉找出来的毛病他一犯再犯，要求他最后一个星期每天要练3小时。天地良心，真的不是我们有意不恭：原来威廉都是自觉去弹琴，但备考期间，我们得给小费他才肯每天练那三首指定曲目半小时。后悔啊！这叫什么事儿？花钱买罪受，还把对钢琴的兴趣给练没了！本来老师还计划在他3月1号考试前再加一堂课，我婉言谢绝了：您把该修改的地方早给他指出来了，我们留着那节课的学费以后学点儿他感兴趣的吧。

好不容易盼到考试那天，才发现这个等级证书考试还真正规。每位考生在指定的时间到指定的考点，威廉的考点在离费利蒙市近30千米的凯斯特谷（Castro Valley）一个私人琴房，考官看上去专业又和气。弹琴虽然只有20分钟左右，但不光包括自己准备的曲子和各种音调（scales），还要弹考官现场给的谱子。家长只能在门外等，根本听不到里面的声音。

笔试的乐理部分是统一考点，在临市的社区大学，3月8号和9号早上9点到下午3点随时可以去。老师提醒要留出一小时左右的时间（9~10级的要近两小时），还要戴耳机测试听力。

9号早上10点半找到那里时，停车场已经满了。把威廉送进考场后回头一看，在门口等待的家长都是亚裔，其中有好几位威廉下象棋的棋友、打棒球的球友的家长，还见到了已经几年没碰过头的旧友。平时忙得约都约不到一起的家长，跑这儿来聚会了！

很多在场的家长都是年年带孩子来考试，像我这样第一次来的很少。一位曾经回国过三年的妈妈提到：在国内，孩子课外学什么都要考级，分得可细了。美术就有国画、油画、钢笔画等不同分级。美国除了钢琴有等级证书考试外，其他适合小学生的级别考试根本没有。另外一位家长庆幸：幸亏有华裔引进珠心算考级，填补空白。

国内的孩子可以拿考级的证书帮助自己升学加分。美国就近上学，考级有什么用呢？曾请教过几位已经过了钢琴十级的高中生，他们一口咬定十级的证书写在大学申请表上会加分。但去年参加的几个升学讲座都申明，这个优势已经不存在了。

一位棋友家长看到我的不解，说交钱赔时间去带孩子参加计分的棋赛和考钢琴不是一个道理吗？如果把象棋当业余爱好完全没必要去参赛。还有跆拳道、游泳等，虽名称不同但哪项不是从初到高一级一级地进步？另外有家长解释，如果孩子没时间参加学校乐团，钢琴等级证书可以是将来高中时选大学预修音乐课（AP Music）的敲门砖。

这些倒是我之前没想过的。

回家后第一次去网上查找等级证书的信息，发现自己真的不能因为威廉备考的经历而把这个考试全盘否定。CM① 是一个 1933 年始于加州的音乐学习标准课程，旨在提高学生音乐表演、技巧、听力、识谱、演唱和乐理的能力，每年有大约三万名学生参与，种类除钢琴和小提琴外还有大提琴、中提琴、长笛、圆号、双簧管、单簧管、萨克斯、大管、喇叭、声乐和竖琴。CM 级别按乐器分 10～11 级不等，年度考试需要是加州音乐教师协会（the Music Teachers' Association of California，MTAC）会员才可以推荐学生报名。表演评分达到良好或优秀，乐理又考到 80 以上的考生会被挑选参加加州年度音乐教师协会音乐会。

本来对这个考试满腹怨言的威廉，考乐理时碰到这么多朋友，也不说什么了。下午接到老师通知，他的一首巴赫曲子被选中参加音乐会，更让他沾沾自喜，完全忘掉了练习时的烦躁。

而我虽然很高兴考试终于结束，可以恢复正常学习了，也看到它专业的一面，但心里还是充满疑惑，看不到它和我们支持的音乐学习有多少相关。

是给孩子水平的认证吗？如果真有水平，像开头见过的两位超级琴童，人家是不用那个证书去证明自己的。

是给家长间相互攀比提供方便吗？你儿子刚 9 岁就过 5 级，而她女儿 10 岁才过 3 级，是不是证明你比她为人父母的水平高了两级呢？

周围几位朋友的孩子高中考过十级后就不再碰钢琴了。学钢琴的目的就止于那页证书吗？

古典音乐来自欧洲，欧裔爱音乐、学音乐的孩子应该也不少吧，他们怎么都不来考级呢？为什么在笔试现场满眼见到的都是亚裔呢？

就自己的经历来讲，花三四个月的时间去准备一个可有可无的考试，代价太大。从那以后我们再也没有参加过级考，课程也从古典换成以敬拜音乐为主。威廉还在享受着音乐带来的快乐，这比任何证书都重要！

---

① http：//www.mtac.org/programs/performance/certificate-of-merit/

「爱」子有方——教育中的心理学

"教育，是学校里教过的知识都忘掉后，自己还保留的东西。"天生能力（nature）和后天培养（nurture）像长方形的长与宽，一起决定着孩子长大后的面积。哪怕孩子先天的基因占70%，后天的教育占30%，这30%的力量却足以决定那70%的能力可以发挥到什么程度。

2015年3月，有幸听到杰夫·路易博士（Dr. Jeff Louie）精彩的布道，深受启发。路易博士的祖先是在1865年美国修横贯北美大陆的铁路时招工来的华裔移民。他发现150年间家族前后五代人，不变的是一串"华人成功梦"：

学龄期间，"成功"是"孩子是好学生"；

毕业后，"成功"是"孩子有好工作"；

工作后，"成功"是"孩子有美满的婚姻"；

成家后，"成功"是"孩子生儿育女"；

有了这一切还不够圆满，最重要的"成功"是孩子和父母关系好，常来关爱父母。

路易博士的总结，形象地概括了我们一代又一代人对孩子的爱和期待。

原来，我们要培养的不只是个好学生，还要是个好妻子、好丈夫、好爸爸、好妈妈、好儿女、好人。可我们往往停在了第一条，忘记了家教更长远的目标。

20多年的工作学习中我发现了许多优秀的教育心理学理论，却看到它们并不为大众所知所用。

从2012年起，我开始记笔记，把生活、工作中有实例证明过的发现介绍给大家，希望为心理学理论和家庭教育搭一座桥，让家长在为人父母的路上更有信心和效率。

什么因素最能预测孩子成人后的成就和幸福感？

什么样的学习环境可以帮孩子保持求知欲，发挥自己最大的潜能？

怎么教，孩子才会听？怎么管，才能有长久的效果？

怎样建立和维护亲密的亲子关系？

怎样"爱"才能让孩子学会关爱他人？

……

校内校外，我没见过不"爱"孩子的父母，却接触过许多"爱"子心切但"爱"错位的家庭。我自己，也走过许多弯路。

"我想要的不是你"

> 人一生中唯一肯定选择不了的是自己的父母。孩子们各有优点，能力特点和传统教育的要求或父母的期待也常常不吻合。"如果按爬树的本领来评价一条鱼，那它一辈子都会相信自己很愚蠢。"只有细心观察、尊重和接纳，才能给孩子提供最健康的发展空间。

1996年8月18日，还有几小时我就要离开山东，坐上去北京的火车，然后去美国留学了。父亲埋在沙发里，抽着烟，皱着眉，偶尔用阴沉的眼神看我一眼，没有一句话。

不知道的，还会以为父亲在担心马上要出远门的女儿。

只有我知道，他是在气愤，为什么拿全额奖学金去美国读博士的，不是他最钟爱的儿子，而是他最不想要的长女。

从懂事起，我就知道我不是父亲想要的孩子。首先，我是女孩，他一直盼的是男孩。我的名字在出生前就起好了，单字"刚"，发现是女孩后改都懒得改，所以跟了我一辈子。还有，我生性活泼，这让孤僻寡言的父亲处处看着不顺眼。随着妹妹的出生，这一点就更明显，因为妹妹虽然也因为是女孩让他失望，但眉眼和性格与父亲如出一辙，这让他偶尔还是有笑容的。

除了家长会得到其他父母恭维时，记忆中父亲看我总是眉头紧锁。上大学时到宿舍第一天，室友就诧异地问我，为什么没事儿总皱着眉头？好心的室友在4年间每见到我不由自主地皱眉就提醒，但人生前16年的印记，眉间清晰可见的"川"字，永远也抹不去了，就像记忆里父亲阴沉的脸色。

等到威廉出生，我更是无法理解父亲的疏远。那是自己的孩子啊！看着威廉天使般的面容，他晚上吵醒我多少次我都感谢他给我更多的时间陪他。为了他，我可以随时义无反顾地牺牲自己。我无法想象，世上怎么会有不想要自己孩子的父母呢？

可等到威廉两岁半入幼儿园时，这一切都变了。当时威廉有许多自闭症的征兆：常常沉浸在自己的世界里，叫他的名字一半以上的时间没反应，和人讲话时目光的交流时有时无，对周围的小朋友视而不见，而且对班里的活动机械记忆。比如，每周五上午学校先做礼拜，可有一次特殊情况有变动，全班只有威廉一个坚持按点儿去了礼拜堂。老师吞吞吐吐、旁敲侧击地问我有没有听说过自闭症，她同情的眼神像针一样扎在我心上。

对我来说，这真是天大的讽刺。从2002年开始，我就在学校工作之余做情绪智能的推广工作，讲座时也是奉劝亚裔家长家教过程中不要过于强调学业成绩，要多培养情商，其中很大一部分就是社交观察力、交流能力等。而自己的孩子，居然是标准的反面教材。

当两年中所有的交友练习、奖励和鼓励都不见本质的变化时，我终于崩溃了。我哭着对尼克说："我怎么会有这样的孩子？"

那句话，也惊醒了我自己。

我仿佛又看到了儿时的自己，无助地仰望着父亲，猜测他的心思，琢磨自己该怎样做才可以博他一笑，怎样才可以让他接受自己？

当我在痛苦为什么社交能力这么健全的自己会有社交缺陷的孩子，威廉一定在更痛苦地问：为什么他会有不能理解、不能接受他的妈妈？

人一生中可以为自己做很多选择，唯一肯定选择不了的是自己的父母。

当孩子听话、懂事、成绩好、行为正、又受大家欢迎的时候，父母脸上增光，怎么会不想要、不爱这样的孩子？

可当孩子的个性和父母有异，或者不听话、不按父母的期望做事、不交父母喜欢的朋友，甚至做错事让父母没面子的时候呢？我们还想要、还爱这个孩子吗？

学校心理学的工作，让我接触最多的是有特殊教育需要的孩子和家庭。几次在和家长开会汇报教育测评结果时，听到父母痛苦的不解："我和他爸爸在常春藤名校①都是顶尖的学生，怎么会有这么差的孩子？"

曾经有一位华裔母亲绝望地告诉我，"有一天我可能把他带回国，让他在街头迷路，再也找不到了。我好带着弟弟好好过。"只因她十八岁的长子有精神疾病，处处需要照顾。

还有一位敦厚老实的孩子，要上九年级了，因为智力障碍，学习能力停留在一到二年级的水平。每次学校开特殊教育年会都是对英文知之甚少的妈妈来。后来才了解，这个男孩是盼子心切的爸爸当年专门用受精卵分离出来保证是男性后再转移到妈妈体内受孕的。

我不再埋怨他的爸爸为什么从不参加孩子的年会了。他一定也和我的父亲一样，不能接受千辛万苦盼来的儿子，为什么和自己的期望不相符？

泪水惊醒了自己，也洗亮了我的眼睛，看到威廉无助的目光。他爱字和符号、爱思考，三岁就追问比零小的数字有没有；看书很少注意插图，就像生活中别人的脸色很少引起他的注意。他和同龄孩子发展曲线不一样，并不说明他低人一等。他也许是我血脉的延伸，但更是独立的个体，我不能按自己的意愿标准去评价他。他不是故意捣乱，他真的需要帮助去学习同龄孩子信手拈来的社交常识。上帝把他送给我，不是给我找麻烦，而是给我机会去学习，让我更理解这样的孩子和他们的父母面临的挑战。如果我可以帮助威廉，就可以更好地帮助其他类似的孩子和家庭。

英文有句老话：苹果不会掉在离树太远的地方（Apple does not fall too far from the tree），孩子多少是受父母基因影响的。尼克小时候也喜欢自己思考，公公说他刚四岁时就总对着大海发呆，问他想什么，答案是在想为什么海浪不断地冲上来，是谁在后面推？尼克交友速度也很慢，高中才有知己，但并不影响工作。他到现在生活中朋友也极少，但在公司里是谈判高手，再加上专业知识丰富、认真负责，所以很受重用，并不影响整体幸福感。不能接受孩子，内心深处也许是不能接受自己或配偶的一部分。像我父亲看我不顺眼，是他在我的脾性上看到妈妈的影子，而他和妈妈婚姻不幸的很大根源也是性格不合。当初我不能全面接受威廉，多少和自己对尼克在社交场合的木讷耿耿于怀有关系。

感谢威廉，让我更直观地了解孩子发展的多样性。基因的复杂组合，让有些孩子和父母好像一个模子里刻出来的。因为熟悉，所以父母抚养起来也更得心应手。可更多的孩子多少有自己独特的个性和发展曲线，那就

---

① 常春藤盟校：指的是由美国东北部地区的八所大学组成的体育赛事联盟，包括哈佛大学、耶鲁大学、普林斯顿大学、哥伦比亚大学、宾夕法尼亚大学、达特摩斯学院、布朗大学及康奈尔大学．

需要父母多花心思去观察和了解了。比如，我是急性子，说话、走路、做事都喜欢快刀斩乱麻；威廉万事喜欢琢磨，用个洗手间也想研究研究马桶里的水冲哪儿去了，所以很慢。我就得时刻提醒自己，在教给威廉时间观念的同时，不能打击他的求知欲。弟弟大卫天生活泼幽默，但对做事严谨的尼克来说，有时他就是折磨。尼克在和大卫交流时也得小心，别把他善意的玩笑误解为恶作剧。

孩子与生俱来的个性特点各有利弊，没有好坏之分，被周围人了解和接纳最关键。留心观察，父母会很容易了解孩子的个性特点，在养育过程中做到因势利导。比如，很多孩子对新环境适应慢，那在进入一个新班级或学校之前，可以和老师约好，先让他去教室和校园参观，认识一下老师，看看自己的座位等，这样在开学时不完全陌生的环境会帮他们尽快建立安全感。

天生精力充沛、多动的孩子，家长也可以提前和老师打好招呼，把班里跑腿的工作，如去办公室递考勤表、发卷子之类的，留给他做，让孩子有机会常在教室里走动。我接触过几位有经验的小学老师，一大早给这些孩子机会先去操场上跑两圈再进教室。到了初高中，则可以把体育课选在每天的第一堂去修，有机会先消耗一下体力。

害怕在课堂上发言的孩子，更需要家长和老师早沟通，让孩子知道，老师已经同意除非她自己举手，否则不会当堂被提问，确保安全感，等到特别自信的题目再分享。而那些喜欢发言的孩子，则要学会等待和聆听别人的意见。提前通知小学老师，可以给她们"发言卡"，每天只有三四张，每发一次言就要还给老师一张，来养成他们三思而后行的习惯，同时又不伤她们的热情。

孩子们各有优点，能力特点和传统教育的要求或父母的期待也常常不吻合，需要父母在养育过程中多观察和接纳。哈佛心理系教授加德纳博士（Dr. Howard Gardner）根据对脑部受损的病人多年的研究，于1983年提出多元智能理论[①]，指出除了广为智力测试和学校教育认同的语言（linguistic intelligence）与数理逻辑智能（logical-mathematical intelligence），还有多种其他智能的存在，如音乐智能（musical intelligence）、运动智能（bodily-kinesthetic intelligence）、空间智能（spatial intelligence）、人际智能（inter-personal intelligence）、内省智能（intrapersonal intelligence）、自然智能（naturalist intelligence）。

---

① H. Gardner. (1983). *Frames of Mind: The Theory of Multiple Intelligences*. New York: Basic Books.

"如果你按爬树的本领来评价一条鱼,那它一辈子都会相信自己很愚蠢。"当孩子的爱好、特长、发展曲线等和我们做父母的期待不甚相符时,只有细心观察、尊重和接纳才能给孩子提供最健康的发展空间。我工作的初中有一位男生因为学习障碍,阅读和写作技能学起来比同龄人吃力很多,还因此在小学留过一级。但他性格非常积极向上,对生活充满热爱,原因就是父母从未因学习困难而造成他低人一等的耻辱感或焦虑,而是鼓励他研究自己酷爱的植物。他父亲告诉我,孩子的卧室和花园种满了他从各个地方和网站搜罗来的植物。同时,因为将来去大学深造"植物学"的梦想,他乐此不疲地在功课上投入两三倍的时间,预习复习,笨鸟先飞,到七年级时成绩和天资聪明的同学已经不相上下。他的责任心、上进心和勤奋弥补了先天在记忆和理解能力上的障碍,而这些无法用任何标准测试打分的软因素,会直接带领他走向成功,不管他将来选择什么职业。

另一位初中生,理论学习能力超前,但肢体协调能力落后。了解到初高中对体育课的重视,每个月老师都会介绍新项目,如高尔夫、保龄球、排球、社交舞等,他的妈妈就带着他预先查课表,在课外提前准备,让他上课时不至于发怵,同时也减轻了因技巧弱而可能引起的自卑。

积极心理学创始人之一,马丁·塞利格曼博士(Dr. Martin E. P. Seligman)在《真正的幸福》一书中曾总结道,"养育孩子,远远不只是修正他们的错误,而是帮助他们找到自己的闪光点,进而把这些长处充分发挥出来,成为一生的热爱。"[1]

感谢威廉,让我更直观地感受,每一位父母在有孩子之前,心底总有一个梦:梦想着自己的孩子,拥有自己所有,并拥有自己没有却想要的一切,智慧、美貌、成就……但现实中,大多孩子离那个梦有差距,却并不证明他们因此而不可爱。一年前我看着附近美术学校的宣传资料,上面历届学生精美无比的习作让我羡慕得眼都直了。从小喜欢美术,但父母没有时间或精力去帮我圆这个梦。现在我有条件了,培养孩子总可以吧?但威廉和大卫对此没有任何兴趣,这让我知道,孩子不是用来圆父母的梦的,他们会找到自己的梦。

我不再给威廉硬性安排玩伴儿,而是观察他的喜好,发现他对象棋的热爱后就支持他参加各种相关活动。威廉果然在棋场上判若两人,和小朋

---

[1] M. Seligman. (2004). *Authentic Happiness: Using the New Positive Psychology to Realize Your Potential for Lasting Fulfillment*. New York: Atria Books.

友们交流非常自然又积极，锻炼了社交能力。五岁正式上公立学校后，他超常的阅读和数学能力更是越来越突出，老师和同学们的尊重也无形中培养着他的自信心。从学前班到三年级，我都会在开学前写封信给新任老师，总结威廉的优缺点，让他们尽快地了解他在社交方面的需要。

三年级开学第一天，老师很惊奇地告诉我，威廉主动告诉她："课堂上我的毛病是常常忍不住没举手就把答案喊出来，我会提醒自己注意，但也请您监督。"他还告诉同学："我看书时会听不到你招呼我，请不要以为我是故意没礼貌。"

我才发现，我们和老师的接纳和认可，终于让他了解并接纳了自己的特点。

八年过去了，威廉也有了自己的朋友。虽然他最喜欢的还是钻研自己感兴趣的科目，但再没有老师担心他自闭了。我也更了解和接纳父亲当年的心情，父女关系得到改善。

工作上常常看到一些品学兼优的孩子，我曾经忍不住羡慕：要是有这样的孩子，该多好啊！现在看到他们只有由衷的欣喜：孩子真优秀，将来又是社会的栋梁！自己的孩子，也许逻辑性强但不会察言观色，也许外向友好但自控力弱，也许善良但偏怯懦，也许勇敢却莽撞……孩子像雪花、树叶，各不相同。没有必要去羡慕别人有而自己没有的，拿别人孩子的长处比自己孩子的短处。每个孩子都有自己的亮点。没有我们的爱和接纳，孩子很难接纳并尊重自己，那安全感——健康自我的基石，也就很难建起了。

哈佛爸爸深度谈
—— 主题绝不是如何帮孩子进哈佛

> 教育要"以长取胜"而不是"以短取败"。花很大心力去教，不如用心去观察，帮孩子发现自己在学习和生活中的热情。如果像康先生的次子这样先天发育不全的孩子都能生活得这样快乐成功，那其他孩子如果不快乐、不成功，肯定都是后天造成的。

2013 年夏天，我抱着学习的态度去听某知名升学机构的教育讲座。特邀的妈妈一上台就把大写"哈佛"的 T 恤衫铺在讲桌前，然后侃侃而谈，全是她的孩子如何在这个机构的帮助下打败其他成绩更好、得过大奖的同学，成功进入哈佛的经验，只字未提她的孩子喜欢什么、去哈佛想学什么，好像教育的目的就是哈佛的录取通知书。这场讲座让我窒息，和在场近三分之一的家长一起，我们没结束就逃之夭夭了。

这和之前听完哈佛爸爸康先生的讲座后，如沐春风的清爽简直是天壤之别，所以把有关康先生讲座的笔记和大家分享。

1. "小草"和"大树"都可以快乐地成长

康先生用不同实例说明每个孩子天生资质不同，但都有自己的长处和爱好，做家长的需要多细心观察发现，因材施教。有的孩子是小草的种子，无论父母如何拔苗都长不成"大树"。父母能改变孩子的有限，顺其自然，"小草"和"大树"都有自己的快乐。

这个观点在康先生的育子经验中格外突出。他的长子，天生智力超常，看东西过目不忘，七年级时去考 SAT 已经超越了大多十二年级的学生，高中时还荣获总统奖和西屋科学奖①等，顺利被哈佛录取。之后又到斯坦福进修MBA，是时代儿童杂志（Time for Kids）最早的主编之一。后来又凭超人的创意、交流和组织能力成为微软公司前总裁比尔·盖茨先生的对外交流经理（Communication Manager），比尔·盖茨先生幽默又深刻的退休短片就是他一手策划的。

康先生的次子，天生只有一个心室、一个心房，当年出生时医生曾解释类似的婴儿大多活不过两岁。他不光身体健康受限制，还经常心绞痛，而且有严重的学习障碍，简单的数学概念无论怎样反复讲解都有理解困难，还不喜欢和陌生人打交道。在他小学时，妈妈每晚花很多时间帮他把作业修改整齐，但和他在课堂上的表现大相径庭。康先生摒弃传统的教育模式，坚持家庭作业能做多少算多少，学会一点儿总比妈妈帮着写完但一点儿也不理解有意义。康先生读遍次子的每一本课本，陪他一起学习，同时接受特殊教育服务，完成高中。康先生发现他热爱写作，虽然文法等常出错误但想象力丰富，就鼓励他多写作。36年过去了，他已经出版了9本书②，每天笔耕不倦，找到了自己独特的生活道路。康先生一再感谢养育次子的过程，因为这教会他很多。相信如果像他这样先天发育不全的孩子都能生活得这样快乐，那其他孩子如果不快乐、不成功，肯定都是后天造成的。

这种育儿的坦然心态看似简单，做起来并不容易。在"望子成龙"的文化里，我看到更多的是"恨铁不成钢"的遗憾。学校心理学工作让我接触了很多有学习障碍、自闭症等的孩子，同事普遍反映亚裔父母更难接受孩子的评估结果，这和我们文化中把孩子当作自己的延续，而不是独立的个体不无关系。如果我们可以像康先生总结的那样，记住"孩子一生就和父母相处十几年，好好珍惜"，不把孩子的学习成绩当作为人父母的成绩，才能更坦然地面对成长中的起伏，看到孩子的特点。如果是"铁"就按"铁"来打造，可能成为最优质的"铁"，为什么非要变成"钢"呢？

2. 培养孩子的幸福感和成就感，要从他们的兴趣着手

康先生强调尊重孩子的兴趣，培养他们生活中的自主感，将来选择做自己有热情的职业，才是幸福的源泉。花很大心力去教，不如用心去观察，帮孩子发现自己在学习和生活中的热情和目标，而不是去实现父母的愿望。康先生身边的亲戚朋友中有不少虽然名校毕业，但喜欢做中学或社

---

① 西屋科学奖（Westinghouse Science Talent Search），英特尔科学奖前身，是为美国高中生设立的科学竞赛，被称为"美国最古老和最负盛名的"科学竞赛。

② http://peikangnovels.com

区大学老师，乐在其中，家长没有必要逼着他们去追求自己完全没有欲望去得到的职业或生活方式。康先生的同学，被称作"20世纪90年代最具影响力的台湾大师之一"的杨德昌导演，当初被父母要求去念理工科，拿到工程系硕士后把学位寄回家，告诉父母他们要求的自己完成了，然后开始投入到自己钟爱的戏剧学习中。康先生坦言，背离孩子的兴趣去培养任何特长或职业都是很"愚蠢"的教育方式。比如，康太太自小就显示出音乐天分，但成长的过程中被逼着学钢琴，导致成人后恨钢琴，几十年从不碰家里的钢琴。康先生辅导的年青一代中还有好几例被逼出精神疾病的。

杨导演有幸坚持，找到自己的兴趣。但还有多少孩子接受了父母设计的生活道路，却抱憾终生呢？一位母亲找我咨询时，忧心如焚。独生女儿曾是高中的佼佼者，成绩全A不说，还特有礼貌，深受老师喜爱。当年她最热爱的是新闻专业，也被西北大学（Northwestern University）新闻系录取，但父母觉得宾夕法尼亚大学（University of Pennsylvania，常春藤之一）名气更大，经济专业也更响亮，所以让她割爱。孩子是从小听话的乖乖女，犹豫了几天也就顺从了。上学后成绩一直都不错，但当毕业在即，女儿如梦初醒，找不到人生的方向。同学们都热火朝天地寻找工作单位之际，她却每晚在电话上和妈妈哭到天明，精神近乎崩溃。母亲追悔莫及，放下面子等一切身外之物，为女儿保证：休学、转学等都可以，只要她平安快乐。可惜孩子现在骑虎难下，完全放弃又太可惜，进退两难。

2013年旧金山湾区某场讲座后，一位母亲气愤地告诉我她十年级的儿子居然为了游泳队的活动拒绝参加"科学杯"的训练，岂不是捡了芝麻掉了西瓜。我问她孩子喜欢什么，她回答"就是游泳，为了游泳可以不顾一切"。我说也许他将来就是一位优秀的游泳教练。妈妈看我的眼神好像我是外星人，斩钉截铁地说："如果是那样的结局，我会非常失望！"

可怜天下父母心。我能理解这位母亲想让孩子找到更传统的职业的想法，但如果妈妈不先放下自己的成见，认真听听孩子对游泳的热爱，让孩子感受到尊重，他是不会有兴趣去了解为什么妈妈觉得"科学杯"竞赛也很重要的。一时的失望，总比孩子一生的遗憾好吧。我认识两位名校医学院毕业的大夫，学医是父母的意愿，看似光鲜的工作成了折磨，这种痛苦和遗憾处理不好会引发生理和心理的病变，得不偿失。与此相反，我周围有多位高中老师放弃原来私企的高薪，中年转行做老师，觉得生命更有价值。做自己热爱的事情，工作和度假一样快乐，精神和身体都会更健康。

康先生特别指出，现代社会重视的是那些交流表达能力强的人才，而不是我们华裔传统的"学好数理化，走遍天下都不怕"。康先生和他的同学大多都是理工出身。他的观察是学理工的毕业生绝大多数写作和表达能力不好，导致事业在35岁左右就到顶了，还有"怀才不遇"的郁闷，因为他们当年在学校可是顶尖的学生。现实离期待中事业的辉煌差太远了，不能接受自己。

康先生的长子当年去哈佛时犹豫专业的取舍，高中时他就曾以基因研究夺得过西屋科学奖，选生化前途无量。但康先生支持他选择中文。他在校期间有大量时间办杂志，锻炼自己的交流和写作能力，这些都为他将来在时代杂志社和微软的工作打下坚实的基础。所以康先生一再强调，千万不能小看文科。

3. 教育要"以长取胜"而不是"以短取败"

康先生观察到欧裔的孩子也许很多科目都平平，但有一项突出，那父母就会强调那个强项，全力培养，孩子则自信满满。但亚裔的传统教育方式常常背道而驰。像他的侄女，能歌善舞，写作画画都很优秀，但数学不好，那父母就把她课后80%以上的精力花在补习数学上，结果是孩子不但数学依旧平平，还对学习失去了信心。

我在高中工作时每年都有优秀的学生因一门功课低于A，丧失角逐学生代表（Valedictorian）①的资格而沮丧，甚至产生过激情绪反应。我读高中时也不理解自己为什么偏科，数学上花再多的时间，考试也就是八十几分。工作后才清楚地认识到，按认知能力的发展规律，能轻松地门门全A的学生是极少见的，偏科其实很正常。人的时间和精力是有限的，花最多的时间在自己最薄弱的课程上试图提高到A是本末倒置，不如把同样的精力放在自己最喜欢的科目上做更深入的学习和研究，或在最有兴趣的活动上做最有创意的领导，体现自己独特的价值。小学到高中的12年是人生中唯一一个要求什么都学的阶段。大学到成人，我们只需要精通一门并热爱就可以了。没人会追问电脑专家高中时历史课成绩多少，更没人感兴趣考古专家为什么物理会挂科。

感谢康先生真实的分享，以自己几十年的经验提醒亚裔父母，教育要"以人为本"，而不是去实现我们的愿望。哈佛等名校虽好，并不适合所有的孩子，更不是教育的终点。找到适合孩子个性和长处的道路，帮他们最大限度地发挥自己的潜能，做自己热爱的事业，才是一生幸福的源泉。

---

① 高中毕业典礼上致辞的学生代表，通常是应届生中成绩最高的。

命运可以改变吗?

> 跟踪调查 137 对在幼年分离的双胞胎发现,哪怕他们的成长环境截然不同,其性格、健康状况、喜好,甚至择偶等方面都惊人的相似。相关研究还发现智商约 70% 是遗传造成的,只有 30% 左右来自环境差异。但内在基因和外在养育环境并不矛盾。是松树,就一定结不出苹果。但健康的成长环境可以让它枝叶更丰满,树干更直,长成最雄伟的自己。

2009 年秋季,我经历了工作上的危机,首次想离开自己热爱的学校,原因是碰到了一位 9 年前曾测试过的孩子马克。那时候的马克才 5 岁,刚入学前班就显示出注意力和语言发展的严重障碍,听不懂老师讲课,坐不住,还动手打扰同学。全面教育测评发现,他非语言推理能力其实非常发达(百分位数高于 98),只是和语言相关的能力,如理解、词汇量和口语表达,有严重障碍(百分位数低于 1)。再加上自控能力的缺失,他在开学 3 周后就被转到特殊教育班(Special Day Class,SDC)[①],接受语言和学业等全面的服务。天生乐观的我,当时在和马克的父母开会时信心十足,告诉他们孩子年龄还小,不出几年,语言和注意力提高上来后一定还可以转回主流课堂。没想到 9 年后高中再见,马克不但在复测时从智商到学习能力等分数和当年的结果惊人的相似,而且所有主课都还在接受特殊教育服

[①] 为教育需要严重的学生设立,一天内大部分时间都由特殊教育老师执教,课程和普通班(mainstream class)差异大。教育需要轻微的可以修普通班的主课,同时接受资源专家班(Resource Specialist Program,RSP)的辅导,一周几次不等,到初中和高中时成为一门选修课。

务，进步的程度完全和同龄孩子无法相比。如果基因的力量如此之大，那所有的教育服务难道都是无用的吗？我对教育的信心动摇了，感到无法面对马克的家长，因为当初我曾信心满满地给他们希望。

*　　　*　　　*

学校心理学家的一部分工作是为接受特殊教育服务的学生提供每三年一次的全面复测，所以这17年间我有机会重测多位孩子。每次对比测评结果，我不得不感叹基因的威力：推理、记忆、理解等能力太一致了，标准分数十之八九在3～15年的差别低于20%。马克的测评结果极端地验证了这一点。

与此形成鲜明对比的是，我们传统的教育推崇"棒下出孝子""严师出高徒"，强调外界环境的力量。这很类似心理学行为主义创始人华生的经典名言："给我一打健康的婴儿，不论他们的种族或天生智力和性格，让我在特定的环境中把他们养大，我敢保证可以把随机挑出来的任何一个按我的计划培养成医生、律师、画家、商人或者乞丐甚至小偷。我承认这样讲有些夸大事实，但持相反意见的人已经夸大他们的主张几千年了。[①]"

可是纵观近50年来的心理和教育界研究，外在养育环境(nurture)重于内在基因(nature)的结论早已不成立了。明尼苏达大学的双生子家庭研究(Minnesota Twin Family Study)，从1979—1999年跟踪调查了137对在幼年分离的双胞胎(其中81对是同卵双胞胎)，发现哪怕他们的成长环境截然不同，其性格、健康状况、喜好，甚至择偶等方面都惊人的相似[②]。相关研究还发现，智商约70%是遗传造成的，只有30%左右来自环境差异[③]。

亚裔家长能接受孩子的生理特征等基因的外在显示，但在教育过程中我们常常高估外在因素的作用，很少想过孩子学习接受得快慢、兴趣特长等大多也是受先天影响的。经常看到家长在周末或课后孜孜不倦地奔波于各种学习班。如果孩子感兴趣还值得，如果没有热情或天赋，就算费时费力地暂时得到各种奖项，对他们一生的道路能有多大影响呢？

咨询孩子年龄10岁以下的家长，他们大多会一口咬定后天培养的重要性，因为家教对孩子行为或成绩的短期作用极其明显。而请教孩子已经成人的家长，他们则会强调内在基因的长远力量。当年每周5～10种不同的兴趣班，每月上千的投资，更不用提大量时间的投入，到高中孩子能坚持

---

① J. B. Watson. (1930). *Behaviorism(Revised edition)*. Chicago：University of Chicago Press.
② http：//study.com/academy/lesson/minnesota-twin-study-results-lesson-quiz.html
③ http：//www.livescience.com/47288-twin-study-importance-of-genetics.html

下来并受益的不过是他们真正有兴趣或做得好的一两样。

这一切并不是去贬低家教的作用。弗吉尼亚州理工学院枪击事件发生后，加州华美精神健康联盟（Chinese-American Mental Health Network）邀请亚裔相关专家和社区媒体就此展开研讨会。当时我从基础教育的角度发言，觉得凶犯在初中阶段被诊断出焦虑症后，如果家长和学校积极配合，治疗更有效的话，也许这场悲剧就不会出现。但一位资深精神病学家会后告诉我，有些人天生残酷，再多年的心理治疗也没用。请教校区主管精神障碍服务的同事，他们多年的经验也是治愈率只有20%左右。如果先天有严重的病理状况，要改变确实困难。但同事也看到，那些进步最快的学生一定有父母在家里积极配合治疗。

正在考虑辞职的时候，我接手了十二年级学生狄帕的复测。狄帕也是从5岁开始被发现有严重的语言障碍，而且包括非语言能力在内大部分标准测试结果都是70（百分位数2）左右。按智商和学习成绩的相关，她应该永远都需要在特殊教育班（SDC）上学习，因为课程简单，而且一位老师加两位助教辅导不到14位学生，可以随时提供一对一的讲解。小学、初中一直到九年级狄帕确实所有的主课都在SDC班上课，只上主流体育和美术等选修课。但十年级起狄帕就开始每年多修一门主课，到十二年级时只需要一门SDC数学课，其他课都随同龄人一起上主流课。多年下来，狄帕热爱学习，靠着自己坚韧不拔的学习态度和有条理的学习习惯，为了拿到这些课的学分比没有学习障碍的同学多付出几倍的努力也乐此不疲。狄帕可以顺利地高中毕业，去社区大学深造，她父母一路上的鼓励和支持功不可没。比如，狄帕阅读理解能力差，父母就把她所有的课本读给她听，能用形象表达出来的就一页一页画给她看，以此来加强理解和记忆。写作时为了帮助狄帕开拓思路，先让她把自己想到的说出来，用录音机录下来，然后一句一句地重放，抄写下来，再整理思路。这样的例子数不胜数。我感谢狄帕自信的微笑和她父母的努力，展示给我合适的教育对孩子的影响有多大，给了我继续在学校工作的信心。

其实留心一下，这样神话般的进步在很多接受特殊教育的孩子身上可以看到。比如，非营利组织"特殊儿童之友"①的创始人之一王大夫和王太太，他们的独子3岁时被诊断为自闭症，不但语言和社交能力有障碍，而且对声音极

---

① http://www.fcsn1996.org. 1996年由十个家有特殊教育需要的孩子的湾区华裔家庭组成，到目前其成员已超过800，服务扩展到多个族裔。

其敏感。两位姐姐都弹得一手好钢琴，可他连美妙的音乐都不能忍受，需要戴耳塞。除了满满的爱，王大夫和王太太耐心地为他提供不同的学习机会，尽管所有带声音的活动看上去对他都是折磨。但19岁时接触长笛，虽然仍需要戴耳塞，孩子开始展现非凡的记谱能力。之后，他很快学会了吹萨克斯管等几种乐器，现在和另外三位有自闭症的孩子一起组成"梦想者"乐队，经常被邀请为各种聚会演出。如果没有王先生和王太太不懈的努力，孩子对音乐的天赋永远不可能在19岁时被发掘，他的人生道路也要被改写了。每次看到他戴着耳塞，闭着眼睛沉浸在自己的音乐中时，我都感觉那是对父母最好的敬礼。

成长环境的负面影响也在很多研究中被证明。比如，对罗马尼亚孤儿院孩子的研究发现，他们在身高、体重、语言和所有认知与学习能力方面比同龄儿童都低很多[1]。原因是他们在婴幼儿期就离开了父母的爱抚，虽然孤儿院每天提供足够的食物延续他们的生命，但没有任何语言和感情的交流或丰富的环境刺激。类似"狼孩"的案例更明确显示儿童早期社会环境的缺失对他们发育上残酷的影响。

对早产儿的研究从另一个角度证明，父母每天与孩子肌肤的接触、温柔的抚摸和话语都会刺激他们各方面神经的发育。这种"袋鼠式服务"（kangaroo care）从保育箱开始就要求父母每天定时到医院把孩子贴身抱在怀里一段时间，可降低早产儿的死亡风险达36%[2]。我测评过多例接受过"袋鼠式服务"的早产儿，五岁后在身高、体重和学习能力上和同龄人并无差别。

天生能力和后天培养像长方形的长与宽，一起决定着它的面积。2015年发表在《自然遗传学》（Nature Genetics）杂志上的研究总结了近50年中全球所有关于双胞胎的调查（1,450万对），发现人的成长是先天基因与后天环境两者的结合[3]。天生资质再好，如果没有后天环境合适的培养，也不会人尽所能。话说回来，如果天生没有某方面的爱好或资质，就算父母提供再好的辅导老师，每天再逼着练习，长远来看也不会有特别的成就。

我不同意"孩子是一张白纸"，父母可以在上面描绘任何图案。试看我们的孩子，同样的爹妈，哥哥擅长的，弟弟不见得做得了；姐姐的弱项，说不定是妹妹的长处。同样的管教方式在不同的孩子身上效果常常不一样，由此可见，基因的力量不容忽视。像马克和狄帕，他们的推理、记

---

[1] http://news.harvard.edu/gazette/story/2010/10/breathtakingly-awful/

[2] http://commonhealth.wbur.org/2015/12/kangaroo-care-study-premature-babies

[3] T. J. C. Polderman, B. Benyamin, C. A. de Leeuw, A. van Bochoven, P. M. Visscher, & D. Posthuma. (2015). Meta-Analysis of the Heritability of Human Traits Based on Fifty Years of Twin Studies. Nature Genetics, 47(7): 702-709.

忆、理解等能力在标准测试上的结果在 9～12 年基本保持一致。但相似的困难，进步程度却有天壤之别，因此我们也不得不承认后天教养的影响。

　　先天和后天并不矛盾，哪怕孩子先天的基因素质占 70％，后天的教育占 30％，但这 30％的力量却足以决定那 70％的能力发挥到什么程度。我们要坦然接受为人父母对孩子影响力的局限。孩子的能力特长等是我们左右不了的。好好观察了解他们，而不是执着于我们的单向意愿，可以让我们更能因材施教，为孩子提供最佳的成长环境来发挥他们内在的潜能。孩子是松树，就一定结不出苹果。但我们可以让他的枝叶更丰满，树干更笔直，长成最雄伟的自己。尊重孩子自身的特质，再辅以适当的培养，一定可以让我们的下一代锦上添花。而我们如果能放下自制的不现实的负担，也会更享受为人父母的快乐。

什么＝教育"成功"？

> 父母对教育"成功"的定义无形中设立了家庭教育的目标，给孩子的教育制定了大方向，控制着孩子对课业成绩的心态、课外活动的取舍、时间的安排、待人接物的方式、职业的选择等。可怕的是这个"方向"对儿女的影响，往往是孩子成人后才看到。
>
> 从20世纪90年代开始，美国政府就在公立学校推行"品格教育"。但2010年国家教育研究中心对美国应用最广的七种品格教程的跟踪调查显示，它们对学生的行为、学业成就、学校风气等没有持续或显著性提高。"品格教育"出发点很好，但不和"家庭教育"相结合，效果甚微。

2011年秋季开学前，我工作的初中的教职员工照例提前一周到校培训，题目是老师们自己要求的。他们发现社区的父母（亚裔比例90％左右）对成功的定义狭隘，而这又直接影响到孩子在课堂上的表现，所以想了解如何可以帮助缓解这个趋势。很多老师观察过，有的学生某次考试成绩低于A就很害怕，甚至吓到放学后在校园徘徊，不敢回家。亚裔家庭对未来职业的选择在欧裔老师眼中也很偏，如很多学生在课堂上表现出教课的才能，但一提到将来可以选择去教育学院深造成为老师时，他们则纷纷面露难色，一致强调那是父母绝对不可能考虑或接受的。

父母对教育"成功"的定义无形中控制着孩子对课业成绩的心态、课外活动的取舍、时间的安排、待人接物的方式、职业的选择等。比如，我

2014年受洗后，对"成功"的定义是"孩子们与基督建立健康的关系，按圣经的教导行事为人，将来荣神益人"。这也直接影响到威廉和大卫日常生活的格局：每日睡前读圣经、祷告、周四参加儿童圣经学习小组、周日上教会主日学、晚上全家一起学习圣经等。周围很多朋友常常不解，为什么不把大把的时间用在孩子才艺的培养上？原因就是大家对"教育成功"的定义不同。

"成功"的定义无形中设立了家教的目标，给孩子的教育制定了大方向。可怕的是这个"方向"对儿女的影响，往往是孩子成人后才看到。反面例子，我在咨询中屡见不鲜。一位父亲找到我时，儿子已经三十多岁，没心思找工作，更不要提成家，把自己一生的失败归因于父母，只因在他成长的道路上父母按照自己对"成功"的定义引导太多，与自己内在的上进心渐行渐远。他憎恶父母坚持要他读的工程专业，又没有勇气追求自己钟爱的摄影。父母好不容易把他安排在亲戚的公司，他在紧张疲惫中也没能做多久。这位父亲给我看孩子高中时一脸阳光的照片时，禁不住老泪纵横，追悔莫及。

不论在中国还是美国，对下一代教育的重视和厚望，是华裔的标签。"万般皆下品，唯有读书高"的古训根深蒂固。美国凡亚裔聚集的校区学业成绩一定出众，这本身无可厚非。美国公立高中学生的平均毕业率是81%，其中亚裔遥遥领先，达到93%[1]。2011年美国人口普查发现，有亚裔血统的只占加州总人口的13%左右，但加州大学里最著名的伯克利分校（University of California at Berkeley）亚裔学生的比例从1998年以来都保持在40%以上[2]，其中近一半是华裔。加州大学洛杉矶分校（University of California at Los Angeles）和圣地亚哥分校（University of California at San Diego）也不相上下。

可"教育"仅仅是以学习成绩来衡量吗？

为了多了解这个问题的性质，我随机挑选了初中两个七年级和两个八年级的班级（学生年龄在12～13岁），对其中的120名学生做了简单的匿名抽查：一张分类卡片，一面让他们写下自己对成功的定义，另一面写下自己父母对成功的定义。抽查的学生中至少50%将"达到自己所订的目标""有幸福和满足感"作为"成功"。与此相反，学生反映父母对成功的定义近

---

[1] http：//nces.ed.gov/programs/coe/indicator_coi.asp
[2] http：//opa.berkeley.edu/sites/default/files/UndergraduateDemographics.pdf

50％集中在"全 A 的成绩"和"高薪的工作"。两代人之间的差距可见一斑。只有四分之一的孩子报告他们的父母从小鼓励他们找到自己喜欢做的事，将来尽其所能、快乐健康、对社会和家庭有用就是成功。

一位同学写下父母对全 A 的期待后，在旁边又用大写字母标示："GOOD LUCK!"（祝好运！）言下之意，想得全 A 你们就自己想去吧，和我无关，其反感溢于言表。还有一位学生写道，父母对"成功"的定义是"做个大夫"，旁边还用括号加上（"嫁个大夫"），让人忍俊不禁之余，不得不深思我们做家长的想法对孩子的世界观形成的潜移默化的影响。

虽然有抽查数据的准备，但当年 11 月底讲座时，在座家长对教育的误解还是让我吃惊。比如，当我让家长猜猜本初中有多少学生成绩全 A 时，大部分回答 50％以上，有位母亲竟然毫不犹豫地回答"97％"！而实际只有 6％。家长如此高估其他孩子的成绩，可想而知在家里给自己孩子的压力。

"成绩"对"成功"的预测力有多强？著名的伊利诺伊州"学生代表"研究从 1981 年开始跟踪调查 81 位各高中的毕业生代表 14 年，其中 46 位女生，35 位男生，发现他们大部分大学时成绩也不错，但成人后在工作岗位并无突出成就。大部分从事传统职业，如会计师、医生、律师、工程师、护士和老师。四位没完成大学，还有五位女生选择在家做全职妈妈。研究者 14 年中收集了 11,000 多页的采访记录，结论是：高中毕业时成绩最高的学生代表，天资聪明、勤奋好学、循规蹈矩、上课如鱼得水但缺乏创意，没能成为改变世界的领袖，原因就在于"从未发现自己热爱的领域并投入所有热忱"[1]。

爱因斯坦曾说过：教育，是学校里教过的知识都忘掉后，自己还保留的东西。

那该保留的，对成人后的表现最有影响力的，是什么呢？

*　　　*　　　*

2013 年 8 月 31 日，《世界日报》在圣塔克拉拉（Santa Clara）会议中心举办的教育展，吸引了数千位华裔家长。他们在不同的教育机构摊位前询问，在应接不暇的讲座中专心寻找着答案：如何让孩子走上"成功"之路？

我也连续参加了所有的教育讲座，回来整理笔记，却发现答案来自一位当年才从林布鲁克（Lynbrook High School）毕业的华裔高中生。

---

[1] Karen Arnold. (1995). *Lives of Promise: What Becomes of High School Valedictorians: A Fourteen-year Study of Achievement and Life Choices*. San Francisco: Jossey-Bass.

福兰克(Frank)秋季要去芝加哥大学深造了。他真诚地与在座的学生和家长分享：请不要在大学申请上重点罗列你现在掌握了多少知识，因为那对你的将来并没有太大意义。请显示给大学你的品质和求知的热情，显示你有毅力、积极的学习习惯和勤奋的品格（work habits and work ethics），那才是你开启将来更高深知识的金钥匙！

福兰克分享，小时候祖父母教给他许多数学知识，所以在小学里他非常超前。比如，老师还在教单位数计算的时候，他早已轻松地做小数、分数、多位数的乘除了。一直到初中，他都可以不费吹灰之力就取得优异的成绩，但隐患是没有养成认真学习的习惯。高中的前两年，他还是感觉不到学习本身的乐趣，当作得过且过的工作，以为可以一路顺风。等十年级末成绩下滑后，他开始观察周围的同学，才发现成功与不成功的学生，区别不在于智力，而在于他们在学习上下了多少工夫。

比福兰克高一级的好友凯文在哈佛上完第一节数学课后给他打电话，说自己居然完全没听懂！当年在高中凯文数学和科学超前，拿过无数大奖。但这些对他修大学课的帮助远远不如自己多年来保持的强烈的求知欲、积极的学习习惯和信心。

恍然大悟后，福兰克找回了学习本身的乐趣，投入更多的时间在每一个作业上，成绩提高，而且觉得比头两年学得还轻松。福兰克在讲座中反复感恩自己在高中最关键的时刻明白了最关键的道理。强烈的求知欲、自信、恒心和踏实的学习习惯，让他对大学更高深的知识充满了期望。

福兰克的体会和2006年美国对461位商业领导的普查发现相似，对职场成功很重要的软因素第一条就是"勤奋负责的职业道德"，其他还包括[1]口头和书面交流能力、团队精神和协作能力、批判性思维和解决问题的能力。

多位有经验的校长们对"教育成功"的总结也是学生拥有良好的学习习惯、自信、批判性思维能力、社交和交流能力。

美国研究成功因素的知名专家、宾夕法尼亚大学心理系教授安吉拉·达克沃思博士（Dr. Angela Duckworth）发现，取得长远成就的两个必要因素是自控力/意志力（volition）和动力/内驱力（motivation）。她把两者的结合叫作"坚毅"（grit）[2]；毅力和热忱的组合，对目标不懈的追求。达克沃思博士设计了包含12项题目的"坚毅"量表，对西点军校新生中谁能通过严格

---

[1] http：//www.p21.org/storage/documents/FINAL_REPORT_PDF09-29-06.pdf

[2] A. L. Duckworth, C. Peterson, M. D. Matthews, & D. R. Kelly. (2007). Grit: Perseverance and Passion for Long-term Goals. *Journal of Personality and Social Psychology*, 9, 1087-1101.

的夏季训练兵营的预测力超过智力、领导能力和体能的测试。在全美拼字比赛(Spelling Bee)中，"坚毅"量表得分高的选手们晋级总决赛的概率也更高，不是因为他们更聪明，至少部分是因为他们花在准备上的时间更长。"坚毅"成为美国教育界近几年最受关注的概念。

积极心理学创始人马丁·塞利格曼博士和克里斯托弗·彼得森博士(Dr. Christopher Petersen)总结的最能预测生活满意度和高成就的7个因素[1]中，除了"坚毅""自控力"(self-control)和"热忱"(zest)外，还有社交智能(social Intelligence)、感恩(gratitude)、乐观(optimism)、好奇心/求知欲(curiosity)。

不难发现，无论是观察、问卷调查还是实验结果，关于"成功因素"的结论异曲同工，都是包括内驱力、责任感、信心、恒心、感恩的心等优良的品格和社交能力等软因素，而这些品格又是习惯日积月累转化而来的。

品格，是在学校里学过的知识都忘掉后，还会跟随孩子们终生，帮他们接受任何挑战的装备！

品格，是在挫折和失望面前，不用担心孩子们会走极端，放心他们会以不变应万变的力量！

大学也在寻找类似的品格和习惯，如哈佛在本科申请网页上明白地问那些有兴趣的高中生[2]：

①您有人生的方向吗？什么给了您前进的动力？

②您做事主动吗？

③您一年、五年、二十五年后会在哪里？

④您会为某领域、某地做出某种贡献吗？

⑤您现在是什么样的人？将来计划成为什么样的人？

普林斯顿本科申请网页上除了求知欲外，也要候选人回答以下问题[3]：

①请介绍一下您在家里所承担的责任。

②您关心什么？做过什么承诺？

③为了这个承诺，您采取过哪些行动？

④是否让学校或社区在某些方面有所改进？

---

[1] P. Tough. (2013). *How Children Succeed：Grit，Curiosity，and the Hidden Power of Character*. Boston，MA：Mariner Books.

[2] https：//college. harvard. edu/admissions/application-process/what-we-look

[3] http：//www. princeton. edu/admission/applyingforadmission/requirements/

但近年来不同教育机构从各个角度的研究发现，美国下一代的现状不容乐观。

2009年，斯坦福大学对旧金山湾区近5,000名高中生的普查发现，62%的高中生说他们学习很努力，但只有10%回答他们享受学习的过程[1]。

请教资深的初高中老师，他们也观察到很多学生在课堂上唯一的目的就是拿A，对所学知识并没有深层的兴趣，更没有勇气去挑战现有的理论。

有欲望去拿好成绩还算有基本的责任感，更可怕的是失去了求知的兴趣，根本不关心自己在课堂上的表现。

美国国家研究理事会(National Research Council)2003年的调研发现，40%的高中生虽然坐在课堂上但长期学不进去[2]。这个数据十多年后还在被广为引用，因为和教育工作者在学校的观察一致。

更严重的是，在学习过程中养成投机取巧的不良品德。2010年对43,000名公立和私立高中生的调查表明：59%的青少年回答他们这一年中曾在学校作弊，34%回答自己作弊两次以上，1/3说自己曾为作业抄袭网上资料。

从20世纪90年代开始，美国政府就在公立学校推行各种不同形式的"品格教育"(character education)。但2010年国家教育研究中心对美国小学应用最广的七种品格教程的跟踪调查显示，虽然老师们在教室里实施了很多相关活动，但它们对学生的行为、学业成就、学校风气等没有持续或显著性提高[3]。

学校的"品格教育"出发点很好，但在高昂的人力、物力投入下，为什么最后收效甚微呢？

十几年在公立学校的观察，我发现原因在于没有和"家庭教育"相结合。

孩子们的品格积累始于习惯性行为，特别是如何看待自己、如何待人接物、如何诠释身边发生的事的习惯。而这些习惯，很大程度上来自和父母在家里日复一日、年复一年的互动。学校墙上贴贴励志的标语，老师讨论一下案例，操场上鼓励对冲突不同解决方式的应用等会辅助学生对习惯的认可和品格的理解，但老师一年一换，教程也不固定，若没有家里一致的栽培，品格是不会真正生根发芽的。

习惯和品格的形成确实受孩子天生气质(temperament)的影响，包括喜静

---

[1] M. K. Galloway, Challenge J. O. Conner, & D. Pope. (2009). *Stanford Survey of Adolescent School Experiences*. Challenge Success May Conference.

[2] http://www.nap.edu/read/10421/chapter/1

[3] https://ies.ed.gov/ncer/pubs/20112001/pdf/20112001.pdf

还是好动、适应性、挫折承受力、胆大还是易退缩、反应程度强弱、情绪倾向、注意力长短、能否坚持等①。

确实有孩子天生责任心强，做事有恒心，遇到困难心态更积极乐观。但品格的可塑性，比起记忆力、理解力等认知能力因素，要强得多。

经历困难，是坚持还是放弃？

面对冲突，是回避还是解决？

有挑战性的机会，是争取还是退缩？

孩子们的选择，除了天生性格的倾向，无一不是基于过去经验和记忆的积累。我在工作中也观察到，对某科目或活动的热爱，是孩子前进的动力；优良的品格，能带来智慧，帮孩子确立正确的方向；而成长的心态，则培养勤奋的习惯和百折不挠的品质。愿我们的孩子在学校教育结束后保留旺盛的求知欲，让珍贵的品质伴随他们扬起成功的风帆！

---

① A. Thomas, & S. Chess. (1977). *Temperament and Development*. Oxford, England: Brunner/Mazel.

海豚是怎样训练出来的？

> 孩子在成长过程中和任何成人有信任的关系都会提高将来成功的概率。达到"自我实现"的金字塔尖前，一定要满足"爱"和"尊重"的需求。如果没有被认同、接纳和尊重，孩子很难有实现自我潜能的动力。

每次观看海豚表演，我都会忍不住赞叹它们精湛的技艺：四只海豚可以整齐地跳到空中翻转，或在水面上直立前行、钻圈。这么高难度的动作，是怎么训练出来的呢？

这种训练当然基于海豚友好的天性和集体性。不然，怎么没见过鲨鱼在海洋公园表演呢？

从表演中不难发现，教练们笑容和蔼，一步一步示范动作，海豚们达到要求就马上奖励鱼吃，还伴有教练的爱抚甚至亲吻。这个过程至少包含了几个心理学推荐的亲子教育原则：身教大于言传、规则一致、善于抓住做得好的时候并及时鼓励。

而其中最重要的一点就是，教练赢得了海豚的信任和喜爱，和海豚建立了亲密的关系，海豚才会尽最大努力做教练要求的动作。

哈佛医学院著名的"成人发展研究"[①]跟踪调查了268名1939—1944年在哈佛读大二的白人男生，并和456名同时期在波士顿的贫困街区长大的男孩作比较，每隔一到两年就收集关于他们的健康、事业、婚姻、退休状

---

① 由哈佛医学院进行的75年跟踪调查，由格兰特研究（the Grant Study）和格鲁伊克研究（the Glueck Study）两部分组成，目的是确认什么因素预测老年的健康和生活满意度。

况等信息，旨在研究什么因素预测晚年的健康和幸福。这项研究的现任主管，哈佛大学成人发展研究所所长罗伯特·瓦尔丁格教授（Dr. Robert J. Waldinger）在 2015 年 12 月公布：这个长达 75 年的跟踪调研发现，构成美好人生的最重要因素并非财富或成就，而是身心健康及温暖、和谐、亲密的人际关系①。前主任研究员乔治·韦兰特教授（Dr. George Vaillant）在他 2012 年的书中总结：儿时和母亲关系温暖亲密的男生，成人后年收入比那些母亲不关心的男生高 87,000 美元。儿时和父亲温暖亲密的关系，则和被试 75 岁时对生活的满意度相关最高②。

积极心理学研究同样显示，"亲密的人际关系"是预测幸福感的最强因素之一③。而亲子关系不是每个人出生后的第一个"关系"吗？

孩子在成长过程中和任何成人有信任的关系都会提高他们将来成功的概率。丹尼尔·科伊尔先生（Daniel Coyle）在他的畅销书《天才密码》④中总结对 120 个在网球、钢琴和游泳上有突出表现的人才研究，发现他们的启蒙老师才技并不出众，但共同特点是对学生非常耐心，及时发现并鼓励微小的进步，和学生关系好，增强了学习的乐趣，从而培养了学生前进的动力。

有见过黑着脸驯海豚的教练吗？但试图去黑着脸训练孩子的家长和老师却并不少见。

今年大卫的三年级老师要求我去她班上观察，因为据她说这是她工作二十年来最难管的一群学生。我从学前班就每周在这一级学生中做义工，所以承认他们里面自控力弱的孩子确实比往年的多些，可观察的时候我还是不敢相信自己的眼睛。因为无论这位老师的声音提得有多高，脸拉得多长，一半左右的孩子总会在安静不到三分钟内开始互相讲话，甚至打闹。可同样一群孩子，在二年级时班上安静得掉根针都能听得到，老师发布任何指令都会马上执行。区别就在于那位二年级的老师用自己的尊重和信任先赢得了孩子们的爱戴。在她的眼里孩子各有长处，没有"好坏"之分。除了每天和蔼相迎，她还善于在课堂上发现每位孩子的进步并及时鼓励。学

---

① https://www.ted.com/talks/robert_waldinger_what_makes_a_good_life_lessons_from_the_longest_study_on_happiness/transcript?language=en

② G. Vaillant. (2012). *Triumphs of Experience: The Men of the Harvard Grant Study*. Cambridge: Belknap Press.

③ M. Seligman. (2004). *Authentic Happiness: Using the New Positive Psychology to Realize Your Potential for Lasting Fulfillment*. New York: Atria Books.

④ D. Coyle. (2009). *The Talent Code: Greatness Isn't Born. It's Grown. Here's How*. New York: Bantam Books.

年结束时，这位老师根据平时的观察制作了 30 张不同主题的奖状，包括"最耐心奖""最乐于助人奖""跑得最快奖"等，然后让班里 30 位学生为每位同学投票，不得重复奖项，这样每位孩子都拿到最符合自己特点的认可。我的两个孩子都曾有幸分到她班上，一年下来，她声音永远和蔼可亲，用自己一致的班规和及时的鼓励，训练出了整班良好的行为习惯。可惜的是，三年级老师只相信严厉的呵斥和压制，不了解如果没有健康的师生关系，想让一群自控力弱的八岁学生轻易遵守她的指令是不可能的。

工作的 17 年中，我遇到过一位会家访的六年级老师，校长总是放心地把全年级行为最难管的孩子放到她班里，一年后这些孩子都像换了个人似的，自律能力明显提高，屡试不爽。

如果老师一次对孩子爱和尊重的有效表达和一年中的鼓励信任可以改变他们对自己、对学习的态度，那家长日复一日的爱和尊重、亲密的亲子关系，能创造多长远的前进动力和奇迹呢？

马斯洛博士（Dr. Abraham Maslow）被广为引用的需要层次理论[1]发现，成功人士能达到"自我实现"的金字塔尖前，除了基本的生理和安全需要，一定要先满足自己"爱"和"尊重"的需要。如果没有被认同、接纳和尊重，人就容易产生强烈的孤独感和疏离感，很难有实现自我潜力的动力。

曾经有一位高中生告诉我，她和姐姐天生喜爱音乐，但两人都不会再碰钢琴，原因就在于每次看到或想到钢琴，带来的就是屈辱和愤恨的情绪记忆。她们的母亲钢琴弹得非常好，在她们练琴时马上就可以听出哪里不对，所以总在挑毛病。这位学生对钢琴最深刻的记忆就是一个冬天的晚上，姐姐在责骂下拒绝练琴，被妈妈赶到冰冷的院子里罚站，而她则跪在妈妈面前求她让姐姐进屋。虽然妈妈想让女儿进步的出发点是好的，但一味地指责和不当的惩罚损害了亲子关系。没有"爱"和"尊重"，孩子们怎么可能在学音乐的路上知难而进，发挥自己的潜能呢？

孩子天生都是愿意去取悦父母的，像八岁的大卫到现在看到我脸色不好都会明显不安，总想办法让我笑。但到了青少年时期，这种"取悦"现象就少见了，更多父母苦恼孩子们过了 13 岁很少再和家长交流。高中生们则告诉我，那是因为自己之前很多的努力并没有得到父母的注意，自己喜欢的不被认可，或者曾经想交流却感受不到父母的理解，慢慢就学会去找更有共鸣的同伴。不"爱"孩子的父母极少见，但学会表达对孩子的尊重和爱确实是很多家庭要修的功课。有次讲座后，一位父亲找到我，说 17 岁的儿

---

[1] A. Maslow. (1954). *Motivation and Personality*. New York：Harper.

子已经不和自己讲话了，看到他就跑。究其原因，最大的矛盾就是儿子计划申请的大学遭到父亲的贬低。如果父亲不先放下自己的成见，认真听听孩子的意见，让孩子感受到尊重，他是不会有兴趣去了解父亲所给出的建议的，这也损害了父子将来的沟通。

爱和尊重孩子、建立相互信任的亲子关系，并不是对他们有求必应。相反，家里合理一致的规范是帮助孩子未来获得成功必不可少的因素。美国最常被引用的父母管教方式的研究来自20世纪60年代由加大伯克利分校心理学家戴安娜·鲍姆林德博士（Dr. Diana Baumrind）做的跟踪调查[1]。她根据父母对孩子需求的反应和对孩子的要求/期望，把大多数家庭归纳为三种，其中"放纵型"（permissive parenting）对孩子有求必应却没有规范，养育出来的孩子情绪管理能力弱，在成年期的成就不如"权威型"（authoritarian parenting）——对行为期望值高，强调孩子需要完全遵从父母的要求，不然就会受到惩罚。最有成就感和幸福感的成人来自"民主型"父母（authoritative parenting），因为他们以孩子为本，尊重孩子的意见同时，对行为有一致的要求，让孩子学会如何管理自己的情绪。到成年期问题最多的来自极少数的"不参与型"父母（uninvolved parents），他们不满足孩子的需求，家里也没有任何行为规范。

不难发现，优秀的家教方式和优秀的教学方式非常类似，都是温暖而严格。家长以身作则，是孩子良好品格形成的源泉。很多家长反映，养育孩子的过程，把父母的行为习惯先训练出来了。想让孩子们管理好时间，自己得少看微信；希望孩子们耐心，自己遇事也要尽量三思而后行；想让孩子们有孝心，父母对祖父母的态度就是榜样。感恩的习惯、责任感、诚信、关爱他人和社区等也是如此观察学习，日积月累起来的。同时，所有这些都会加强亲子间相互的信任和尊重，孩子们才更能接受父母的建议和指导，亲密的关系自然就形成了。

---

[1] D. Baumrind. (1967). Child Care Practices Anteceding Three Patterns of Preschool Behavior. *Genetic Psychology Monographs*, 75(1), 43-88.

您相信的不是"我"

> 在公立学校工作这 17 年,我从未碰到过任何一无是处的孩子。只要多观察,孩子都有自己独特的地方。早在 20 世纪 60 年代,经典心理学实验就显示,老师的赞美、信任和期待能增强学生的自我价值,使其获得积极向上的动力。如果老师一次半小时的家访可以改变我对学习的态度和一生的道路,那家长日复一日的爱和尊重,能创造什么奇迹呢?

1986 年 12 月,初冬的傍晚,寒意已深。我们全家围坐在昏暗的灯光下吃晚饭,突然听到敲门声。打开门却发现是我高一的班主任,柏庆禹老师。父母受宠若惊地把老师迎进门。这是上学这么多年来第一次有老师家访,全家都紧张地不知道手该放哪儿。

柏老师是我当时就读的省重点中学很有名望的语文老师。昏暗的灯光下掩盖不住他脸上的疲惫,却映衬出谦和的笑容。

"我想了解一下,"柏老师开门见山,"你在班里年龄最小,中考成绩很好,看着也挺聪明的,可期中成绩怎么这么差呢?家里有什么变故吗?有什么可以帮得上忙的?"

他信任的目光,像针一样扎在我心里。

小学时,因为母亲管得严,再加上一点儿小聪明,我的成绩一直是名列前茅,直到考初中时发挥失常。虽然幸运地靠语文竞赛一等奖加了 3 分,勉强进入重点初中,但学习的信心全无。再加上初中三年父母关系继续恶化,母亲没有精力再管我的作业,我像脱缰的野马,上课不专心听,下课不复习，作业不好好做。三年下来，成绩可想而知。

初中毕业时，母亲不甘心看我从此断了求学的路，想尽办法把我送进了重点高中。进了省重点，我更不知道该怎么学了。首先是初中荒废了三年，拉下太多知识，没有良好的学习习惯。再加上周围的同学都是郊区各初中的尖子生，让我更没信心。第一个学期考试，除了语文，其他科目我都是不及格或勉强及格。

面对老师的信任，我很惭愧，却不敢把真相讲出来。父母连声保证，一定在家多督促。柏老师匆匆走后，我们继续激动了一个晚上：老师说的，我很有潜力，也许我真的有潜力呢？这么有经验的老师应该没看错吧？多看得起我们啊！再不努力对不起老师啊！

从那时起，我开始直面学习。原来一直想躲着，或者找"作弊"之类的捷径。真正面对它，才发现学习并不难，只需要一步一个脚印扎实前进。高一期末，我从倒数升到第14名。当时的兴奋清晰得恍如昨天。哪怕以后两年期中期末排名基本保持前三，哪怕大学每年拿一等奖学金，也不能和那个第14名相比，因为那是质的突变：我发现了学习的乐趣，尝到了努力的果实，找回了曾失去的控制感。

柏老师再没到我家来过，也从没提过那次家访，他甚至从未特意表扬过我的进步。但他信任的眼神，偶尔胸有成竹地望着我，仿佛一切都是他预料之中，理所当然的。

"教书"对老师来说固然很重要，但"育人"影响力更深远！高中具体学到了哪些知识，现在我不记得百分之一。但老师那一次家访给我的信心，却改变了我一生的道路。本来高中毕业都有困难的我，因为柏老师的信任，重拾学习的信心。本科、硕士，又接着到美国读博士，前后在三个不同的师范大学或教育学院连续读了11年，到现在除工作外，还在不停地自学，继续享受着学习的乐趣，永远学不够。

所有这一切，都来自那个初冬的夜晚。

*　　　　*　　　　*

很多教育心理研究证明，孩子成长的过程中如果得到至少一位成人的信任，那他将来成功的概率就高很多。经典实验"皮格马利翁[①]效应[②]"，

[①] 皮格马利翁——希腊神话中塞浦路斯的国王，善雕刻。他用自己全部的精力和热情雕刻了一座美丽的象牙少女像，为她起名，像爱妻子一样爱她，终于打动爱神，赐予雕像生命，并让他们结为夫妻。

[②] R. Rosenthal, & L. Jacobson. (1968). *Pygmalion in the Classroom*. New York: Holt, Rinehart & Winston.

也叫"期待效应",早在20世纪60年代就显示,老师的赞美、信任和期待能增强学生的自我价值,使其获得积极向上的动力。在这个实验中,著名心理学家罗伯特·罗森塔尔(Dr. Robert Rosenthal)和助手在一所小学撒了一个"权威性谎言",把随机抽取的18位学生的名字写在一张表格上,交给校长,认真地说他们是"经过科学测试发现的最有发展前途的孩子",并叮嘱校方务必保密,以免影响实验的正确性。8个月后,奇迹出现了,凡是上了名单的学生,个个成绩都有明显的进步。显然,"权威性谎言"发生了暗示作用,老师对学生的态度受到虚构的测试结果的影响,来自老师潜移默化的热爱和期望让这18位学生变得更加自尊、自信和自强,在各方面取得了异乎寻常的进步。之后的跟踪调查发现,这种积极的影响一直延伸到成人期。

类似的变化在学校里时有发生。我邻居的孩子,天生精力充沛但自控力弱,学前班和一年级的老师常给他父母打电话抱怨他在班里不听讲、坐不住。孩子也讨厌去学校,每天早上都拖拖拉拉。到了二年级,他却天天飞快地吃早饭,早早去教室门口等着开门,还嫌周末太长。只因为老师从第一天起就发现并告诉他他有多聪明,常表扬他在课堂上的积极参与。他父母惊讶地告诉我,老师的信任和鼓励让孩子像换了一个人,对学习的态度积极了,对学校热爱了,甚至在家里也比以往更自律。虽然从那年起再没有遇到过给孩子这么多正能量的老师,但有了二年级的基础,他总体的表现和头两年相比还是有天壤之别。

在公立学校工作这17年,我接触过不少各方面都优秀的学生,但从未碰到过任何一无是处的孩子。只要多观察,孩子都有自己独特的地方。只要家长和老师愿意,他们都可以给孩子机会,发挥自己的长处,从积极的一面看待自己。曾有一位七年级转学来的学生在教室里坐不住,常站起来做些街舞动作引同学发笑,影响老师讲课。在大多数老师很头疼他的时候,历史老师独具慧眼,看到他的舞蹈天分,不但建议校长在每周五午饭后提供音响,给他留出表演的时间,还支持他成立街舞俱乐部,把街舞教给其他感兴趣的同学。这种信任让他不但有机会发挥自己的优点,还改变了他"自己是坏学生,破罐子破摔"的概念,让他在课堂上更为自己的行为负责,学习效率也提高了。

看到任何学生,包括开会时讨论的所谓"问题"学生,我都忍不住去憧憬:他将来会有什么成就呢?无法估量啊!说孩子是国家的未来,一点儿也不夸张。年轻,就是希望,充满了可能性。而父母、老师、教练等成人对他们的每一条评语、每一个眼神、态度，都可以载舟，也可以覆舟。偶尔听到个别老师在学校议论，"某某是天生去监狱的料"，我都会不寒而栗。如果老师把这种态度带到课堂上，怎么可能教育好孩子呢？记得我小学五年级的班主任老师，教语文是没得说，但对班里的差生不能容忍。印象最深的是曾有一位女同学成绩不好但每天都穿得很漂亮。一天，老师让她站起来，发动全班同学找出她的缺点。因为是班长，所以我被点名第一个发言。我不知道说什么好，难堪得好像被批评的是自己。更无法忘记的是那位同学的眼睛，充满了恐惧和仇恨。其实我们班都知道她的父母离异，妈妈生活在外地，唯一的补偿就是经常给她寄新衣服。如果老师稍微多些体谅和安慰，她对学习的兴趣一定会提高，又怎么会初中没毕业就辍学了呢？

　　这些年来每次回国探望父母，不管时间多紧，我都会去拜访柏老师。40年的教学生涯，他谈起教过的学生如数家珍。

　　2015年7月，有幸为当地师范大学的本科生做讲座，我特意把柏老师请到现场，介绍给那400多位未来的老师，30年前柏老师如何用半小时的家访改变了我一生的道路。

　　我想告诉他们，每一个孩子遇到信任，都有机会造就"奇迹"。

　　愿这些未来的老师都成为"皮格马利翁"，在自己将来的教室里，每天创造更多的奇迹。

为什么"聪明"孩子会做"不聪明"的事儿?

> 感性的情绪发展,每时每刻影响着孩子的学习,却直到最近20年来才引起公众注意。其实外界刺激由丘脑接受后,在到达理性大脑之前,一部分先直接传到对情绪反应起主导作用的杏仁核。这是人常被强烈的情绪绑架,产生不理智言行的原因。"家庭生活是情商学习的第一个学校"。

2003年,学业成绩傲人的萨拉托加(Saratoga)高中连续发生了三起学生作弊事件。当事学生打破作弊者是差生的看法,成绩本来就都良好,但还是想投机取巧而被抓。很快,邻近的库市(Cupertino)初中学生又曝出要烧毁学校的计划。几次事件都是亚裔孩子所为,这为社区敲响警钟。这些事件让亚裔父母百思不得其解:当事学生成绩都不差,阅读理解、数理推理能力都很强,为什么在实际生活中的判断和自控能力这么弱,做出这样不聪明的事儿呢?

原因在于我们讨论的是两种不同的能力:认知能力和情绪智能。

认知能力包括词汇量、语言理解及表达、逻辑推理、记忆力等理性能力,也是我们传统意义上常说的智力。智商(intelligence quotient,IQ)是标准智力测试得出的分数,往往被认为是聪明程度的指标。孩子会背多少首唐诗、会做多难的数学题等是认知能力的体现,容易量化,是教育中常被关心的重点。从1916年美国第一个标准智力测试(斯坦福-比内智力量表)诞生,传统的智力就被划分为两类:语言类能力(包括词汇量、理解、语言推理等)和非语言类能力(偏向数学推理、图像分析、视动统合等)。

之后 80 多年间陆续出现的智力测试大多保留了这个基本框架。

与之相反,感性的情绪发展,虽然同样每时每刻影响着孩子的学习,却很少引起注意。虽然早在 1920 年美国心理学奠基人之一桑代克博士(Dr. E. L. Thorndike)就发现传统智力无法预测人在实际生活中与人交往的能力,他提出的"社交智能"①概念在几十年间并未受到重视。

1983 年,哈佛大学心理学教授加德纳博士(Dr. Harvard Gardner)在多年对脑损伤病人的研究中发现,传统的语言及非语言能力已经远远不能囊括人的智力发育,并提出多元智能理论②,其中"人际智能"和"内省智能"两种概念,开始得到心理学界及公众重视。

人际智能,指察觉并区分他人的情绪、意向、动机及感觉的能力,包括对脸部表情、声音和动作的敏感性,辨别不同人际关系的暗示以及对这些暗示做出适当反应的能力。总体来讲,就是与人相处的能力。

内省智能,指个人自我了解、分析反省的能力,是建构正确自我概念的能力——对自己的价值敏感、有良好的自我认知,会自我激励、懂得设定目标并完成。总体而言,就是了解自我,认识自己的情绪、动机、兴趣和愿望,以及自尊、自省、自主等能力。

真正把对情绪智能的关注推向顶峰的是 1995 年丹尼尔·戈尔曼博士(Dr. Daniel Goleman)的《情商:为何比智商更重要》③一书。戈尔曼博士总结了脑科学研究的成果,指出外界刺激由丘脑接受后,一部分先直接传到对情绪反应起主导作用的杏仁核④,比到达理性大脑早几毫秒。如果海马体⑤的经历记录让杏仁核看到一个和记忆中匹配的刺激,这几毫秒会导致人被强烈的情绪绑架,产生不理智的言行。戈尔曼博士首次让公众清楚地了解到"情感大脑"(emotional brain)⑥的重要性,综合多项研究指出,对人生的成功与幸福来讲,情绪智能比传统智力的作用更为重要,因为它是人类掌握并应用社交常识调节情绪,积极应对生活中意想不到的变化,并与

---

① E. L. Thorndike. (1920). Intelligence and Its Use. *Harper's Magazine*,140,227-235.

② H. Gardner. (1983). *Frames of Mind: The Theory of Multiple Intelligences*. New York: Basic Books.

③ D. Goldman. (1995). *Emotional Intelligence: Why It Can Matter More Than IQ*? New York: Bantam Books.

④ 杏仁核(Amygdala)是大脑中两个杏仁形状的核组,对记忆的处理、判断力和情绪反应起主导作用。

⑤ 海马体(Hippocampus)是大脑中两个海马形状的组成,对记忆和空间导航起着重要作用。

⑥ J. Ledoux. (1998). *The Emotional Brain: The Mysterious Underpinnings of Emotional Life*. New York: Simon & Schuster.

人交往的能力。它主要体现在待人接物中所需要的自我意识、情绪的调控、移情（理解他人）、社交能力、挫折承受力等。戈尔曼博士清楚地写道："家庭生活是我们情商学习的第一个学校。"

智商和情商（emotional quotient，EQ）有许多不同。比如，IQ受先天的因素影响多，后天改变比较难，上下浮动不超过25%。情绪智能的发展也有相当的基因成分。乐观与悲观、紧张与放松、敏感与否等人格特性在孩子出生时就有一定倾向，但后天的引导及培养对情绪智能的影响可达50%左右。另外，传统的认知能力，如记忆力等，在20岁后逐渐减弱，而情绪智能在40岁末50岁初才达到顶峰，从另一个侧面证明情绪智能随生活阅历可以不断得到提高。EQ和IQ并不对立，全面发展可以让孩子锦上添花。相反，即使IQ再高，如果不重视EQ的发展，也会影响到IQ的正常发挥，甚至因情绪失控而做错事情。

2007年被誉为美国十大最具影响力的心理治疗师约翰·高特曼博士（Dr. John Gottman）在对119个家庭的两项研究中，观察父母和孩子在情绪化的情况下如何反应，发现父母有两类：一类留意去辅导训练孩子的情绪发展，另一类并不关心。在他的畅销书《培养高情商的孩子》[1]中，高特曼博士把重视孩子情绪发展的父母叫作"情绪教练"。他们不压抑也不忽视孩子负面的情绪，如愤怒、悲伤或恐惧，而是接受负面情绪是生活中的一部分，并抓住机会教孩子策略来应对生活中的跌宕起伏，同时建立更密切的亲子关系。高特曼博士发现成功的亲子交流中训练情绪有五步：

①意识到孩子的情绪；
②认识到情绪是教导的好机会；
③认真倾听孩子的感受，让孩子感到被理解；
④帮助孩子用语言为自己的情绪贴标签[2][3]；
⑤在设定界限的同时，一起探讨解决问题的办法。

情绪教练需要持久的耐心，这和任何其他教练没什么两样。如果家长想要孩子足球踢得好，就得经常去球场里和他一起练；同样，如果家长想看到孩子能应付压力、有健康的社交能力，就得在他有消极情绪时提供正确的指导。对119个家庭的孩子从四岁到青春期的跟踪调查显示，父母一

---

[1] J. Gottman, & J. Declaire. (1998). *Raising An Emotionally Intelligent Child The Heart of Parenting*. New York: Simon & Schuster.
[2] 磁共振成像研究表明，为情绪贴标签减轻了杏仁核的反应对负面情绪的影响。
[3] http://pss.sagepub.com/content/18/5/421.abstract

致地运用这五步情绪教练的家庭，孩子不但身体更健康、成绩更高，而且和同伴相处更好、行为问题少、情绪更积极。高特曼博士发现"情绪教练"家庭培养出来的孩子在困难的情况下照样会有悲伤、愤怒或恐惧的时候，但他们能很快地安抚自己，从困扰中反弹，有效地处理问题。换句话说，他们更有韧性，情商更高。另一个重要发现是，重视情绪表达和处理方式的父亲对孩子的情商发展有极为积极的影响，相反，一个冷漠、苛刻并忽视情绪反应的父亲，对孩子的负面影响也更为深刻。

近20年间情商的培养从学校到职场开展得如火如荼，我却在工作中常常碰到对情绪智能的缺失仍然不以为然的父母。2010年，我工作的高中一位九年级的华裔资优生（智商130以上）常常表现出压抑的愤怒，有一天课间失控，把自己的拳头在墙上连续打到出血，老师拦都拦不住。学校按加州5150号法案①规定报警。这位同学被警察带走后，副校长马上打电话通知家长。他母亲的第一反应是："这是不是说他就不能继续上荣誉课了？"事后副校长和我讲述时说，他当时惊得半天说不出话来。孩子被警察带走了，妈妈不问他的安危，先担心选课对将来申请大学的影响。这种情绪状态，孩子能不能完成高中学业都难说，怎么父母还无视情绪健康的重要性呢？

很多情绪问题来自孩子内心的不安全感。我们在日常生活中要时刻提醒自己多看到孩子做得好的地方，多夸他们付出的努力，不要用成绩的高低来决定自己对孩子的态度，打击他们的自尊和自信。曾有一位九年级的华裔学生一大早就在教室里不住地流眼泪，完全没有办法听讲。被老师送到咨询办公室后才发现，妈妈早上开车送她到学校的路上，越谈她头一天代数课上得的B一越生气，大骂一顿后把她赶出车，自己扬长而去，孩子一路哭着走到学校。在这样的情绪状态下怎么能奢望一个14岁的孩子去集中精力学习呢？校方差一点儿给儿童保护服务中心（Children's Protective Services，CPS）打电话把她带走，因为这可以算作精神折磨（emotional abuse），在西方法律上和生理折磨（physical abuse）一视同仁，不管伤疤是留在身上还是心里。

情绪对儿童的学习、人际关系及行为等方面的发展都起着关键作用。相似的智力下，情绪调整力强的孩子自尊也尊重他人，在困难压力下不丧失信心与目标。相反，缺乏积极的自我概念、一有压力就紧张、冲突时容

---

① http：//ca.regstoday.com/law/wic/ca.regstoday.com/laws/wic/ca/aww:c_DIVISION5_PART/_CHAPTEK2.aspx

易冲动会给孩子在学校及生活中充分发挥自己的智力潜能造成负面影响。严重的情绪障碍还会影响到身体健康，甚至造成悲剧。几次枪击事件的凶犯，无一不是在校期间被形容为"孤僻"，缺乏与人交往的能力，后来发展到焦虑等情绪障碍，采取暴力方式来表达自己的愤恨。智力和成绩再好又有什么用呢？一样是教育的失败。

情绪的 ABC

> 不同的理念决定了同样情况下人会有不同的态度和应对方式。研究表明，孩子的解释方式在 8 岁左右开始形成，父母对日常生活事件的因果分析等决定了他们的取向。而一个人对自己为什么会成功或失败的归因决定了他会为将来的活动付出多少努力。

学校心理学的教育测评和诊断工作大部分都是针对先天能力的缺陷，只有少数是后天原因造成的，如化疗引起的记忆力、理解力和体力的大幅度退化。这些年服务过十几位接受癌症治疗的孩子，其中两例对待同样的困难有截然不同的态度，给我留下深刻的印象。

2001 年，刚上四年级的安妮被诊断为白血病。开始化疗三个月后，妈妈要求学校测评。我见到安妮和妈妈时，她们面部表情严肃，除了回答问题外基本保持沉默，也很少有眼神的交流。妈妈当着她的面叹息，"好好的孩子就这么毁了！"好像面临世界末日，让我想拦都来不及，眼睁睁看着安妮的面色更灰暗。其实绝大多数化疗对学习能力的副作用是要至少一到两年后才能测出来。安妮的测评结果也是智力等各方面在当时都属正常范围。但妈妈坚持认为她行动迟缓、理解力下降，要求学校提供特教服务。几个月后，她们搬离了居住多年的费利蒙。我想其中一部分原因是不想面对周围熟识的邻居。不知道安妮后来恢复得怎么样，但她当时无助无望的眼神很让人担心。

2013 年秋季，八年级的达斯也是因为白血病被斯坦福医院推荐到我这里做教育测评，不同的是她已经接受了一年多的化疗，很多副作用已经极其明显,如记忆力减弱、注意力不能集中太久,特别是体力下降。原来可以轻松地写三小时作业,现在写十几分钟都觉得累。可她消瘦的脸上那双明亮有神的眼睛几乎让我想象不出她所经历的痛苦。"过了圣诞节我就可以去上一门课了!"因为治疗的强度而不得不休学半年多的她充满向往,声音里充满了掩饰不住的兴奋。

和达斯的妈妈交流,她也是心怀感恩。"我女儿一直都是学校里最健康、最自立的孩子。我是职业妇女,家里有婆婆帮忙,所以我很少管她。自从达斯生病后,我辞职照顾她。这一年我和她在一起的时间比她出生后这13年加起来都多。感谢这场灾难,让我更爱我的孩子!达斯原来全优的成绩让我骄傲,但她现在的坚强更让我们全家引以为荣。她的病一定会好的!"

同样的挑战,为什么两个孩子和家庭会用如此截然相反的情绪和态度来面对呢?这其中基因的因素肯定有:有些孩子天生较乐观,更容易看到希望;有些则遇事时更倾向于把注意力集中在负面而容易绝望。除去这个,大家更容易忽略的是影响情绪的归因和理念。

情绪大多都是因事而发,我们一般比较容易看到的也是那些外在的"事"。比如,几次听到家长叹息,"我的情绪,直接受孩子的成绩控制。他这学期成绩好了,我做什么都开心,喝口凉水都是甜的;下学期他成绩下降了,我天天如坐针毡、失眠、吃什么都没胃口"。这"逆境"(A-adversity)和"情绪后果"(C-consequence)好像是息息相关,但人们很少注意到的是隐形的"理念"(B-belief)在其中起的决定性作用[1]。

奥地利心理学家弗里茨·海德(Fritz Heider,1896—1988)在20世纪初期就提出了归因理论(attribution theory)的原型,发现我们对因果关系的看法往往因自己的需要和某些认识上的偏见而扭曲[2]。不同的理念决定了同样情况下,人会有不同的态度和应对方式。如果把白血病看成是死亡的宣判,是自己家这么"不幸""倒霉"的又一印证,那就很容易情绪低落甚至绝望。但如果像达斯和她妈妈一样把它当作人生中可以逾越的挑战之一,甚至把它看作让父母更了解、热爱孩子的机会,那再多的痛苦都可以承受,因为希望贯穿着整个过程。

---

[1] ABC理论来自认知行为疗法(Cognitive Behavioral Therapy,CBT)创始人之一、美国心理学家阿尔伯特·艾利斯博士(Dr. Albert Ellis,1913—2007)开发的理性情绪行为疗法(Rational Emotive Behavior Therapy,REBT)。

[2] F. Heider. (1944). Social Perception and Phenomenal Causality. *Psychological Review* 51:358-374.

华美精神健康联盟(Asian American Mental Health Network)创办人徐嘉佳女士曾经分享，她在伯克利市(Berkeley)做临床社工[①] 28 年，最常用的理论也是 ABC，因为自己的成长过程中有一个深刻的例子。当年她在台湾读中学时，有位老师出名的严厉，每次考试发榜后总会叫几名学生到讲台上，用竹尺当着全班的面打他们的手掌。开始时被叫到的学生都觉得羞辱难当，在同学面前抬不起头来。但有一次老师解释说：他叫这些同学是因为相信他们有能力做得更好，如果觉得谁的成绩和能力相当，他都懒得打，因为打了也没用。从此大家都盼着被老师叫去打手，被叫到成为一种自己有潜能并被老师信任的标志。他们带着骄傲的笑容上台，好像不是被打手，而是去领奖。同样是"打手"这件事，因为信念的改变，对情绪的影响天翻地覆。而被打手的同学学习起来也特别带劲儿，成绩都有大幅度提高。

情绪的力量很大，好像水，可载舟亦可覆舟。英文中"emotion"这个词的词根是"动"的意思，情绪确实左右着我们的行动。比如，"怕"，当遇到危险时，恐惧的情绪可以让我们的身体爆发超常的力气和速度，以助逃生。有位同事曾经在危急时刻把压在自己孩子身上的树移动，事后再查看同样的树，她怎么也无法搬起，那就是应激情绪帮了她。

平时我们都能感受到，积极的情绪让我们办事效率高，而消极的情绪则会让我们心烦意乱，不能集中精力，出不该犯的错，甚至成为情绪的奴隶。初高中每年都有智力超常的孩子因情绪障碍而必须接受特殊教育服务才能继续学业，紧张焦虑的情绪造成有的孩子长期旷课，严重的甚至辍学，哪怕校方提供咨询服务也无济于事。

了解到这个"B"的力量，就更容易为自己的情绪做主，而不是归罪他人。就像那些把孩子的成绩和自己的情绪画等号的家长，他们隐形的理念就是"孩子的学业成绩＝他们将来的成功＝我为人父母的成绩"，所以情绪才会随成绩波动这么大。如果父母看到影响未来成功的多元因素，并把不好的成绩看作孩子亮给自己哪里需要帮助的警示，那面对的态度就坦然许多，更能帮孩子找到解决的方法并进步。

"理念"的作用在家教方式上非常明显。比如，我工作的高中曾有几位男生在脸书上攻击某位老师，被校方发现后每位学生的家长都被叫到学校谈话，之后接受被停学(suspension)的处罚。开会时就可以看出来，其中一位家长把这个事件当作孩子成长过程中学习的机会，坦然面对，帮他一

[①] 临床社会工作者，通常在医疗保健机构提供心理/精神健康服务.

起分析下次遇到同样情况该怎么办，主要是面对同伴影响时该怎样明辨是非，而不是随波逐流。另外几位家长当着副校长的面脸色就挂不住了，可以想象那种恼怒如何在家里爆发。从表面上看，确实是孩子的违规造成家长的不良情绪，但如果家长可以改变自己的理念，不把这个惩罚当作"让老爸在校方丢人现眼的原因"，他们就不会把自己的愤怒归罪于孩子一时的无知，反应和管教的效果也会截然不同了。

孩子面对困难和挫折的情绪和态度受什么样的"理念"左右，一方面有基因的影响，另一方面来自环境。美国积极心理学的创始人之一马丁·塞利格曼博士的研究表明，孩子的解释方式在8岁左右开始形成，三个原因决定了他们悲观或乐观的取向[1]。

第一，孩子在成长中常听到和看到的父母对日常生活事件的因果分析。换句话说，如果父母对好事的归因是长久的、概括化和个人化的，如"你交流能力真好，我都被你说服了！"等，孩子就会慢慢形成乐观的解释方式。

第二，孩子失败时父母批评的方式。如果失败常被归因为长久的、概括化和个人化的，如"你就是记性差！""女孩子数学都不好！"等，孩子就慢慢会形成悲观的解释方式。

第三，早期生活中有负面事件反复发生，如亲近的家庭成员在自己幼年时离世、父母又失业等。如果没有适当引导，孩子会觉得不论自己如何努力，坏的结果总会出现，个人努力不会有用，所以感到无助，将来在遇到困难时则更容易选择放弃。

美国社会心理学家伯纳德·韦纳博士（Dr. Bernard Weiner）在20世纪80年代发现了人对学业成功和失败的不同解释对情绪和动机的影响[2]，从而发展了成就归因理论。一个人对他为什么会成功或失败的看法或归因决定了他会为将来的活动付出多少努力。当过去的经历带来积极的情绪和对未来成功的期待时，这种归因系统就让人更愿意去做类似的事；相反，则会逃避。如果孩子从小做事的努力经常被表扬，多看到自己可以控制的因素，如投入的时间，他们面对困难时就更能看到克服的希望，降低无助的反应和放弃的概率。

---

[1] M. Seligman. (1991). *Learned Optimism*: *How to Change Your Mind and Your Life*. London: Penguin Books.

[2] B. Weiner. (1985). An Attributional Theory of Achievement Motivation and Emotion. *Psychological Review*，92(4)：548-573.

我是……？

> 从幼儿期第一个"不"到青春期对自我同一性的寻找，人的自我意识发展持续一生。很多人成年后还在回答"我是谁？"的问题，有的不惜中途改事业。孩子将来会找到自己最满意的答案，我们在养育的过程中能做到的就是接纳孩子，帮他们建立坚实的安全感，把对自己及他人的尊重内化为自我概念的一部分。

2002年暑假，情绪智能夏令营第一课《自我概念》，十几位二、三年级的小朋友兴高采烈地参与自我介绍的游戏，只有一位男孩儿从一开始就背对着我，一言不发。

下一个活动是大家轮流躺在巨大的彩纸上，由同伴把自己的身体轮廓画上去并剪下来，然后从旧杂志上找到能代表自己的词语或图片贴在上面，如果找不到就拿彩笔写或画上。最后贴到墙上，轮流介绍，让大家可以很快地认识自己。

那位男孩儿也和另一位男生合作，互相把身体轮廓画好剪下，但他的自我概念图上只有自己画的一张黑脸和一个大大的词：Evil（邪恶）！这和满墙上贴的色彩鲜艳的图片以及"Brilliant!"（出色）、"Cheerful"（喜乐）、"Unique"（独特）、"Fearless"（无畏）、"Helpful"（乐于助人）等词形成鲜明的对比。

轮到他讲时，我抢先夸他听讲能力强，不然怎么背对着我还可以完全按要求把这个活动完成呢？他的眼睛瞪得圆圆的，不敢相信自己的耳朵。他说选择"Evil"（邪恶）就是因为总被老师指出上课时坐不住，不专心听讲，打扰到讲课，还被送到校长办公室。

"是很多次哦！每天都有。"他强调。

"我是坏孩子！"他不容置疑地告诉我。

课后我打电话向他妈妈了解情况，妈妈说他在教室里自控能力差，在上学年曾被送到校长办公室两次，每次都要父母去谈话。

"但只有两次，他怎么这么夸张呢？"妈妈很纳闷儿。

孩子怎么看待自己，形成什么样的自我概念，是情绪智能的基础。它和周围环境对自己的反馈和态度有很大关系，但同时也不可忽视基因的影响。有的孩子先天比较乐观，在生活中就容易记住并内化积极的经历，如哪次被表扬、哪次被同学邀请到家里玩或哪次成绩好等，更容易积累积极的自我概念：自己受同伴欢迎、老师喜欢、学习好等。但有些孩子先天对负面的经历更敏感，如果父母或老师等反应太激烈，会让他们夸大后果。

这位孩子的妈妈承认，因为他哥哥从来在学校都是乖巧有加，所以首次因为负面的原因被叫到校长办公室，对父母的心理承受力是个打击。愤怒加羞愧，可能回家后对他的训斥超出了寻常。孩子天生心事重，不能表达出来，但对他内心的影响还是很大的，以致对自己的看法都蒙上了阴影，掩盖了自己其他很多优秀的地方。

*　　　*　　　*

发展心理学家和精神分析学家埃里克森教授认为人的自我意识发展持续一生，在"社会心理发展"阶段理论里把自我意识的形成和发展过程划分为八个阶段，每一个阶段解决不同的心理冲突[①]。前五个阶段因为在我工作中反复得到印证，所以在这里做简要介绍，供给大家参考。

婴儿期（0～1岁）

婴儿期是基本信任和不信任的心理冲突期。这期间孩子完全依赖外界的照顾，并开始认识人。哭、饿、尿布湿了或孤单、害怕时，父母是否满足他们的生理和心理需要是建立信任感的重要因素。信任在人格中形成了"希望"这一品质，它起着增强自我的力量。具有信任感的孩子敢于希望、富于理想；反之，则不敢希望，时时担忧自己的需要得不到满足。埃里克森教授把希望定义为："对自己愿望可实现性的持久信念。"

哈利波特的故事中妈妈的爱在他婴儿时不可思议地保护着他不受伏地

---

① E. Erikson. (1950). *Childhood and Society*. New York: Norton.

魔的攻击，对现实生活中婴儿的发展很有寓意。人生的第一年，父母给孩子的远远不止吃饱穿暖等基本的生理需要照顾，他们发自内心的关爱通过眼神、拥抱等无时无刻不在传递着信息："你很重要！我很爱你！我永远在你身边！"这些都是孩子对自己和周围世界最初的意识，是安全感的基础。

我在高中曾接触过一位十一年级的女生，成绩优异但异常孤僻。和她交流后发现，她总觉得同学们都在背后说她坏话，甚至猜疑人家计划攻击她。她的母亲坦白地告诉我，这个孩子是家里的老二，上面还有一个姐姐。她在国内出生时，重男轻女的父亲一看又是女孩扭头就走，连饭都不给妻子送。对婚姻的失望，再加上孩子天生五官很像父亲，让母亲虽然在生理上照顾她但无法掩饰心里的厌恶。弟弟出生后全家到美国团聚，但父母对女儿的态度和对儿子仍然有天壤之别。母亲也看到女儿对自己及整个世界的不信任，但到高中时这种观念已经根深蒂固。十一年级症状加剧，虽然之后她出现精神分裂的先兆有基因影响，但婴儿期的经历确实很让人感到遗憾。

幼儿期（1~3岁）

幼儿期是自主感与害羞和怀疑的冲突期。这期间孩子掌握了大量的基本技能，如走、说话等，生活中逐步开始独立。更重要的是他们开始"有意志"地决定做什么或不做什么，出现第一个反抗期。一方面父母必须承担起控制孩子行为使之符合社会规范的任务，如训练他们按时吃饭、大小便等；另一方面孩子开始了自主感，会反复用"我""不"来反抗外界控制。父母如果听之任之、放任自流，将不利于孩子的社会化。反之，若过分严厉，保护或惩罚不当，孩子就会产生怀疑，并伤害自主感。因此，把握住度，才有利于孩子形成"意志"的品质。埃里克森教授把"意志"定义为："不顾不可避免的害羞和怀疑心理，坚定地自由选择或自我抑制的决心。"

幼儿期的孩子好奇心强，精力充沛。因为掌管自控和计划的大脑前额叶部位3岁后才开始明显发展，所以这一阶段孩子的行为受自身语言、肢体及自控能力的局限，很容易出意外。如果太过保护，会抑制他们勇于探索的精神，不利于自主性的发展。曾有位两岁半的孩子到我家来玩，规规矩矩地坐在桌边，看到各种玩具也不主动去挑，要成人拿到他眼前才会玩儿。妈妈解释说，孩子从一周岁时就每天送到保姆家。保姆怕他伤到或误拿危险的物品，常常告诫："不许碰这个，不许拿那个。"久而久之，孩子慢慢变得越来越被动。安全是安全，但这种"我不能"的概念和行事方式如果带到学习和将来的工作中，很值得担忧。不如把危险的物品锁起来，给孩子创造安全的探索空间和机会。

这个年龄阶段的孩子喜欢说"不"，给家长的印象是总"不听话""喜欢唱反调"。其实这在发展心理学①上是一个很重要的里程碑，因为这证明他们终于发现自己是独立的个体，有自己的意见。孩子需要父母的引导去发现自己能或不能做的、对或错的事情。在父母把握方向的情况下，尽量给孩子选择的机会，会帮他们加强自我意识。比如，今天天冷，请问要穿这件红色还是那件橘色的羽绒服呢？或者某某同学到家里来玩儿，请问要把哪些玩具拿出来和他共享呢？因为语言发展有限，幼儿会有动手打人或抢玩具的现象，请一定在制止问题行为的同时，让他们重复正确的表达方式，避免使用"坏孩子"等定义。

学前期（3～5岁）

学前期是主动对内疚的冲突期。在这一时期，如果孩子表现出的主动探索行为受到鼓励，他们就会形成主动性，为将来的责任感、创造力奠定基础。如果成人常常讥笑孩子的独创行为和想象力，那他们就会逐渐失去自信心，更倾向于生活在别人的安排里，缺乏自己开创生活的主动性。当孩子的主动感超过内疚感时，他们就有了"目的"的品质。埃里克森教授把"目的"定义为："一种正视和追求有价值目标的勇气，这种勇气不为失利、罪疚感和惩罚的恐惧所限制。"

学前期的孩子想象力丰富，容易把虚幻的世界和现实混淆，更相信圣诞老人、想象中的朋友等。语言和运动能力的进一步发展让他们更能把自己的想法表达出来，但按成人的标准，他们的言行和作品有时会不被理解或很容易被认为"可笑"。所以这一阶段父母的鼓励和理解是孩子积极自我概念的基石。另外，这一阶段一定要让孩子多锻炼自理能力。虽然他们自己吃饭、穿衣、脱衣等比成人替他们做要花更多的时间，但逐渐的进步和每做完一件事后的成就感会让孩子更相信自己。

这一阶段还要建立简单并一致的行为规范，才能加强孩子的安全感。曾有一位妈妈打电话来，说自己4岁的孩子要被爸爸"毁了"。爸爸做股票，对孩子的态度完全取决于当天工作的顺利程度，而不是基于孩子的表现。今天赚了，可能孩子哭闹爸爸也笑脸相迎；明天亏了，哪怕孩子小心翼翼爸爸还是会找碴儿训斥。孩子每天看爸爸的脸色行事，不知道自己究竟该

---

① 发展心理学是研究心理发展规律的科学，其中包括个体心理发展，其研究对象是人生全过程各个年龄阶段的心理发展特点。

做什么。这样不一致的教育方式很不利于孩子健康自我概念的发展。

学龄期（6～11岁）

学龄期是勤奋对自卑的冲突期。这一阶段的孩子开始在学校接受教育。学校是训练儿童适应社会、掌握知识和技能的地方。如果学习顺利，就容易获得勤奋感，充满信心。反之，就需要父母留心对孩子努力的过程多鼓励，并找到其他擅长的地方，让孩子看到自己的进步，否则会产生自卑。当孩子的勤奋感大于自卑感时，他们就会获得"成就感"。

学龄儿童随着认知能力的发展，开始把自己和同伴作比较，所以自尊下降是正常的。这一阶段不管是正式的学校学习，还是课外学习机会，都要注意到孩子的喜好和能力，提供他们闪光的机会。2003年，我为心理公司做研究时曾接触过一位二年级的女生，听力理解和口头表达能力超强，手眼互动能力普通。给家长反馈她的表现时，妈妈感慨这结果和她日常生活中的观察很一致。女儿在蒙特梭利私校从幼儿园到一年级学了三年，今年刚转到公立小学。蒙特梭利教育很注重动手能力，这一关过不了就不能进入下一课。女儿常常是全班最后一个过关的，这让她很沮丧，甚至产生厌学情绪。因为哥哥天生动手能力强，在蒙特梭利私校如鱼得水，所以妈妈花了三年时间才下决心把女儿转入公立学校。她的语言能力马上得到老师的大力表扬，自信心也开始增强。妈妈很后悔没早些看到教育的侧重点和孩子能力的相符性对她自我概念的影响。

从20世纪80年代开始，多项研究反复验证了老师及时并具体的表扬会提高孩子的上进心，让孩子学习更专心，并减少问题行为[1][2][3]。研究人员建议老师赞美对批评的比例应该是4∶1到5∶1[4]。父母给孩子反馈时原则也类似，一味地批评只能让孩子失去前进的动力。另外，反馈需要尽量具体化，多看到过程，少重视结果，就事论事，少做概括性、扩大化的结论。比如，孩子数学不好，不要定性："女孩子数学就是差！"或"你就是记性不好！"日久天长，这些概括意见会潜移默化地变成孩子自我概念的组成部分。成绩好，请帮孩子注意自己上课认真听讲、作业按时完成并常问问

---

[1] J. Brophy. (1981). Teacher Praise: A Functional Analysis. *Review of Educational Research*, 51: 5-32.

[2] R. Beaman, & K. Wheldall. (2000). Teachers' Use of Approval and Disapproval in the Classroom. *Educational Psycholgy*, 20: 431-446.

[3] J. Cameron, K. Banko, & W. Pierce. (2001). Pervasive Negative Effects of Rewards on Intrinsic Motivation: The Myth Continues. *The Behavior Analyst*, 24: 1-44.

[4] H. Walker, E. Ramsey, & F. Gresham. (2004). *Antisocial Behavior in Schools: Evidence-based Practices* (2nd ed.). Belmont, CA: Wadsworth.

题等好的学习习惯，而不只是"因为你聪明"。在这一阶段帮孩子把面对困难认真去做好的态度内化为自我的一部分很关键。

虽然积极的反馈一般来说对孩子的影响是正面的，但夸大其词也会适得其反。2000年刚开始工作时，资优班的能力测评是由我们学校心理学家来一对一提供的(现在已经改成以班级为单位的集体测试)。当时有个九岁的华裔男生给我留下了深刻的印象，因为他每回答一道题就问我："对了吧。我聪明吗？"一旦遇到回答不出的难题就马上灰头土脸，瘫在椅子里。虽然他的智力并不差，但他看似积极的自我概念实际上不堪一击。提醒孩子的妈妈注意时，她也承认因为太"爱"孩子，所以从来都是夸他"多聪明""多帅"，从没批评过他，结果让孩子建立了一个不真实的自我概念。如果父母不注意改正，这一自我概念会是以后孩子学习工作进步的隐患。

青春期(12~18岁)

青春期则是自我同一性和角色混乱的冲突期。这期间青少年自控的生理发展还没有发育完全，再加上经验不足，很多行为带有本能冲动①。另外，青少年面临的主要任务是建立一个新的同一感或自己在别人眼中的形象，以及寻找他在社会集体中所占的位置。这一阶段的危机是角色混乱，特别是当父母的期望和要求与孩子自己的理想、爱好及同伴的压力不一致时。所以父母的尊重和信任对青少年健康的自我概念的巩固至关重要。

去年被布朗大学②录取的克同学自小酷爱国际象棋，除了平时花很多时间研究外，几乎每隔一个周末都要去参加一到两整天的比赛，直到十年级底。另外，他还热爱流行音乐，和几位同学自组乐队，并喜欢自编说唱，因此占用了许多精力，成绩虽然不错但远低于他的能力。克同学的父母尽管心里担忧他业余爱好上大量的时间精力付出不会对大学申请有任何回报，但还是顶着社区文化的巨大压力，给予孩子充分的信任和尊重。十一年级，克同学放弃象棋比赛，把自己的热爱转移到用它来回馈社会，创办了"慈善国际象棋"(Chess for Charity)，用组织比赛的营利去捐助弱势群体。同时，慈善活动让他有机会参与社区政治，在活动中他发现了自己对参政的兴趣，并选择政治科学为专业。高中最后两年他找到方向，学习更专心，成绩直线上升，还巩固了健康的自我概念。这和父母的尊重、信任不无关系。

埃里克森教授总结："同一性的感觉是一种不断增强的自信心，一种

---

① http://www.nimh.nih.gov/health/publications/the-teen-brain-still-under-construction/index.shtml

② 常春藤八大名校之一.

在过去的经历中形成的内在持续性和同一感。如果这种自我感觉与一个人在他人心目中的感觉相称,将为人生增添绚丽的色彩。"随着自我同一性形成的是"忠诚"的品质,是指"不顾价值系统的必然矛盾,坚持自己确认的同一性的能力"。

与此相反,我也接触到不少孩子屈从于父母的期望,选择了自己并不热爱的专业道路。三年前毕业的一位男生,热爱音乐,不但弹钢琴有极高的天赋还自己作曲,梦想成为专业钢琴家。但他的父母坚持认为音乐只是一种高雅的爱好,不能当作正当职业,强迫他选择医学院去读眼科。没有发自内心的热爱,孩子怎么能在事业上孜孜不倦地做到最好呢?这种理想和现实的分裂会影响自我的同一性,对精神健康也是后患无穷。

另外值得注意的是,青少年期间因为激素的变化,情绪易波动,行为等各方面需要父母给予更多的耐心和引导。像酗酒和吸毒问题,看上去是受同伴压力左右,但根源还是那些孩子没有坚实的自我概念,用随波逐流去取得同伴的认同。我曾经负责的一个初中有不少孩子加入团伙,他们大多数都是在家里与父母缺乏亲子交流,自己被尊重和归属感的需要只有到团伙中去寻找。埃里克森教授用同一性危机(identity crisis)理论解释青少年犯罪等社会问题。他说:"如果一个青少年感到他所处的环境剥夺了他在未来发展中获得自我同一的可能性,他就将以令人吃惊的力量抵抗社会环境。在人类社会的丛林中,没有同一性的感觉,就没有自身的存在,所以,他宁做一个坏人,也不愿做不伦不类的人。"

* * *

人的自我意识发展持续一生。很多人成年后还在回答"我是谁?"的问题,可以中途换职业、改事业,只为找到真正的自我,实现生命的价值。孩子将来会找到自己最满意的答案,我们在养育的过程中能做到的就是接纳孩子的本色,帮他们建立坚实的安全感,把对自己及他人的尊重内化为自我概念的一部分,让他们相信自己。

输不起的是谁？

> 也许我们很了解并都同意强调努力过程对孩子保持上进心的重要性，但只有经过"固定心态导火索"的检验才能看出到底是否真"输得起"，包括失败、被批评时是否感觉羞耻或要反击；看到别人比自己强时是否嫉妒并失去自己前进的动力；做自己不熟悉的事时是否有恐惧。

2011年6月，威廉刚结束学前班，暑假闲来无事，我就把国际象棋介绍给他。没想到他一下子着了迷，一天到晚都在研究那64个黑白格子，两个月下来就可以打败尼克。于是那年9月，我开始每周带他到周围的俱乐部下着玩儿。最初的想法是"下棋是锻炼挫折承受力的好途径"，因为威廉从小爱哭。一开始下，赢了喜形于色，输了马上就掉眼泪，所以我定下规矩：一哭，马上回家。因为太爱下棋，所以输了他就尽力忍住眼泪。几星期下来，下完棋后已经在他脸上看不出输赢了。

随着棋艺的提高，要找到相当的对手，就得参加正式的计分比赛了。威廉从那年11月开始参赛，头几次因为总是和新手归到一组，所以他赢得很轻松，带他去棋赛也是一种享受，皆大欢喜。可等级分越高，威廉的对手就越强。很快，在棋场外面等他变成了一种折磨。他也输得越来越频繁，而且常常在正式比赛时输给那些在练习赛中轻易可以赢的对手。

我和尼克开始大声指责他，理由是"不是我们不高兴你输了，而是你输得这么快：15分钟，别人开局还没开完呢！不看好就动子儿，完全没发挥自己的水平！！！"

连续 6 个月，威廉的等级分没有任何进步。常看他下棋的教练也很疑惑，为什么不计分的棋下得这么好，一到正式比赛就失常呢？我甚至开始后悔：当初不参赛时下棋多快乐啊！掺进来的输赢，剥夺了他下棋的快乐！

当局者迷，旁观者清。2012 年 5 月，一位曾在棋场外见过尼克教训威廉的资深象棋教练一语道破天机：剥夺快乐的不是输赢，而是父母对待输赢的态度！是我们做家长的太在乎结局了！

原来，输不起的是我们！

斯坦福心理系教授凯萝·杜艾克博士（Dr. Carol Dweck）曾提出，父母能给孩子最好的礼物，就是教给他们去热爱挑战，有兴趣去找到失误的原因，享受努力的过程，保持强烈的求知欲。要达到这个目标，她给父母的建议是，注意观察孩子被什么所吸引，并及时表扬他们为之付出的努力[1]。

杜艾克博士曾做过一个关于成败的不同反馈如何影响孩子做事动力的实验。智力相似的 400 名五年级学生随机分成两组，第一次都做和自己年龄阶段相当的拼图，成绩相似但反馈不同。一组的反馈是："你真聪明！"另一组的则是："你真努力！"第二次让两组的孩子选择更容易还是比较难的拼图，结果更多被夸"聪明"的孩子选择容易的，而被夸"努力"的孩子则多选择比较难的。第三次实验给所有孩子非常难的拼图游戏时，可以清楚地看到两组孩子面对困难的不同态度：被夸过"聪明"的一组很快放弃了，而且大多抱怨题目"无聊"。因为既然做出来就是"聪明"，那失败就是"不聪明"；如果不想"不聪明"就放弃尝试。而被夸"努力"的孩子花在拼图上面的时间长很多不说，对题目的反馈也很积极，觉得它们很有趣。他们之前得到的信息是"做出来是因为自己努力"，那做不出来就是因为努力不够，所以更能坚持去努力尝试。最令人吃惊的是，最后给孩子们和第一次实验相仿的题目时，曾经表现相似的两组拉开了差距。被夸"聪明"的一组成绩下降 20% 左右，而被夸"努力"的成绩上升 30% 左右。

宾夕法尼亚大学心理系教授安吉拉·达克沃思博士建议每位孩子能有机会坚持学习一样自己热爱的项目，通过这个过程锻炼坚毅的品质。可不管孩子多聪明，选择哪个领域，越往上走总会碰到需要付出很多努力才能掌握的阶段。父母能够真正强调努力的过程，不重视成果，不容易做到。

杜艾克博士提醒父母，也许我们很了解并都同意强调努力过程对孩子保持上进心的重要性（成长的心态），也感觉自己拥有成长的心态，但只有

---

[1] C. Dweck. (2006). *Mindset: The New Psychology of Success*. New York: Ballantine Books.

经过"固定心态导火索"的检验才能看出到底是否真实，而这些检验包括：①失败、被批评时是否感觉羞耻或要反击；②看到别人比自己强时是否嫉妒并失去自己前进的动力；③做自己不熟悉的事时是否有恐惧。

我以为自己了解把失败看作成长过程的重要性，我以为自己体会了"输"只是孩子显示自己需要加强的地方。我坚称："我不是生气你输，而是生气你没尽到努力，去做最好的自己。"但不管理由如何，连续发生的事情是：威廉输了，我气上来了，声音提高了，身体语言等都在无形地传递着信息——输，是多么不可接受的结局！归根结底我还在用"固定心态"来看待成败，所以，输不起。

放眼望去，和我在一条船上的家长还不少。

在某会议中心举办的州际象棋比赛上，一位亚裔孩子哭着出来，告诉爸爸对方违反规则才赢了他。不到半小时，大厅里一片喧哗，原来他爸爸和对手的爸爸大打出手，最终一起被保安请出去，两个孩子也因此无法继续比赛。

2012年在初中选拔"科学杯"竞赛的队员中，有个学生笔试非常出色，但反应慢，口试一关被淘汰。他的妈妈很不服气，虽然副校长和我反复解释"科学杯"校队挑的不是科学知识最丰富的学生，而是那些最能灵活运用知识、反应最快的学生，但妈妈一口咬定是科学队的主管老师和她儿子性格不合。当年校队一举夺得全国冠军，证明那位老师的选择是正确的。那位妈妈把"被淘汰"当作对自己孩子科学能力的否定，又是"固定心态"的作用。

父母对待成绩的态度对孩子影响深远。象棋比赛中那些进步最快的孩子背后一定有最耐心、最看淡成败但最注重学习过程的家长。一位8岁的亚裔女生半年内等级分提高一千多，在象棋圈实属罕见。她爸爸告诉我，他棋艺平平但最近也去报名参加比赛，只为更了解孩子在棋场上经受的压力，能更正确地帮她摆正对成败的态度。

孩子的观察能力很强，有时虽然我们不明说，他们还是能体会到我们的态度。就像威廉，我一再强调"生气不是因为他输"，但他还是能感受到我心底对失败的抗拒，因此产生压力。曾有老师和我分享，一位天资聪明的九年级学生，完全有能力拿A，但费尽心思把成绩保持在C上，每次一到B就连续几次不交作业，好把成绩降下来。旁人大感不解，他解释说，如果他得B，父母就会喋喋不休地唠叨"为什么不再努力一把拿到A？"但如果他是C，父母就绝望了，根本不唠叨。他发现这个规律后，因为不想听父母唠叨，所以宁可把成绩保持在C。

感谢这次经历，让我改变了自己对自信和自尊的看法。原来我一直相信,自信和自尊是一点一滴的成绩积累起来的。现在我明白,只是"拿成绩来证明自己"的心态会让孩子不敢面对挑战,因为任何可能的失败都是对他们信心的威胁。真正的自信不只是相信"自己能尽力做到最好",更重要的是相信"自己不论输赢,都会在这个过程里学到新的东西"。真正的自信不需要去保护,因为有了"成长的心态"做后盾,它会在失败中越练越勇。为人父母也是我们成长的过程。只要我们不怕承认错误,勇于吸收新的信息,一定会越做越好。

想明白了,我的心也踏实了。我向威廉道歉,我对待他棋赛结局的态度是不正确的。下棋是他的兴趣和选择,赢了、输了是他的责任。输了更值得庆祝,因为它比任何赢的棋局更能暴露自己需要改进的地方。以前我不应该让结局影响到自己的情绪,以后会利用他棋赛的时间看书写作,分散自己的注意力,并请他每次赛后为自己的专心程度以及妈妈的态度打分。

我看到威廉如释重负的眼神。其实,更轻松的是我,从此他的输赢和等级分再也不是衡量我为人父母成绩的标准了。

两周之内,威廉冲过了自己6个月来总冲不过的一千分的坎儿;三个月后,他进入美国7岁组全国排名前50。更重要的是,下棋重新带给他快乐。

最近三年中,我很高兴看到威廉总是选择参加比他等级分高的组的比赛,因为他终于明白,比赛是去学习,只有和强手下才能暴露自己的缺口,复盘时才能学到新的招数。有了这种心态,前进就有了动力。

学习的起跑线

> 教育不是百米冲刺，更像是马拉松比赛，起跑的速度不如方向重要。许多婴幼儿的视频节目被称为"教育"，但没有任何依据，因为那个年龄阶段的孩子并不理解视频的内容和背景。婴幼儿到学前期这五年，自由玩耍对大脑的发育最有价值。学习能力完全可以在日常生活中培养。

观摩圣荷西市（San Jose）一家中英文双语幼儿园时，校长骄傲地指着一个比桌腿高不了多少的女孩说："她才两岁半，还不会讲话，可是已经在这儿学会认 200 多个汉字了！"然后表演给我看：一张有 20 格的卡片上，每个格子里有一个常用汉字。老师说一个字，那个面无表情的孩子就用手指指出来。有时错了，看到老师的表情或听到语气的变化，她就换到另一个格子，一直换到老师表扬为止。

我心里忍不住难过：如果学习真的有起跑线，宝贝，你已经输在那里了！

*　　　*　　　*

出生到五岁是孩子一生中发育最迅速的阶段。体重会在这 5 年中翻 6～8 倍。四岁末时大脑已达到成人脑体积的 75％，剩余的 25％要在二十年左右慢慢完成。一岁半到四岁更是语言爆炸期，实现从单字到完整句子甚至整段前后连贯的话的飞跃。从嗷嗷待哺的婴儿到和我们顶嘴的小大人，孩子每天都有新的长进，让人惊喜。

正是这一阶段的重要,让"别输在起跑线上"的口号越来越响亮,各种早教名堂层出不穷,仿佛看见自己孩子闲着就是做父母最大的失败。可父母在忙忙碌碌地检查自己的宝贝是否已经超过同事、邻居的宝贝时,很少有时间想想,这条起跑线的终点在哪里呢?

美国国家教育统计中心(National Center for Education Statistics)的数据显示:2013年,美国3~5岁的孩子里65%上幼儿园,其中大约60%上全天①。5岁入读学前班的学生中有66%可以识别字母,94%可以数到10,2%能阅读简单的字,1%可以读更复杂的单词和句子。

虽然也有早教研究发现,幼儿期的数学能力和学龄期的学业成功相关显著,但更多研究显示预测成功的幼儿期因素包括恒心、情绪调节能力以及注意力②③。幼儿社交和行为调节能力对将来学业表现的预测力也比认知能力和家庭背景强④。这个现象随年龄更加突出,如自律能力对八年级学生学业成绩的预测力是智商的两倍⑤。其他因素还有身体健康、学习方法和语言能力的发展⑥。

教育不是百米冲刺,而更像是马拉松比赛。闯过终点线的佼佼者,是那些会学习、热爱事业、有健康人际关系的人。在一生中重要的前五年里,我们可以怎样为孩子以后的学习打好坚实的基础呢?

总结做过的150多例学前儿童的教育测评,我有以下三点建议。

1. 选择适合年龄特点的活动,培养对学习的兴趣

学前期孩子的形象思维通过感官来发展,"玩"就是最好的学习。下雨天地上积水的坑、刮风时天上移动的云、秋天变黄的树叶、蚂蚁搬家等,每时每地都是课堂。多带他们用眼睛观察、用耳朵聆听、用鼻子闻等才能刺激脑神经的发展。软的、硬的、干的、湿的、滑的、粗糙的,让孩

---

① http://nces.ed.gov/pubs2015/2015144.pdf
② E. Hair, T. Halle, E. Terry, B. Lavelle, & J. Calkins. (2006). Children's School Readiness in the ECLS-K: Predictions to Academic, Health, and Social Outcomes in First Grade. *Early Childhood Research Quarterly*, 21: 431-454.
③ http://www.ccrscenter.org/sites/default/files/CCRS%20Center_Predictors%20of%20Postsecondary%20Success_final_0.pdf
④ C. Raver, & J. Knitzer. (2002). *Ready to Enter: What Research Tells Policymakers about Strategies to Promote Social and Emotional School Readiness among Three-and Four-Year-Old Children*. New York, NY: National Center for Children in Poverty.
⑤ http://www.sas.upenn.edu/~duckwort/images/PsychologicalScienceDec2005.pdf
⑥ C. P. Li-Grining, E. Votruba-Drzal, C. Maldonado-Carreno, & K. Haas. (2010). Children's Early Approaches to Learning and Academic Trajectories through Fifth Grade. *Developmental Psychology*, 46(5), 1062-1077.

子多用手接触。不要小看那些公园里的沙池和攀爬设施，孩子在里面的摸爬滚打不但时时锻炼身体的协调能力，很多的数理、科学、逻辑基础概念也由此形成。比如，沙子的多、少、轻、重，加水后散沙和湿沙的差异；怎样不用外力把秋千荡起来；选择什么路径可以最快追到前面的玩伴，等等。

5岁学前班那一年至少有一半的活动和书写有关，如涂色，所以孩子小肌肉运动能力的发展也很重要。有的孩子三岁拿起笔就是标准的三脚架形，但更多的孩子要到五岁才可以。如果自己肌肉发育没到那个程度却被逼着过早地拿笔写字会欲速而不达。不如用孩子喜欢的活动来间接地锻炼手指的力量和灵活性，磨刀不误砍柴工，如捏橡皮泥、剪剪贴贴、挖沙子、堆积木等。平日拿筷子吃饭、拧瓶盖、穿衣服时拉拉链或系纽扣等都有效果，同时还锻炼了孩子的自理能力，无形中为自信心打下基础，一举三得。美术班可以不上，但色彩要提醒孩子多观察，如树叶随着季节的变化，自然科学知识也融合在里面。粗大的粉笔、蜡笔、手指彩等要准备，鼓励孩子用形象表达自己。两三岁时孩子站着画更得心应手，所以一个简易的三脚架或在墙上贴张大白纸更能吸引他们涂鸦的兴趣。这些都为以后的书写打下基础。

幼儿期间可以培养睡前读书的习惯。从简单的图片集到故事书，读的时候多提醒孩子发现情节和画面的相关及前后顺序。记忆力好的孩子，一本书多给他读几遍就可以自己背下来，少数孩子在4岁前后甚至可以独立阅读。但这期间不识字是正常的，有兴趣听父母读给自己最重要。很多儿歌押韵，那就提醒他们举一反三，做游戏一样找出和最后一个押韵的所有的词，打下拼音的基础。如果孩子自己学得快不用抑制，但专门教认字没必要。在这个年龄不是自然发展的阅读能力往往符号和意义脱节，记忆不会长久。像前面提到的孩子，如果把同样的字换个方式，她极有可能认不出。把大量的时间花在这样没有意义的"教"上，而不重视其他更重要的基础能力，得不偿失。

数学能力的培养在日常生活中更是无处不在。比如，两三岁就可以鼓励孩子数数家里有几口人，然后在饭前把相同数量的餐巾纸和筷子摆在桌上，这样力所能及的家务还同时锻炼了生活能力。妈妈做饭可以让孩子用不同量杯放面粉或糖等，分数的概念没有比这更清晰的。"找规律"（Pattern）也是最重要的数学概念之一，可以提醒孩子把玩具或厨房用具按不同功能归类，同一类里又可以按颜色或形状做游戏，摆出ABAB或ABCABC的规律让孩子往下接，例如"叉子勺子叉子勺子叉子，下面是什么？"再大些可以在商店色彩鲜艳的广告上找哪个价格最高、最低，或讲解"半价"的含义。能力超前的孩子完全可以介绍给他们硬币的价值甚至乘除法的概念。例如,"三磅99分,那么1磅是多少?"这样体验出来的数学概念深刻,比一些幼儿园让四岁的孩子做三位数的计算题有意义得多。

2. 多创造机会提高语言理解和表达能力

学前期的语言障碍和学龄期的学习障碍存在高相关,美国的学习障碍中"听力处理能力"(auditory processing)困难是最大的原因。语言发展主要包括词汇量、理解、表达、推理和记忆力。很多华裔父母工作忙,孩子婴幼儿期交给祖父母或保姆照顾。碰上爱讲话的还好,但如果不知道跟婴幼儿讲话是他们模仿学习语言的重要途径,就错失了语言发育的关键期。接触过几位妈妈用手语的孩子,虽然他们天生具备语言能力,但因为前三年听到的语言少,所以三岁后入幼儿园在语言理解和表达能力上和同龄孩子差距很大,而这些在上学后又体现在阅读和写作能力的困难上。

生活中语言无处不在,到处是学习的机会,而且可以穿插许多其他概念。比如,穿鞋、穿衣服时可以使用左、右、前、后的概念。上超市买菜,可以让孩子观察食物不同的分类,讲解为什么有的需要放冰柜里,有的常温就可以。去动物园,可以启发他们观察不同动物的叫声、移动的快慢、住处的特色等。三四岁时最发达的"假装游戏"(pretend play)也是加强孩子语言发展的好机会。不要小看"过家家",孩子可以把观察到的事件加上自己的诠释在模仿中演绎出来,语言、记忆和想象力齐头并进。所以每天必须给孩子自己的空闲时间,可以让他们的想象力自由发挥,并消化理解一天里接触到的新信息。家长可以按照孩子的思路陪他们玩儿,了解他们的内心世界。从幼儿园回来别忘了问问发生了什么有趣的事情。如果孩子有困难厘清头绪则可以问得更详细,如吃饭时和谁坐在一起?头发里的沙子是怎么来的?如果不从儿时开始养成亲子交流的习惯,到青少年时再想重建就事倍功半了。

除了多和孩子讲话,还可以在睡前读书的时候多提问:四岁前问简单的who(谁)、what(做了什么)、when(什么时间)、where(什么地点)问题,之后可以加需要推理和预测的why(为什么)。这些"Wh-问题"都是将来上学后必不可少的阅读理解能力。一次别超过15分钟,以防倦怠。四岁后每看完一页或一本书(根据孩子的能力),还可以鼓励复述主要内容,循序渐进地锻炼记忆能力。

家里学习第二种语言的孩子语言发展普遍偏晚,如父母讲中文但幼儿园里讲英文,这个无须担心。第一语言发展得好的孩子,第二语言会很快跟上来。前面所见的孩子两岁半只字不说还属于正常范围,因为她明显可以听懂很多。如果到四岁还不讲话就要予以重视了，家长可以带到本地公立学校做免费测评，看需不需要语言治疗，这是美国义务教育服务的一部分。

3. 注意力

学前教育研究反复印证了专注力是预测孩子未来学业表现最强的因素之一。注意力和基因关系很大，但在前五年家长可以通过调整孩子的环境来加强。比如，玩具最好一次有一到两个摆在外面，玩儿够了再换新的。

电子媒体对注意力的发展有伤害。美国儿科学会（American Academy of Pediatrics）在2011年的全国会议上郑重报告[1]：许多婴幼儿的视频节目被称为"教育"但没有任何依据，因为那个年龄阶段的孩子并不理解视频的内容和背景。最好的学习需要通过与人，而不是屏幕的互动。美国儿科学会建议孩子两岁前最好不要接触电视或电玩，再大点每天看电视或任何电子屏幕不要超过两小时。我自己感觉一小时已经太多了，特别是学前期。如果孩子的视神经习惯了多彩和快速移动的电视或电脑画面，5岁后坐在教室里不论老师讲得再生动也无法带来相似的效果，很难让他们集中注意力。抽查发现，美国90%的父母说他们两岁以下的孩子平均每天观看某种形式的电子媒体1～2小时。三岁时，几乎有三分之一的儿童卧室里安装着电视。美国4～17岁的孩子中被诊断为注意力缺陷多动障碍（Attention Deficit/Hyperactivity Disorder，ADHD）的比例逐年上升，从2003年的7.8%，2007年的9.5%，到2011年的11%。这和近年来电子产品的普及不无关系。很多有注意力障碍的孩子家长反映，他们在孩子年幼时因为家务或工作忙，用电视做免费保姆好让孩子安静，一天四五小时地放在孩子眼前，现在追悔莫及。注意力缺陷多动障碍对学业的影响随年龄越来越明显。

如果天生能专注的时间短，可以用计时器来帮孩子慢慢养成好习惯。比如，三岁时可以定时1～3分钟，能做指定的活动到铃响，如捏橡皮泥，就可以得到妈妈的拥抱和孩子喜欢的小贴纸等奖励。之后可以慢慢一月加一分钟，循序渐进，到五岁时就可以达到课堂上一次坐15～30分钟的标准了。孩子可以在活动之间休息，但要养成一旦坐下来就要专心做眼前事情的习惯。

* * *

如美国儿科学会推荐，婴幼儿到学前期这五年，自由玩耍时间对大脑

---

[1] https://www.aap.org/en-us/about-the-aap/aap-press-room/pages/Babies-and-Toddlers-Should-Learn-from-Play-Not-Screens.aspx

的发育最有价值，对孩子们学会创造性思维、解决问题，并开发推理和运动技能有关键作用。起跑线上，"玩"中学才有意义，记忆才深刻。学习能力在日常生活中完全可以培养。音乐课可以不上，但音乐的美要常享受；识字不用单独去教，但书要常陪孩子一起读；算盘可以不拿，但数学概念要多在实际生活中练。有了稳定的注意力、理解表达力、视动肢体协调能力，特别是在亲子互动中建立的坚实的安全感，孩子一定会在学习上水到渠成，入学后让父母有丰收的喜悦。

种子，孩子

> 花草自有品种，园丁只是提供适合的环境来让它们顺利成长。有阳光、水和土壤，种子到时候自然会发芽。父母、老师、教练等成人对孩子的评语、眼神、态度，都像阳光、水和土壤对种子一样，可以用温暖去鼓励成长，也可以用冷酷去冻僵。

2013年10月，拜读了海外文轩网站上一篇图文并茂的养葫芦的文章[1]，看得我热血沸腾。我很喜欢观赏花草，闻到花香、树香便心情愉快，但基本处于叶公好龙的水平。英文里把善养花种草的人称为有"绿拇指"（green thumb），那我的拇指一定是血红的，因为交到我手上的花草大都会在3周内丧生。我一般是尽量远离植物，怕害了它们。可看作者写道那葫芦生存能力强，一天以半米的速度生长，我忍不住蠢蠢欲动。两个孩子还没见过葫芦，如果真的成功养活，让他们见识一下葫芦的生命力，可能在我们家能起到推广中华文化的妙用。于是斗胆求籽，还保证：如果我能把葫芦也种死，发誓从此再不碰任何植物。

热心的作者几天内就把种子寄到了，11颗葫芦种子，还有很多秋葵。那几个月和种子打交道，让我常常看到和养孩子的相通之处。

1. 时机不对，欲速不达

作者的信任让我鼓足干劲，收到种子后我立马和孩子一起将种子分别种到花盆和小杯子里。种下后，威廉和大卫一小时内查了好几回，还责问

---

[1] http://www.overseaswindow.com/node/11207

我:"你不是说一天长半米吗?"心急的!以为这是动画片吗?

头一周我们小心伺候着,花盆和小杯子白天晒太阳,晚上拿到屋里。一周结束,我实在沉不住气了,冒着被嘲笑的危险,给作者发信询问:怎么还没发芽?作者发话:"现在温度低,稍微慢点。浇水,保持湿度,它的皮较厚。"于是长出一口气。

又过了一周,还是没动静,我又沉不住气了,开始自我怀疑:这植物和我真没缘分啊!天天浇水晒太阳也没反应。孩子们的兴趣也减弱了,不再天天放学回家就盯着看。到第三周,我居然有两晚上把那些花盆和杯子忘在了后院。加州的日夜温差大,10月底的晚上还是很冷的。发现后我彻底绝望了,没死也得给冻死了!

好不容易在第四周时有两棵芽破土而出,之后又陆续出来几棵,这让我们全家欣喜若狂。可惜生不逢时,我们再把它们养在屋里,开着暖气,晒着窗台上的阳光,小苗也只长到2~5寸,和作者文中描述的茂盛有天壤之别。

我这后悔啊:下种怎么不看看这是秋末呢?另一位和我差不多时间接到种子的朋友都留着呢,等明年开春再种。别看比我们晚种5个月,春暖花开之时,几天就超过了我们几个月的成果。

养孩子何尝不是如此?不顾时机、年龄去过早"学习",只会欲速不达。威廉5岁半去学游泳,三周内就可以在初级池里游个来回。坐我旁边一起等孩子的妈妈知道他是新来的后,一脸郁闷。一问才知道她的孩子和威廉按水平被分在同一个班,但他可是从六个月就开始上游泳课的,按学的时间来说应该比威廉高几级才说得过去。那位妈妈嘀咕着:难道那几年的时间和学费全白交了?

学习的进度很多都是水到渠成,像那些种子,有阳光、水分、土壤,到时候自然会发芽。有些孩子对文字、数字等感兴趣早,初入学时已经读写流利,看着好像比同龄人快一大截,得到很多家长的羡慕。可两年后,也就是一年级末时,大多数孩子都能流利地读写,差距远不如当初明显。所以那些家长的羡慕或担心大可不必。

2. 未成年时,环境决定成长

从第四周开始陆续有十棵左右的芽破土而出,但大多数种子永无见天日的机会,这和我曾两次把它们忘在寒冷的院子里过夜不无关系。如果不是发现出芽后马上移到室内窗台上,那出来的苗一定也会在几天内被冻死。

在孩子自我概念的根还没有扎牢之前,冷酷的成长环境对他们的影响力与此无异。雪同学五岁时随父母海归北京，先就读某知名大学附小。前三位老师严格但她还可以承受，可四年级的老师常当众羞辱学生，让敏感的雪产生厌学情绪，以致第二学期退学。虽然那位老师被多位家长联名举报后遭停职，但他给学生心理上造成的伤害已很难弥补。转入一所国际学校后，雪很高兴地发现老师和蔼多了，可同学之间霸凌严重，加上学校疏于管理，上学依然很痛苦。随父母在2013年夏天回到加州后，雪同学在一所以爱心著称的基督教中学就读。这里不但老师和蔼，同学间也友好互助。雪同学如鱼得水，学习的动力大增，同时还在学业之余开始整理心路历程，写下自己的体会去帮助更多的家长找到最适合自己孩子的教育之道。她写的《家长指导：给家有女儿初长成的家庭》(*A Parental Guide：To Families that Have Teen Girls*)中第一章就明确指出，父母能为孩子做到的最重要的事情就是帮她们找到注重学生身心全面健康发展的好学校。

雪同学是幸运的。她的父母从当初传统的"盲目信任老师"到真心观察体会到孩子的痛，认识到环境对孩子的求知欲及心理健康的影响，在家里营造了一个宽容、接纳、温暖的环境，减轻她的压力。同时，父母更尽全力帮她找到同样温暖的新学校环境，才让她有今天积极的学习态度和上进的动力。还有多少孩子在冷酷和羞辱中枯萎，被扼杀了求知的欲望？父母、老师、教练等成人对他们的每一条评语、每一个眼神、态度，都像阳光、水和土壤对种子一样，可以用温暖去鼓励成长，也可以用冷酷去冻僵。

3. 攀比无意义

这同一个葫芦里出来的种子，同样的土壤、阳光和水，同样的时间内，怎么最大的一棵苗出了四个饱满的叶子，而同一个花盆里的另一棵虽然细长，但两片叶子还没长全呢？肩并肩的，想不比都难哪！

这跟同父同母同一个家里养出来却成长进度各异的兄弟姐妹如出一辙。威廉从小对自己要求高，一入学开始写字就整整齐齐，从不用我们过问。大卫可好，大笔一挥，用心的时候像书上印的，不用心的时候像虫子爬的，而且极厌恶我们要求他重写，还善于往下比："没什么大不了的！你没看过某某写的字，有时候连他自己都不认识！"学中文也一样，在课后辅导班大家一起上课时他还念得很起劲，回到家写作业就懒散了。我得咬着嘴唇别让自己喊出来：哥哥像你这么大的时候写起中文来废寝忘食的，一年学完人家三年的教材！

可在公共场合就反过来了。威廉从小社交能力弱，不会察言观色，这偏偏是大卫的长处。2013年，我们半夜从夏威夷度假回来，等行李的时候每人都已经筋疲力尽了。威廉二话不说就坐在尼克脚下，伸直了腿，要不是我把他揪起来可能就直接躺下了，完全看不到那里是过道，人来人往忙得很。大卫则规规矩矩地站在我身旁，像模像样地等行李。忍了半天我还是没忍住，提醒威廉得多观察周围环境来决定该做什么。

还有四棵苗，一直蔫蔫的，不见出新叶，成长速度和另外一盆没法比。后来一琢磨，可能是秋葵。真应了当代著名教育家肯·罗宾孙爵士（Sir Ken Robinson）的话："园丁不能决定花草能长成什么，花草有自己的品种，园丁只是提供适合的环境来让他们顺利长出来。老师和父母在教育孩子上不是工程师，更像园丁。我们的任务是给孩子提供最适合他们成长发育的条件，而不能让他们按照我们的意愿发展。"[1]感谢这几棵苗，让我更直观地看到孩子和种子一样独特，将来的高矮、长相、喜好、特长都会大相径庭。再大的本事，也不可能让秋葵结出葫芦。可以鼓励兄弟姐妹之间互相学习，但攀比，只能给父母平添烦恼。

4. 享受成长的过程

刚接到这些种子时，我可是雄心壮志决心要把它们养得像作者后院的葫芦一样茂盛，两个月内结又好看又好吃的葫芦！可下种的季节不对，幸存的几株苗长得非常慢。如果结葫芦是唯一的目标，我收获的只会是满心失望。所幸随着时间的迁移，每一片新叶都为孩子和我带来欣喜。看着它们不同程度地成长，感受生命的力量，本身就是享受。我们已经忘了当初是为了葫芦才种的。

养孩子如出一辙，如果只把眼光盯在结果上，会因期望过高而失望，还失去了享受过程的乐趣。威廉降生时，我怎么抱他都像拿着奖杯。婴儿期他长得快，五个月时抱出去常被路人以为是十个月的，让我沾沾自喜，可以拿来做自己是好妈妈的证据。可后三年就痛苦了，因为他社交能力的发展和同龄人间的差距越来越大。当我把目光只盯在他"应该"取得的成就上时，那学习的过程就毫无乐趣可言，任何的缺点也更是不可接受。好在自己迷途知返，近八年尽享他成长的每一天。

一项对作家的研究发现，事先提出会收到物质或其他奖励的学生，不仅写的内容更少、创造性低，而且写作的质量显著低于往常。研究者得出结论，"越是复杂的活动，外在报酬对结果的损害越大"[2]。威廉学象棋的

---

[1] http://www.brainhe.com/resources/documents/sir_ken_robinson_musicmanifestoconfkeynote07.pdf

[2] T. Amabile. (1985). Motivation and Creativity: Effects of Motivational Orientation on Creative Writers. *Journal of Personality and Social Psychology*, 48(2): 393-399.

经历更是让我们深有体会，如果只盯着结果，他一定会发挥失常。现在他学会了参加比赛的目的是学习和提高自己，真正享受思考的过程。

*　　　*　　　*

虽然葫芦没种好，一个也没结出来，但真心感谢这些种子，给我上了宝贵的几课。孩子如种子，我们也要学习做更有智慧的园丁。

不言"谢"的孩子

> 现在太多孩子"权利意识"强,觉得自己的所有都是理所当然的,很少感恩。与此相反,"感恩"被发现是最能预测生活满意度的因素之一,因为感恩增强人的自我价值,加强人际联系,还让人感到自我对外界的依赖,所以不容易产生嫉妒或憎恨等负面情绪。常常心存感激的人比条件相似但很少感恩的人精力更充沛、遇事更乐观、更喜欢与人交往、幸福感更强。值得庆幸的是,研究证明感恩的心情和习惯可以培养。

刚搬来的邻居夫妇都是博士毕业,从事高科技工作。他们四岁的儿子眼睛像星星一样明亮,透着机灵。一问果不其然,记忆超常,对车特别感兴趣,所有车型车牌过目不忘。可让父母费解的是,他从来不记得说"谢谢",就算别人提醒了也拒绝说。我送他礼物时也注意到,虽然他很高兴但没有道谢。

共事的老师们也时常感叹现在太多孩子权利意识(Sense of Entitlement)太强,觉得自己的所有都是理所当然,很少感恩。与此相反,美国积极心理学创始人马丁·塞利格曼博士和克里斯托弗·彼得森博士(Dr. Christopher Petersen)把"感恩"(gratitude)列为最能预测生活满意度和高成就的七个因素之一[①]。最近十多年对"感恩"的研究反复表明,经常对他人表示感谢已经远远不只是简单的礼貌。常常心存感激的成人比条件相似但

---

① M. E. P. Seligman, & M. Csikszentmihalyi. (2000). Positive Psychology: An Introduction. *American Psychologist*, 55: 5-14.

很少感恩的人精力更充沛、遇事更乐观、更喜欢与人交往、幸福感更强。他们更不容易抑郁、妒忌或酗酒，更经常锻炼身体、睡眠质量高、免疫力强。类似的结果在儿童和青少年的研究中也得到证实[1]。比如，对 1,035 名高中生的调查发现，经常感恩的学生朋友更多、成绩普遍更好。相反，很少感恩的学生嫉妒心更强、对生活满意度低、更偏向物质主义。

2003 年，心理学教授罗伯特·埃蒙斯博士（Dr. Robert. Emmons）把随机抽取的 100 多名大学本科生分为三组：一组被要求每周记录 5 件自己感激的事，连续 10 周；第二组每周记录 5 件让自己烦恼的事；第三组每周随便记录 5 件发生的事情，不分好坏。这些学生在实验开始、中间和结束的时候做了关于身体和心理健康的详细问卷。结果发现第一组在实验结束时对自己生活的满意度和幸福感有高达 25% 的提高，对未来更乐观，远远超过其他两组[2]。类似的实验结果在中小学生到有长期健康问题的中老年人和抑郁症患者身上都被证实。

为什么"感恩"对人的幸福感有这么大的作用呢？首先，感恩增强人的自我价值，因为别人对自己的帮助从侧面显示自己值得别人重视和帮助。另外，感恩是一种社交情绪，加强了人际联系，而人际关系又是预测"幸福"最强的因素之一。还有，感恩让人感到自我的渺小和对外界的依赖，这样就不容易产生嫉妒或憎恨等负面情绪。

值得庆幸的是许多研究证明感恩的心情和习惯是可以培养的。对帮过自己的人通过书信、电话或亲自表达感谢，可以明显提高本人的积极情绪[3]。另外，我们从小可以提醒孩子多观察、体验和记录生活中值得感激的人和事。比如，学前期可以在每晚临睡前数一数一天中让自己快乐的事以及明天更期待的事，如下雨天终于可以穿雨靴跳在积水洼里或在幼儿园摔破膝盖，老师给清理并包扎好。孩子会写句子后可以记"感恩日记"，每天至少一件，越详细越好。养成这样的习惯，会自然地多注意生活中的美好，相当于给他们注入积极基因。2008 年的研究发现 221 位六年级和七年级的学生连续两周每天列出五样他们感谢的人或事，三周后对学校的看法

---

[1] J. Froh, D. Miller, & S. Snyder. (2007). Gratitude in Children and Adolescents: Development, Assessment, and School-Based Intervention. *School Psychology Forum: Research in Practice*, 2(1): 1-13.

[2] R. A. Emmons. (2007). *THANKS! How the New Science of Gratitude Can Make You Happier*. Boston, MA: Houghton-Mifflin.

[3] M. Seligman. (2002). *Authentic Happiness: Using the New Positive Psychology to Realize Your Potential for Lasting Fulfillment*. New York: Free Press.

和生活满意度都更积极[①]。

　　这并不是说让孩子完全过滤掉不好的事。太乐观的人往往低估困难的程度，不利于找到现实的解决问题的方法。感恩日记或数算祝福要佐以其他更全面的交流方式，如每天在晚饭时全家轮流谈谈自己一天中不太顺心的事、应该有好转的事、最美好的事以及最向往的事，这样可以帮孩子对生活有更现实的观察和理解，不管再困难总是可以找到值得感恩的地方。

　　我们华裔传统上不强调情绪的表达，夫妻、亲子或朋友之间总觉得"言谢"就见外了，其实不然。这些习惯都是从言传身教中积累起来的。比如，我的邻居刚搬来时，我和孩子尽自己所能提供方便，虽然并不是为了得到感谢，但他们从不言谢还是让我们觉得有些尴尬。他们的孩子记车型车牌那么轻松，可就是记不住"谢谢"，这和父母待人接物的习惯不无干系。

　　所以，妈妈每天下班不管多累也要给全家准备晚饭，爸爸不妨带头向她表示感谢；爸爸周末再想休息，也坚持带孩子参加球队训练或童子军活动，孩子也要看到爸爸的付出；孩子能想到为父母捶捶后背，细腻的心思同样值得感谢。过年、过生日收到礼物，千万别忘了亲自写封感谢卡。再加上春天的新芽、夏天的阳光、秋天的红叶、冬天的初雪、朋友的互助、邻里的友好等，这些小事日积月累，可以长远地影响孩子看世界的态度。

　　感恩不只是一个节日，而应该是一个习惯。希望我们和孩子一起，每一天都有感恩的心情，发现和欣赏生活中的美好。

---

① J. Froh, W. Sefnick, & R. Emmons. (2008). Counting Blessings in Early Adolescents: An Experimental Study of Gratitude and Subjective Well-Being. *Journal of School Psychology*, 46(2): 213-33.

"送鲜花"和"捡垃圾"

> "乐观"和"悲观"各有千秋。做事之前,最好多预测可能发生的不良结果。调整期望,可以避免不必要的失望。相反,事情没做好或面对失败时,却要多看到将来状况可以改变的希望。另外,孩子天生的情绪倾向也决定了应该在养育过程中多强调什么。

2001年1月,我开车左转走神儿,小小的三菱一瞬间就被对面直行的尼桑撞得发动机冒烟,而且气袋爆出,把我的脸当场打得面目全非。最初的震惊过去后,闯入我脑中的第一个念头竟是:"这下可好了!终于有理由去买心仪这么久却一直舍不得下手的速霸路(Subaru)了!"后来告诉室友,她们都不敢相信:不去关心自己被报销的车和出血的脸,居然还有心思盼新车!

谁叫我是天生的乐观主义者呢?

自己乐观,喜欢万事看到好的一面,也喜欢和乐观的人在一起。我最喜欢的忘年交默瑞(Murray)一家,夫妻都九十四岁的高龄,收入不高,经历了美国经济大萧条等无数困难时期,抚养6个孩子,但从没听他们抱怨过任何人或事。和他们聊天,所有的记忆都是那么美好,包括先生在第二次世界大战中征战意大利,在那艰苦的年代,居然还和当地居民交上终生的朋友,跨越海洋的友谊已经延续到他们的孙辈。

我把默瑞这样的人叫作走过人生,一路上只发现并采摘鲜花的人!

后来,嫁入尼克家,我才发现世界上还有和默瑞夫妇背道而驰的人。先说我公公,潇洒的退休军官,人生阅历丰富,也喜欢讲自己的故事,可每次听完，我都得吃块儿甜点才能缓过神儿来，因为都是世界如何对不起他的例子。谁当年因为他是意大利人而不给他升职的机会，谁在他最困难的时候不帮他。感恩节时我看到报纸上登出今年捐款最多的名单，榜首的匿名捐了 20 万美元。我指给他看，并强调"这世上好人真多啊！"我公公的第一反应是："那肯定是报纸为了鼓励大家多捐款而假造的！"当时我就被雷倒了。能在这么鼓舞人心的新闻里看出虚伪！这不是一般的悲观啊！

有这样的老爸，就难怪尼克谈起自己的成长过程也都是集中在负面的经历上，如独生子多么孤单、初中遭谁欺负……让我一直以为他生活在水深火热中。2002 年，第一次去他罗德岛（Rhode Island）的家乡旅游，我又差点儿没晕过去：他小时候住的旧家离大西洋咫尺之遥，环境优美，属于旅游胜地。因为参加科学和演讲队得过州冠，他的初中、高中都还有他的名字烫金在墙上。这些，怎么从没听他提过呢？可以理解人的记忆是有选择性，相信什么就记住什么，但这把好事儿也过滤得太干净了！就连他最吸引我的渊博的学识，脑子好像百科全书，在他嘴里也被贬值为"没用"。

所以，我原来把尼克和公公归作走过一生，只发现并收集垃圾的人。

十年前我还在摩拳擦掌，准备慢慢改造他们的悲观，却很快发现：原来我这美好的玫瑰色眼镜也有让我在生活中大摔跟头的潜能。

首先，屡次有朋友抱怨：你夸的天花乱坠的那个电影没什么特别啊！还有，你说不错的那家新饭馆水平一般。于是发现，过度乐观的人不适合做影评或食评。

再说，2003 年我刚成家，美国绝大多数州的房价都在噌噌往上蹿。我心血来潮报名参加一个房地产投资的讲座，交了报名费还可以带家属，就把尼克拖去。在我被大堆的数据、资料弄得热血沸腾的时候，尼克觉得主讲是一派胡言，并断言"几年内房市一定会垮"，课没听一半就扬长而去。我捶胸顿足，悲愤他"保守""没魄力""悲观到家"！厚厚的资料，白纸黑字那不写着吗？难道看不见拉斯维加斯一年涨了 57％吗？

几年后拉斯维加斯也成为美国房价跌得最惨的地区之一，吓了我一身冷汗：敢情过度乐观的人也不适合理财。

回头看来，刚开始工作的两年，我的过度乐观也多次误导了自己的判断。2001 年，我业余时间帮心理公司做智商的研究，碰到一个聪慧过人的七岁小姑娘，一对一的测试结果智商高达 140 以上。父母提到她在二年级的班上常被老师批评不专心，我立刻断言：肯定是她什么都懂，老师讲的东西对她没有吸引力；智商这么高，跳级！结果兴奋的父母找到学校时碰了一鼻子灰：跳什么跳？二年级要做的功课还在规定的时间内完不成呢，转到三年级肯定跟不上！惭愧！当年对智商的盲目乐观崇拜差点儿误人子弟啊！

和悲观的人生活久了，慢慢发现这"万事预测可能发生的最坏结果，并做最坏的准备"有时还真实用！比如，我问尼克，"明天去星岛中文电台做节目，网上查的从费利蒙到布里斯班（Brisbane）35分钟就够了，提前40分钟动身可以了吧？"他立刻瞪圆了眼睛："起码要提前一个半小时！得把堵车的时间算进去啊！"结果还真让他说准了。更神的是，尼克去印度出差，同行的几位同事都在那里病得不轻，只有他幸免。住的一家酒店，三餐都一起，唯一的区别是悲观的尼克连刷牙都用瓶装水。不佩服不行啊！

到有孩子的时候，我更是发现不同情况下"乐观"和"悲观"各有千秋。比如，做事之前，最好还是悲观点儿，多预测可能发生的不良结果。适当降低期望，可以避免不必要的失望。相反，事情没做好或面对失败时，却要多看到将来状况可以改变的希望。另外，孩子天生的情绪倾向也决定了应该在养育过程中多强调什么。

威廉天生责任感强，但他把好事都归结为外在的原因，而认为不好的事都是自己造成的，夸大负面的经历，经常自责。对这样的孩子就得多送鲜花。做得好时，多让他看到成绩是自己努力的结果；遇到困难或挫折时，则帮他看到外界的原因。犯错误时帮他看到，没有人是完美的，爸爸妈妈也经常犯错。错误也不是永久的，是有机会改正的，只要不反复犯同样的错误就不"愚蠢"。

比如，棋赛时赢了等级分比他高的，不全是"今天对方大意了，我侥幸"，还有他付出的努力和比赛时的专心。连续几周棋赛结果不理想，就得多提醒他，"现在找到等级分相当的对手，只能参加公开赛，而那里的对手90%以上都是成人，经验比你丰富很多。最近赶上棒球队开始训练，练习象棋时间减少，要做好准备球季这三个月进步会慢些。"不然那天生厚重的失败感会让他看不到继续努力的必要。

生活对大卫来讲则是一场情景剧，他到处可以找到笑料儿，总可以看到乌云的银边儿。那天，大卫不小心把头撞到墙上起个大包，哭了几声后他就庆幸起来："幸亏我这头不是玻璃做的，不然就碎了！"他也更容易随时随地发现美好的事物，如初春的新芽、刚开的花等。大卫对待事情的态度和威廉正好相反，任何有积极成分的事情都自然地归到自己身上，经常自我感觉良好，而所有问题都归在外因上。

这样的孩子就得多泼冷水，把他从云端揪到踏实的地上。所以我们的对话经常是这样的：

"班里的女生都'爱'我！（All the girls in my class have a crush on me!）"他很得意。

"小朋友喜欢和你一起玩儿真好啊！但'爱'（crush）不至于吧。情人节的时候你不是只收到一位同学的卡，还是约书亚（Joshua，男孩）送的吗？"

"饭洒了这么多出来都是哥哥的事儿！都是他让我分散精力！"

"哥哥在和爸爸说话，没打扰你啊！你把盘子放到嘴下面试试？"

父母在管教方式上很受自己根深蒂固的情绪和归因倾向影响。较乐观的父母容易看到孩子的进步和长处，较悲观的父母则更容易看到孩子的不足。如果能够相互配合，教育的效果会更全面。

比如，听威廉弹钢琴，我的反应常是："哇！这么长的曲子已经可以流利地弹下来了！真棒！"尼克则是："第二页第五行最后一小节十六分之一音符弹成八分之一音符了！"

找到并表扬孩子做事过程中的长处是很重要的，因为如果父母的反馈永远只是挑毛病，孩子在感受不到任何尊重和信任的前提下，很难接纳批评并改正，只会产生反感，阻碍健康的亲子交流。初学时，威廉每次练琴都要求我在家，"因为爸爸不会夸人！"但完全没有爸爸的指正，他进步就不会这么快。最好是在挑出一个需要提高的地方之前，至少先找到两点孩子做得好的加以表扬，两全其美。比如，"你的节奏真准确！记谱子也很快！如果再注意一下强弱，就更好听了！"

只表扬，一味地送"鲜花"，会给孩子，特别是天生已经经常在"夸"自己的孩子，建立起不现实的自我概念，有害无益。心理学研究曾证明，很多罪犯仇恨社会的根源在于现实和膨胀的自我概念之间强烈的反差。

威廉和大卫都喜欢睡前的"感谢祈祷"，但两个人的祈祷侧重点不同。对威廉常常是："亲爱的天父，感谢今天的雨水，滋润了树木花草。感谢爷爷圣诞节时送的击球器，让威廉可以在车库里练棒球。感谢妈妈做的好吃的排骨。感谢有这么多家人爱威廉，更感谢您把求知欲这么强的威廉送给我们，他是我们最好的礼物。阿门！"经常提醒他注意到一些自己容易忽略的美好，可以慢慢帮他多看到生活中积极的一面。

大卫的则是："亲爱的天父，感谢您今天让大卫为自己的行为负责，向邻居约书亚诚恳地道歉，并赔了一盒新的积木。感谢您给大卫这么耐心的老师，让他在指责同学时能有机会再做选择，并看到他的进步。更感谢您把快乐的大卫送给我们，他是我们最好的礼物。阿门！"经常提醒他注意到一些自己容易忽略的弱点，可以慢慢帮他多看到生活中需要改进的一面。

他们都睡着了，轮到妈妈祈祷："亲爱的天父，二十年后请赐威廉一位乐观的妻子，可以经常给他鼓励的鲜花，帮他看到生活的乐趣和美好，并帮他把'垃圾'都收到垃圾箱里，省得随地都是，绊他一脚。请务必留一位较悲观和现实的妻子给大卫，把他自己到处收集的鲜花放到瓶子里，省得遮住视线，看不到垃圾的存在。阿门！"

这孩子真的"欠揍"吗？

> 美国有19个州仍然允许在学校体罚孩子，在家里打孩子在所有的州都是合法的，虽然留下伤痕是违法的。体罚和短期的"听话"相关，但对孩子道德观念的内化并没有任何长期作用，同时更容易造成对亲子关系、社会性、同情心和攻击性行为的负面影响。如果家长手里唯一的管教工具是锤子，那任何问题在他们眼里都会被看成钉子。

2012年7月我们去青岛旅游，虽然泡在海水里的时候凉爽舒适，但刚上出租车就觉得热了，开着车窗也无济于事。在太阳下晒了两个多小时，再加上过了饭点儿，五岁的大卫开始因为手里快速融化的雪糕粘在他手指间一点儿而开始哭闹。出租车司机立刻斩钉截铁地告诉我："这孩子欠揍！"

不以规矩，无以成方圆。孩子成长过程中需要规范（boundary），我举双手赞成。有项跟踪调查发现，成人后最没成就且最不幸福的孩子来自日常生活中缺乏合理规范的家庭[①]。2011年，我咨询过的一位13岁孩子的家庭就是这种方式的极端代表：家里没有固定的作息时间，孩子可以随便看电视、打游戏到凌晨，上学迟到，作业从来不做。接手那个学校的半年间，他时常到我办公室坐坐，吃我给他准备的早饭，空洞疲倦的眼神在我记忆中依旧清晰。可惜那样的家庭环境外人无力回天。最后在一个周日的凌晨，他和同伴

---

① D. Baumrind. (1967). Child Care Practices Anteceding Three Patterns of Preschool Behavior. *Genetic Psychology Monographs*, 75(1): 43-88.

偷窃一辆车，在被警察追赶时，发生意外，车毁身亡。我一直耿耿于怀为什么不能把他的父母绳之以法，怎么可以允许自己13岁的孩子午夜以后和不良人员出门呢？在家里没有任何规范，可出了家门到处是规矩：校有校规、国有国法，开车还有交通法。那样的孩子怎么可能在社会上适应得好呢？

可是如何帮孩子建立起规范，方法就值得探讨了。"揍"或体罚的短期作用很明显。几次有家长告诉我，讲什么道理孩子都当耳边风，一拿起棍子他就顺从了。可以试想，上面出租车司机的主意在当时肯定立竿见影，因为一巴掌下去，被吓倒也好或是痛到，大卫肯定不敢再哭了。可这是最好的解决办法吗？

教育心理界对体罚的研究显示，体罚和短期的"听话"（compliance）相关，这也是对许多成人最大的吸引力。从我们的"棒下出孝子"到美国的"不用棒子，毁了孩子"（Spare the rod, spoil the child），就可见对体罚的信奉。当今世界有125个国家不允许在学校体罚学生[1]，但美国有19个州的法律仍然允许在学校体罚孩子，大多在南部。那些老师曾明白地对记者宣布：体罚省时省力，杀一儆百！有效管教中心（Center for Effective Discipline）2014年的数据显示，35个国家明文禁止在任何地方体罚孩子[2]，但在美国，只要没留下伤痕，在家里体罚孩子是合法的。

可那留在心里隐形的伤痕呢？六十多年来研究的综合分析发现，与很多成人的期待相反，体罚对孩子道德观念的内化并没有任何长期作用，同时更容易造成对亲子关系、社会性、同情心和攻击性行为的负面影响。对34,653位成人的调查发现，小时候经常被严厉体罚和成人后的情绪障碍、焦虑症、酒精或药物依赖，以及一些人格障碍显著相关[3]。一位成年朋友告诉我，他的父亲从小对他管教的唯一方式就是拳打脚踢，然后他就在学校对同学动手，闯祸以后回家里再受体罚。这种恶性循环直到初中以后才终止，因为那时候他的身高超过父亲所以开始还手。二十年后和父亲还是形同路人。这种例子不乏其人。

所谓管教，"管"的目的是"教"。管了但没有教给孩子任何解决问题更好的方法，甚至还造成伤害，那就失去意义了。

如果家长手里唯一的管教工具是锤子，那任何问题都会被他们视为钉子。事实上孩子犯错很少是专门用来气我们的。学生试卷上做错题，是指

---

[1] http://www.endcorporalpunishment.org/

[2] http://www.gundersenhealth.org/ncptc/center-for-effective-discipline

[3] T. O. Afifi, et al. (2012). Physical Punishment and Mental Disorders: Results From A Nationally Representative US Sample. *Pediatrics*, Aug: 130-184.

给老师看自己哪里还不明白，需要再教一次。同样，孩子哪里做错事，是告诉家长自己有些问题还不知道正确的解决方法，需要我们再做示范或引导。如果可以把所有的错误当作学习的机会，不止告诉他们什么不可以做，而且示范并鼓励该做的，那管教的效果就事半功倍了。

很多家长发现打得多了，孩子都"打皮"了，没一点儿作用。经常被体罚的孩子很少记得自己为什么被惩罚，只会记得自己当时的恐慌和屈辱，因为人的记忆力对带有强烈感情色彩的事件印象最深。日积月累，大多数人会对惩罚自己的成人及环境，如家和学校，产生憎恨和厌恶。不如从小开始多帮他们找找犯错的原因，能够对症下药，才能药到病除。

这里并不是说曾经对孩子动过手的家长都是罪人。就像"狼爸"萧百佑先生，虽然他以体罚著称，很多育儿的理念从教育心理学的角度讲不通，但他执行的过程有两点可取之处。一是家规事先定好，体罚不是父亲气头上的冲动。再是他能以身作则，要求孩子对父母绝对尊敬，他对自己的母亲也十分恭顺。立的行为规范自己先做到，身教大于言传。

另外，亲子之间的关系也决定了惩罚的效果。平时孩子做得好的地方多鼓励表扬，他们常被尊重才会对父母的奖罚更接受，积累由衷的尊敬而不只是恐惧。一位父亲曾告诉我，他和儿子关系一直很好，一生只在九年级时打过他一次，因为"不可原谅的原因"。父亲说自己在打之前告诉儿子今天不得不打他的原因，而且打的时候父亲是边打边哭。打完后儿子抱着父亲，感谢他的惩罚，如今依旧尊敬热爱父亲。这种体罚的效果和盛怒之下的出气就有天壤之别了。

孩子出生时没有附带"管理说明书"，可朝夕相处，父母会了解他们的个性特点。敏感的孩子可能父母皱一下眉头他已经掉下眼泪，而不敏感的孩子可能父母大吼几句他还不知道自己做错了什么。教子的方式没有最好的，只有最适合自己孩子的。因材施教才会有效。

五岁以前，孩子自控力和计划性弱，再加上语言表达能力还在发展中，所以错误行为多和年龄特点有关。稍加留心就会发现，哭闹、打人甚至咬人等问题行为不外乎几种可能性：表达身体饥渴或不舒服，想得到成人的注意，想拿到自己想要的东西或想做的事情却不知道正确的表达方式。父母如果能事先准备充足，如随身携带他们喜欢的零食和玩具等，很多都可以用分散注意力的方法来解决。

所以，当时又累又饿的大卫欠的不是"揍"，而是食物和休息。我把他抱在肩头，轻轻地拍拍，叫他说出："我累了。"还没下车，他就已经含着泪沉沉睡去了。

莫让"爱"迷眼睛
——积极管教

> 父母对孩子的爱毋庸置疑,但如何去"爱"却是一生的功课。用错了爱的方式就会导致孩子不良的态度和行为习惯,妨碍潜能的发挥。"爱"的目的是教育下一代成为负责任、尊敬他人、解决问题能力强、对社会有贡献的成员,所以管教时一定想清楚选择的方式到底是为过去的错误而赔偿还是为将来的技能而学习。

2013 年秋季,大卫一年级,因为放学时间比哥哥早 15 分钟,所以就讲好我去接的那两天,他下课后可以在校园的操场上玩儿到哥哥放学,我们再一起回家。没想到过了两个月,他一位同学的妈妈旁敲侧击地告诉我,大卫在操场上没成人监督,好几次把木屑撒在那里玩耍的女生头上,还不肯认错。我一听火就上来了,马上冲到他面前去问怎么回事?他先推托说不是他,后来看赖不过去了就说某某同学先开的头,他只是随从。旁边有位女生的妈妈义愤填膺,怒斥他不负责任的恶劣态度后,跺脚扬长而去。留下我愣在原地,脸上红一块黑一块地发烧,无地自容。

大卫一出生,我就能感觉到自己对他和对哥哥的不同。那时威廉两岁半了,我已经忘记了婴儿有多么小。大卫那柔弱温软的手,拨动着我心里最柔的弦。

那一年每位来访的朋友都提醒我:你老抱着他干什么?

我总是坚持:就舍不得放下。

威廉出生时,自己好像先背负了使命,天天照着育儿书检查该做什么。大卫一来，不知为什么就紧张不起来。再加上他天生对人感兴趣，让我那年为哥哥社交能力发展障碍而紧绷的心一下先放松了：好好享受做妈妈的感觉吧。

结果呢？先是养成了大卫两三岁之前非得让我抱，别人一碰就大叫的恶习。我没去制止，反正大了就不会这样了。我如此掩盖。

每天早晨大卫一睁眼，奶瓶已经放到嘴边。"延迟满足"这么重要的概念，居然在养他时压根儿没出现。

于是，他没学会等待。

最惭愧的是兄弟发生冲突时，我总是让威廉找找自己有什么可以改进的。等到公公看不下去了，我还强词夺理：威廉需要锻炼一下怎样对付这样无理的孩子。

结果，大卫不但养成了万事推卸责任的习惯，在气头上时，居然还会打哥哥。

我才意识到事态的严重：自控力弱、责任心差、耐心几乎等于零。进入一年级后没几周就偶尔在班上拒绝做老师交给的功课，现在居然发展到在公共场合拒绝为自己的行为负责任。

我感到深深的失败：那个从出生起让我一想到就心里"爱"泛滥的孩子，怎么被我"爱"成这个样子？

与此相反，对威廉我从未感觉到那种汹涌澎湃的爱，更多的是责任感。但这个早几年让我操碎心的哥哥却从入小学起深受老师喜爱，功课从不让家里操心，还事事很有责任感和上进心，社交能力也逐年进步。

在公立学校工作 17 年来，我从未见过不爱孩子的父母，却接触过很多像自己这样因为不知道如何去"爱"而导致孩子养成不良的学习和行为习惯，以致妨碍了孩子潜能发挥的父母。我们对孩子的爱毋庸置疑，但如何去"爱"却是一生的功课。

* * *

反省自己在抚养大卫前五年中的错误，我开始重温积极管教（positive discipline）①，积极管教基于儿童行为理论②于 20 世纪 80 年代在简·纳尔

---

① 国内翻译成"正面管教"，我更喜欢"积极管教"，因为"正面"没反映出它里面"主动"的含义。

② 美国精神病学家和教育家鲁道夫·德雷克斯博士（Dr. Rudolf Dreikurs，1897—1972）在心理学家阿尔弗雷德·阿德勒（Dr. Alfred Adler 1870—1937）的个体心理学理论基础上，建立儿童行为理论，认为儿童的不良行为是缺乏归属感造成的；中心思想是，当孩子们感到自己是集体中有价值的一员时，不需要惩罚或奖励就可以学会合作。

森博士(Dr. Jane Nelsen)和林恩·洛特(Lynn Lott)的同名畅销书中，被大众了解和接受[1]。它的核心思想是：管教的目的是教育我们的下一代成为负责任、尊敬他人、解决问题能力强、对社会有贡献的成员，要达到那一步，孩子需要学习很多生活和社交技能，所以管教的方式一定充分体现亲子之间的相互尊重和鼓励。如果孩子和自己的家人、学校、社区有亲密的关系，他们一定不会有不良行为。

积极管教指出家教中常犯的误区有：

①期待孩子和成人对事物的优先排列顺序一致；
②一味指责和批评；
③事先没定好规矩；
④管教中没保护孩子的尊严。

有效的积极管教有五个标准：

①帮助孩子体会到和管教者间的亲密关系，自己受重视，有归属感；
②被管教者和管教者相互都感到受尊重和鼓励；
③有长期效果：考虑到孩子们还在学习如何思考、感受和决定对自己和周围世界的观点以及将来类似情况下如何应对；
④教给孩子重要的社交和生活技能，如如何尊敬、关心他人、解决问题、合作，为家庭、学校和社区贡献力量等；
⑤给孩子们机会去发现自己的潜力，鼓励建设自主性。

积极管教强调计划和预防，认为建立相互信任的亲子关系，让孩子经常从父母这里感到尊敬和归属感，是所有管教问题的金钥匙。比如，全家一起打扫房间来避免关于家务的争执，每周固定时间开家庭会议讨论不同问题等。如果孩子事先参与制定合理一致的规范，他们就不会反感惩罚。

当问题行为出现时，传统管教方式和积极管教最大的不同是：管教的目的到底是为过去而赔偿还是为未来而学习。传统管教方式为过去而赔偿，所以在面对不恰当行为时家长会产生愤怒、暴力和损坏性的反应，但积极管教是用以下四种方式来帮孩子为未来的成长而学习：

①正面反馈好行为：抓住孩子做得对的时刻，及时表扬；
②负面反馈：如忽视用哭闹的方式提出的无理要求；
③正面惩罚：如要求孩子把自己洒出的牛奶擦干净；

---

[1] http://www.positivediscipline.com/

④负面惩罚：明知故犯时把某特权收回，如明明解释过不可以砸玩具还是砸，那就把怕砸的玩具拿走，今天不可以再玩。

在积极管教的过程中，父母的语气是镇定的，态度是平和的，因为目的是为了孩子能从错误行为中提高将来处理问题的能力。问题行为发生后处理的基本原则有：

①自然后果：如不交作业，成绩就下滑；

②逻辑后果：如不能遵守约定的游戏时间，本周就失去再玩的特权；

③让孩子们了解犯错误并不可怕，只要从中学到教训，因为机会＝责任＝后果。

学龄阶段，"逻辑后果"是很有效的工具，尽量让孩子需要承担的后果和行为间有逻辑关系。威廉的中文课后辅导班里曾有一位高年级的孩子常常欺负同学，吓得他因此而要求换学校。我去咨询辅导班的负责人，她们谈起这位孩子的父亲也是胆战心惊。说父亲其实十分爱孩子，但不能容忍任何错误，特别是饭盒或外套忘在学校时，父亲可以当着老师的面使足力气对他一脚踹过去。疼是肯定疼了，可孩子爱忘事的毛病还是没改，每次都是辅导班老师怕父亲发脾气而反复督促他检查。

希望孩子把自己的东西管理好，出发点是正确的。有些孩子天生自理能力强，但对大多数孩子来讲，这个好习惯需要慢慢培养。"踹一脚"和要纠正的"爱忘事"的行为之间没有任何逻辑关系，所以对孩子今后在这一方面的提高也不会起到任何作用。外套或饭盒落在学校里，不如提醒他第二天去"失物箱"查找。如果又忘了找，那父母需要抽出时间上课前或放学后和他一起去找。反复几次，费时费力，孩子肯定会意识到忘事带来的不便。如果每天能把东西都带全时获得鼓励，那他会学得更快。

积极管教中的亲子交流原则强调避免无效说教或旧事重提，减轻对后果的耻辱感，集中精力解决问题。孩子如果感受到父母的理解，会更容易从失败中吸取教训。让孩子参与解决问题的过程，父母重视他们的贡献，他们会感到归属感和价值。常用的交流方式有以下几种。

①"什么"和"如何解决"问题：通过问孩子"发生了什么事？""你觉得怎么发生的？""你怎么看？""我们从中学到了什么？""解决这个问题有什么好主意吗？"一类的问题，帮助孩子发展思考和判断能力。

②问好奇的问题："请再说清楚一点。""还有吗？""要不要我们一起想想所有的可能性？"

③反馈式聆听：父母重复听到的信息。

④积极式聆听：听出孩子言语中表露的情绪，使孩子感受到他们被理解和认同。

⑤专心听不发表意见。

⑥用"我注意到……"来点出问题，避免指责的语气，如"我注意到你还没收拾被子。"

* * *

对于大卫不负责任的行为，震惊过后，我先检讨了自己在育儿过程中的疏忽，特别是他过去在发生类似情况时，我没通过合理的后果教他如何正确地得到同学的注意。回到家中，谈话刚开始，大卫马上就说："你不用说了，我知道自己哪里错了。"那我就和他商量该怎么办。他建议从此不去那个操场玩，因为那是给学前班准备的，场地小，他又体力过剩，容易招惹到同学。他选择去一、二年级的操场，地方大，跑得开。我们还谈到最近在课堂上对老师的指令有不遵从的行为。他提到这位一年级的老师和学前班老师不同，做得好极少给表扬，做不好就气愤，给很多负面的注意力。而他又是宁可得到负面注意力也比没人注意强的"人来疯"。

我答应他和老师联系，建立积极行为表格：如果遵守指令，老师就会有贴纸在上面，晚上可以多点他最享受的和妈妈读书的时间。

积极管教中强调善后的重要性，让孩子有机会表达情绪和想法，一起列出解决方案，定下期限完成并为此负责。有效善后的特点包括意见尽量简单明了；提醒孩子遵守大家同意的规范；孩子能遵守约定时，及时鼓励。

大卫承认自己确实曾经把操场的木屑撒在同学的头上，很不礼貌。他给同学写了抱歉卡，保证以后不会这样做。我也表扬了他的勇气，告诉他我相信他一定会越来越负责任！

感谢大卫，让我看到自己多容易被"母爱"迷住眼睛，忘记了家教的正确方向。"爱"不是有求必应，真正的"爱"和积极管教设立的目的一致，是帮助我们的下一代成为负责任、尊敬他人、解决问题能力强、对社会有贡献的成员。虽然"爱"错了六年，还好我还有机会改正。近两年大卫自控力相比以前有了明显提高，责任感也越来越强，让我体会到，做家长也是我们成长的过程。亡羊补牢，永远不会"太"晚。

"剩饭"型的妈

> 一直为自己的独立而自豪，可有孩子后，配角观念就明显了，总觉得孩子永远第一。以为牺牲自己去照顾孩子多无私，其实自己身体和精神不好时心存怨气，对孩子的成长更不利。培养健康快乐的孩子，要先造就健康快乐的父母。

威廉刚两岁的时候，话还说不利落。有次朋友来做客，我洗了蓝莓放在桌上。威廉专注地把里面最小、最不熟的拣出来，一定要塞在我嘴里。朋友百思不解，我倒是心有灵犀，想到可能是他平时看我每次在把蓝莓给他前，都会把最小、最不熟的拣出来自己吃，他一定以为那是妈妈的最爱。讲出来惹得朋友和自己都大笑："童心啊！"

三年后，语言能力发展了，威廉喜欢总结。一天晚饭时饭菜刚上桌，我习惯性地把昨天剩的菜端到自己面前。他想了想，然后很肯定地说："Mom, you are just a 'left-over' type."（妈，您就是那种"剩饭"型的。）轻轻一句话，让我一口饭卡在喉咙里，咽不下去了。

从什么时候起，我成了"剩饭"型？

成家前，我一直为自己的独立而自豪，婚后也欣赏配偶间对个体性的相互尊敬。可有孩子后，我的配角观念就明显了，总觉得孩子永远第一。做妈妈以来最辛苦的日子是威廉出生后的头六个月，最深的记忆就是又累又饿。责任在自己：首先是没做好准备，低估了照顾新生儿的工作量，高估了自己的生活能力。孩子到来之前天真地想：不就是一个婴儿吗？我在国内读了七年师范大学，出来又接着读教育学院，和不同年龄的孩子打了多年交道，难道连一个婴儿也照顾不了？所以没请保姆，而且尽量不打扰经常出差的尼克。还有，太迁就孩子的需要，完全没有认识到自己健康的重要性。晚上和威廉一个房间，他呼吸稍微重一点儿我就马上醒了，从未连续睡过三小时以上。虽然抱着他的时候满心幸福，看不够，感觉就是立刻死去也心满意足。看不到的是"鞠躬尽瘁，死而后已"听上去伟大无私，但在做妈妈的时候是不成立的。因为妈妈不在了，谁来照顾孩子呢？连续疲劳，营养不足，拖垮了我的身体。原来每三年才感冒一次的我，那一年就病了三次。

大卫出生后的头两年我更是把工作之余的时间都花在料理他们的饮食起居上，自己在各方面则得过且过。原本爱漂亮，可连续几年没给自己添过新衣服；原本爱跳舞，但连续几年没去锻炼；原本经常和好友聚会，那几年总以没时间为理由，和大部分朋友很少见面了；原本爱读书，可那几年顶多就是翻翻育儿杂志；同时也忽略了和尼克的交流。无意识中认为只有这样，自己在孩子面前才问心无愧。带孩子去公园玩时结识了很多新手妈妈，大家介绍自己时只是"卡卡妈""豆豆妈"，而我也忘了我是谁，只记得自己是"威廉大卫的妈妈"。那时心里常梦想着：等孩子上大学后，时间都是我的，那我就可以去旅游、去读书……去做所有自己爱做的事了。

可那几年因为缺乏锻炼，又是饭桌上的吸尘器，体重保持产后水平不说，容颜老了十岁，体力下降，脾气还很差。白天没有足够的耐心去对待孩子，我常常在他们睡熟后再忏悔，常常感到内疚，离我心目中的为母之道相差甚远。以为多无私，牺牲自己去照顾孩子，其实自己身体和精神不好时，不但不会照顾好孩子，还心存怨气，影响到家里的气氛。被尼克称作"烈士情结"(martyr complex)，被威廉叫作"剩饭型"，我怕了：我真的满足于做可有可无的"剩饭"吗？

回头看看我小的时候，妈妈也是最尽职的：做鱼时自己只吃大家不要的鱼尾巴，炖鸡时只啃鸡脖子，每顿的剩饭也是她包了，更不用提花全部的精力督促我做作业等。但她很少有时间去照顾自己的身体和精神健康。记忆中只有她期待的眼神："你是我生命中唯一的希望。"婚姻不幸、工作不顺的她，在我出国后又走向另一个极端，要去寻找自己的价值，有几年对家不闻不问。

心理学研究发现，妈妈的健康快乐和下一代的健康成长呈正相关[1]。情绪，不管是正面的还是负面的，都有传染性。妈妈和孩子们相处的时间

---

[1] http://www.sciencedaily.com/releases/2011/04/110403090320.htm

最多，所以我们的情绪随时感染着他们。如果我们精力充沛，感觉放松、满足、幸福，对待孩子也会更有耐心和爱心。相反，疲劳、烦躁、紧张甚至怒气冲天，孩子也都会感受到。

多希望在我小的时候，有人提醒妈妈去照顾自己，让她有时间去锻炼身体，享受自己的朋友圈，拿出时间调整夫妻关系，提高自己的幸福感。记得读大学时我年轻气盛，指责父母没有教育好弟弟和妹妹，扬言将来要办中国最好的幼儿园，教育最优秀的下一代。当时妈妈就一针见血地指出："真想教育好孩子，去办好的幼儿园不如去建好的婚姻介绍所。幸福的婚姻才能养育优秀的孩子！"她明白呀！可怎么在现实生活中不拿出时间去提高婚姻的质量呢？

看着孩子一天天长大，确实很让人满足和欣慰。可孩子再大些，不需要妈妈操劳饮食起居后呢？试看身边很多的妈妈，在家里天长日久的服务性劳动往往被子女忽略，习以为常。他们也许会依赖母亲的照顾，却并不一定因为这种依赖而感激或尊敬她们。

曾经有欧裔同事调侃自己生物钟和独子相反：她晚睡晚起，但独子从三四岁时就每天早上六点前起床，还兴致勃勃地叫醒她："妈，我防晒油抹好了！"她斩钉截铁地通知儿子："早上七点之前我不是你妈！"那时一笑了之，回头看看才发现这样的妈妈真有智慧。自己不睡足了，怎么有精神照顾孩子一整天呢？看似"自私"的回应，还教孩子学会了等待，七点之前自己去找玩具安静地玩耍，一举两得。

感谢威廉的一句话，让我反省：孩子很重要，但照顾好自己才能更好地去养育他们。妈妈的幸福和快乐，对孩子太重要了。"忘我"的精神也许在别处很可贵，但在育儿上行不通。"忘我"的妈妈长久下去不会健康快乐，更会负面地影响孩子的成长。而且，人生无常，万一我活不到孩子成人呢？那离开这个世界之前我还有很多未了的心愿，多遗憾啊！为什么非等到孩子离家之后再做自己喜欢的事呢？

很快，我加入了健身房，每周拿出时间去锻炼，和好友定期聚会，还和尼克创造机会交流思想。去公园不只是看着孩子荡秋千，自己也跑一圈；买菜不只买孩子爱吃的，偶尔给自己开小灶；晚上恢复睡前读书的习惯，而不是只为孩子读儿童读物。不再老追着问他们喜欢什么，也告诉他们我的喜好。2011年全家去欧洲度假，他们在德国乡下玩得不亦乐乎，我也给自己放了假，一个人跑到巴黎转了个够，圆了自己的一个梦。

这些看上去拿走了许多和孩子相处的时间，其实"磨刀不误砍柴工"，让我心情好，和孩子在一起的时间质量更高。留出时间给自己充电，调整心态，同时也言传身教给孩子如何在忙碌的日常生活中找到平衡，本身也是很好的教育。

更重要的是，我学会不只把生活中美好的一面端到孩子手上：饭桌上剩饭大家分着吃，蓝莓里不熟的也不再是妈妈的专利。

不再做"剩饭"型的妈妈。

"穷养"？"富养"？

> 孩子对待钱的态度，和"穷养"还是"富养"没有简单的直线相关，个性是很重要的考虑因素。"穷""富"都是一种心态，满足于自己的所有就是"富"，不满足永远都会觉得"穷"。我能想到给孩子最大的财富是心理的踏实满足，还有走自己道路的信心。

有位朋友是很尽心的妈妈，学年结束时请她六年级儿子的童子军团到家做客，其中一个男生看到他们华丽的家居，立刻问她儿子："你们家这么有钱，借点儿给我吧！"朋友诧异地说："我们家的孩子，是无论如何都问不出这种问题的。你看，这是不是'穷养'和'富养'出来的差别呢？"

这几年常听到"要穷不能穷孩子""女孩要富养，男孩要穷养"等，但对这个问题我从未好好研究过，最主要是因为自己天生对"穷""富"很迟钝。上网查了之后，先出了一身鸡皮疙瘩："富养女，即生活精致、无忧无虑，优越的生活就像一剂强劲的免疫针，使她日后会对抗诱惑，明辨真伪，成为知情、识趣、优雅、美丽的女子。""穷养男，即男孩要吃苦受罪，历尽沧桑，日后方能有作为、有担当。"

难道没在"优越的生活"中长大的女孩子，就不能长成"知情、识趣、优雅、美丽的女子"？就一定会"被各种浮世的虚荣和糖衣炮弹所捕获"？没吃过苦、受过罪，没历尽沧桑的男孩子，日后就永无"有作为、有担当"之日了？孟子早就说过："天降大任于斯人也，必先苦其心志，劳其筋骨，饿其体肤，空乏其身，行拂乱其所为，所以动心忍性，曾益其所不能。"可"头悬梁，锥刺骨"适合当今的社会吗？比尔·盖茨等很多当代的成功者不也是小时候家境优越吗？

生活在20世纪70年代的中国，父母和放眼能看到的亲戚朋友等在物质上都是一样的"穷"，所以大家谁也不觉得"穷"有什么大不了。吃得清淡，新衣服罕见，过年拿到两块压岁钱已经很满足了。20岁时到北京读硕士，开始课外给一家台湾公司教幼儿英语，一小时20元人民币，那叫一个骄傲！花自己辛苦挣来的钱踏实，以至于到现在还不能接受尼克的投资账户上加有我的名字，总觉得不是工作得来的都不属于自己的。当年申请留学时在表格上"个人收入"一栏认真地填了"100美元/月"，也没觉得有什么丢人。没见过"富人"，更没听说过"富养"。没有小时候"优越生活的免疫针"，并没有让"金钱"对我或者周围同龄的朋友们更有吸引力。相反，心里特踏实，对"经济危机"等并无恐惧，因为本来就一无所有长大的，大不了给人家当保姆、家教或打扫卫生，随时随地都可以生存。每次回国时在街头啃烤红薯，和坐游轮时穿晚礼服吃大餐一样开心，所以一直感觉"穷""富"都是一种心态。满足于自己的所有就是"富"，不满足永远都会觉得"穷"。

"穷养"的弊端我亲身体会到的就一个，不会管钱。刚到美国时室友认真地教我怎样记录支票的出入，核算每月的结余，这对数字不敏感的我是折磨，很快我就放弃了，仅能凭责任感保证不会入不敷出。要说嫁个数学好的先生好处真多啊，每月账单、收入等一应事项婚后忙不迭地全部交给尼克。如果我理财我们家早破产了，一点儿不夸张。所以虽然我是朋友圈里唯一一个在家里没财权的，爸妈也以此推断我"没地位"，但我还是毫不动摇。"谁叫我从小没钱可管呢？"只能这样反驳。后来发现我周围的理财高手朋友，小时候也没零用钱，敢情"钱商低"不是"穷养"，还和自己不喜欢数字的个性相关。

等到孩子慢慢对数字有概念了，发现这对待钱的态度，和"穷养"还是"富养"确实没有简单的直线相关，个性是很重要的考虑因素。小时候我们很少给威廉买新衣服，过生日时都是通知朋友：家里孩子穿过的衣服、用过的玩具、看过的书，是最好的礼物，又环保。大卫更是习惯穿哥哥的二手衣服，还引以为荣，大有"穿了哥哥的衣服就变成了他崇拜的哥哥"的感觉。哥俩对物质生活的要求就是基本温饱的水平，但对"钱"区别就大了。威廉很会攒钱，还积极创造挣钱的机会。他时常谈判，让我们为他做的额外家务事付钱，挣的零钱全都放进一个包里，满了就整理好，一卷一卷地按面值分好，昂首挺胸地和爸爸去银行，存到自己的账户里。每当他想要什么东西，我们建议他用自己的钱买时，他都会很认真地说："我的钱是上大学的时候用的，不能浪费。"二年级时，老师每周五开放班级商店，学生用平时按时交作业、打扫卫生、参与课堂活动等挣来的"班钱"可以买文具、书等。威廉心仪的都是比较贵的书，自己挣的不够，就动手做各种纸飞机，课间课后兜售给同学，还经常采取不同促销手段，"买二送一"或"五折清仓"等，销路不错。每周五他都能用同学买他纸飞机的钱换回家一本大书。

但对数字太敏感、太谨慎的孩子也有弱点，那就是不会花钱。比如，周六去攀岩游戏屋，玩得热火朝天的威廉在回家的路上偶尔听到一晚游戏门票15块，立刻沮丧地说他以后再也不去了。所以对他，我们就多灌输"钱是为人服务的！钱是很好的仆人，但是很差的主人！用它可以买到方便、快乐，还可以帮助别人，那就实现了钱的价值。感恩节时给无家可归者收容所买的全套火鸡餐，你去送时接受义工的感谢不是很高兴吗？不然钱就只是毫无意义的数字。"

大卫就截然不同了，虽然也学着哥哥的样子建了钱包，把得到的零钱都放进去，但经常忘记钱包放哪儿。找到了钱包也好像和钱有仇，到商店买菜买生活用品时他都会要求给自己买点儿东西，所以钱包里永远不多于两块钱。对他，我们就经常解释"钱不是树上长的！你没看见爸爸早出晚归地上班吗？家里已经有N辆小汽车了，这个和德国亲戚送的样式差不多，没必要再买。那盒铅笔可以，早晚会用得到。"

一次我开车时听到电话响，刚把手机放到耳边就被警察抓个正着。老老实实等罚单的时候，就看后座上两个孩子的表情天壤之别。威廉愁眉苦脸，埋怨我怎么这么愚蠢，多浪费钱。大卫则兴奋得眼睛放光，差点儿就笑出声儿来了。他一直盼着有一天能跟警察近距离接触，一直羡慕公路上时常看到的被警察抓住的人，今天终于有警车闪着警示灯把我们押到路边了，简直是圆了他一个梦啊！看到哥哥的担心，他乐观地安慰："其实妈给我们省了不少钱，她以前还在车里打过两次电话呢！都没被抓过，给我们家省多少钱啊！"

不知道的还以为我们是"穷养"的威廉，"富养"的大卫呢？

对威廉我就得安慰："其实我很感谢这位警官，这张罚单给我很及时的提醒，开车讲电话多危险！提醒我以后多注意安全，兴许是救了我们三个的命。再说，我一直尊敬警察，一直想给他们捐款。可爸爸总是说圣诞节时打电话到家里募捐的都是骗人的。这次罚款肯定是交到警察局和法院手上，我就当给警察叔叔买圣诞礼物了。"

对大卫就得放严肃："你不是一直要求暑假去六旗（Six Flags）游乐园①吗？160 块钱都可以买我们三个的季票了。这下好了，去不成了。真想去的话，等天热的时候去对门网球场卖柠檬水吧。一杯 50 分，去掉成本大概卖掉 400 杯就可以买票了。"

*　　　*　　　*

"穷养""富养"，还是看孩子养吧。既不想培养他们"拜金"，也没必要让他们"视金钱如粪土"，不然以后怎么在尘世生存呢？我能想到给孩子最大的财富就是心理上的踏实满足，还有走自己道路的信心，足以抵抗外界的诱惑。

---

① 六旗游乐园，世界上最大的游乐园公司之一。

当孩子在学校有困难

——学校心理学工作

  心理健康不是孤立的,需要接纳并支持不同学习特点的成长环境。当孩子在课堂上有学习、行为或情绪等困难时,学校心理学家负责提供心理测评、诊断、干预和预防服务,并为需要特殊教育的学生设计个人方案,取长补短,创造积极的学习环境。虽然接受特殊教育的儿童和青少年的比例只有13%左右,这个服务过程却反映着美国基础教育核心的理念。

1993年，有幸进入北京师范大学教育心理专业攻读硕士，我的理想就是能够找到一门学科，让自己有机会把心理学知识直接应用到中小学，让更多的孩子得益于健康的心理。查资料后发现了美国的学校心理学专业，和我想象的一致。

美国心理学会对学校心理学的定义是"一门为学校教育提供服务的职业心理学。它为学生、家长、教育者以及学校教育过程提供心理学知识和实践指导，为学生在学校系统中的发展过程提供心理测评、诊断、干预、预防服务，为需要特殊教育的学生设计服务方案，创造积极的学习环境，促进其身心健康发展[1]"。这门应用学科是在发展心理学、教育心理学、临床心理学、咨询心理学等基础上发展起来的，是这些学科融合的结果。

因不同原因跟不上课程的学生，每个公立学校都有20%左右。我们学校心理学家最主要的责任是，通过教育心理测评提供并分析关于他们智力、信息处理能力的数据和评估情绪、社交等功能的水平，这样学校教育团队可以一起决定学生是否符合特殊教育的标准，并设计个人化教育方案。

哪些原因会造成孩子跟不上班级进度？
美国基础教育系统下有什么支持性服务？
如何确诊学习障碍、情绪障碍、自闭症等？
怎样帮助有困难集中注意力的孩子？
最有效的课堂行为管理有哪些原则？
怎样提高孩子的挫折承受力和心理健康，降低自杀风险因素？

感谢近千个测评案例，让我有机会深入了解3~21岁的学生面临的各种学业、行为和情绪问题及如何提供帮助。

---

[1] http://www.apa.org/ed/graduate/specialize/school.aspx

学校心理学家的工作

> 学校心理学家的工作涵盖了许多和教育相关的方面，如亲人突然过世时提供悲伤辅导咨询、为社交能力有障碍的学生组织"社交技巧小组"、为老师提供行为管理咨询、为社区家长做自杀防御讲座等。但最主要的责任是通过教育心理测评提供并分析关于学生智力、信息处理能力的数据和情绪、社交等功能的水平，这样学校教育团队可以一起决定学生是否符合特殊教育的标准，并设计个人化教育方案。

"学校心理学"对国内家长来说比较陌生，和美国心理学其他分支相比也属后起。虽然起源可以追溯到1896年莱特讷·维特莫（Lightner Witmer）教授在宾州大学创立的心理和儿童指导诊所（Psychological and Child Guidance Clinic），但学校心理学的蓬勃发展到20世纪中期才随着心理测量的兴起和教育法的完善开始。1975年，美国国会通过的《残疾儿童教育法案》[1]是学校心理学的里程碑，因为公立学校首次被要求为所有残疾儿童提供"免费并适当的公立教育"（Free Appropriate Public Education, FAPE），包括身体残疾、智障、发音/语言、视力问题、情绪和行为问题以及其他学习障碍[2]。因为每所公立学校都需要配备专业人士负责教育心理测评、诊断、教育方案设计和行为管理咨询等工作，学校心理学家的数

---

[1] 也叫公法（Public Law）94-142.
[2] http://www.nyasp.org/pdf/sp_timeline.pdf

量开始大幅度增长：1970年5,000人左右，1980年超过10,000人，1988年超过20,000人，目前有30,000多人。

近40年来，教育法经过几次大的修订后逐步完善，学校心理学家的培训、资格认证和工作职责等也越来越规范。我们服务的孩子年龄阶段是3~21岁，我们的工作涵盖了许多和教育相关的方面，如亲人突然过世时提供悲伤辅导咨询、为社交能力有障碍的学生组织"社交技巧小组"、为老师提供行为管理咨询、为社区家长做自杀防御讲座等。但最主要的责任是通过教育心理测评提供并分析关于学生智力、信息处理能力的数据和情绪、社交等功能的水平，这样学校教育团队可以一起决定学生是否符合特殊教育的标准，并设计个人化教育方案（Individualized Education Program，IEP）。

2012—2013学年，美国3~21岁不同残疾类型占接受特殊教育服务总人数的比例如图3-1所示。

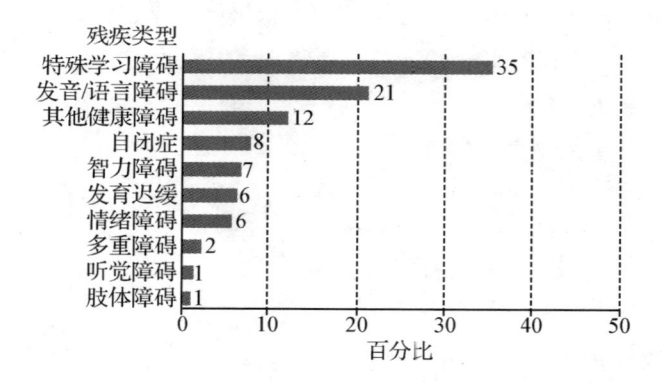

残疾类型
- 特殊学习障碍 35
- 发音/语言障碍 21
- 其他健康障碍 12
- 自闭症 8
- 智力障碍 7
- 发育迟缓 6
- 情绪障碍 6
- 多重障碍 2
- 听觉障碍 1
- 肢体障碍 1

百分比

图3-1　不同残疾类型占接受特殊教育服务总人数的比例[1]

视觉障碍（Visual Impairment）、创伤性脑损伤（Traumatic Brain Injury）和聋哑失明（Deaf & Blindness）的比例低于0.5%，所以在图上没显示。[2]

接受特殊教育服务的儿童和青少年的比例从1976—1977学年的8.3%上升到2011—2012年的12.9%。亚裔比例最低，也有6%[3]。这是美国基

---

[1] 图片来自美国教育部特殊教育办公室，2014年10月3日。http：//nces.ed.gov/pagprograms/coe/indicator-cgg.asp

[2] 学校心理学家必须熟悉如何满足各种不同的教育需要，虽然有些类别的测评发生的概率小，比如因肢体残障而需用轮椅及助理服务。因视觉障碍而需用大字体课本等材料。

[3] http：//nces.ed.gov/programs/coe/indicator_cgg.asp 2012—2013学年的数据显示，接受特殊教育服务的儿童和青少年中不同族裔有明显差异。比例最高的是美洲印第安人/阿拉斯加原住民（16%），其次是黑人（15%），白人（13%），西班牙裔（12%）等。

础教育重要的组成部分。

费利蒙市联合校区目前聘有31名学校心理学家（其中包括我在内有9位每周工作3～4天），服务约34,000多位学生。我们各自都有自己负责的学校，任务按工作量来决定。我在全职工作时，一天8小时，一周五天曾负责3～4个小学，或两个小学加一个高中或初中。有孩子后，每周工作3天，负责一个初中或高中和一个小学。虽然加起来学生总数近2,000名，远远超过学校心理学家协会推荐的1:1000的比例，但其中需要心理测量、诊断、咨询、行为矫正服务的不足15%。

从1999—2000学年在费城公立校区的实习，2000年8月来旧金山湾区正式开始学校心理学家的工作到现在，一转眼17年过去了。我先后服务过从学前班到十二年级9个学校近千位学生、家长和老师。做全职学校心理学工作时，我一年最多为110多位学前儿童[1]做测评和诊断，最少的一年也有60多位。

有特殊教育需要的孩子在3岁时由地区中心[2]负责测评和早期干预服务。3岁生日前，由孩子住所归管辖的校区学前组进行测评和服务交接工作，工作人员包括语言治疗师和学校心理学家，多数情况都是学校心理学家负责协调和管理这个过程。3～5岁时，如果家长或幼儿园老师对孩子的发育有任何担心也可以预约校区学前组的测评。

5岁到高中毕业（最久到21岁）的教育心理测评、诊断、教育方案设计和行为管理咨询等工作更是需要学校心理学家全程参与。私立学校因为不接受联邦政府资金，所以没责任提供这个服务。但父母如果对孩子的发育或学习进度有担心，提出申请，其家庭所在地的公立校区必须负责。如果结论是孩子需要特殊教育服务，家长只能把孩子转回公立学校才能享受相应服务。

除了有严重听觉障碍、视觉障碍的儿童和聋哑失明儿童需要由公立校区送到州立聋哑学校和盲校接受特殊教育外，公立学校为绝大多数孩子在公立校园提供免费教育服务，而且必须按法律规定在最不受局限的环境里（Least Restrictive Environment, LRE），也就是每天在主流课里的时间比例越大越好。6～21岁接受特殊教育的儿童和青少年中在普通班上课时间大于80%的

---

[1] 2002—2003学年，负责圣马特奥-福斯特城校区（San Mateo-Foster City School District）学前测评组工作。

[2] 地区中心（Regional Center）：非营利性私营公司，受加州发展服务部（Department of Developmental Services）合同，为有发展障碍（包括语言障碍（3岁前）、智力障碍和自闭症）的人和家庭提供支持和服务。

比例从 1990—1991 学年的 33% 上升到 2012—2013 学年的 61%。

当孩子在课堂上有学习、行为或情绪等困难时，美国公立学校遵循的干预步骤分三个。首先，老师会把学生的问题带到本年级老师的合作会上讨论，针对具体需要，征求干预措施，如让孩子坐在前排、周围安排听课认真的好学生、班内家长义工的帮助、课后作业俱乐部、提供咨询服务等。如果这些措施实践几周后学生状况没有明显改善，家长或老师可以要求开"学生研究团队会"①。家长、校长、本班老师、一两位其他班老师、学校心理学家和特殊教育老师都会被邀请参加。如果对孩子的语言发展有担心，如口吃、听力理解或口语表达困难，那语言治疗师也会被邀请。

"学生研究团队"会议的目的是讨论如何帮助孩子进步。首先要分享孩子的长处和优点，然后再讨论老师和家长的担心，老师会带一些相关的作业和成绩给大家当作参考，记录老师在课堂上和家长在课外已经提供的干预服务及其效果。接下来与会成员就孩子的问题分析原因并提出建议，如哪些学校资源可以利用为孩子提供帮助，像课前、课上个别辅导，提供音像课本在家预习等。学校心理学家、特殊教育老师和语言治疗师则在会议讨论中寻找孩子是否有特殊教育需要的迹象，如家庭成员有学习或行为问题、幼儿时语言能力发育迟缓、过去曾留过级但今年仍然吃力、被医生诊断为多动症等。低年级的困难以学业方面居多，如阅读速度慢、理解困难、数学概念掌握不好、字迹太潦草或书面表达能力弱。也有 20% 左右的会议是因为孩子行为问题而开的，如注意力不集中、不听指令甚至干扰到老师讲课、社交困难或者打人等攻击性行为。到了初中和高中阶段，因情绪和行为原因而开的会至少达一半左右。

如果无论老师和家长如何帮助，孩子持续两年或以上学业吃力甚至不及格，或者行为、情绪等问题危及自身或他人的安全，我们学校心理学家就需要参与第三步，推荐全面测评去决定学生是否符合特殊教育的标准。学校心理学家负责测评的整个过程，需要在 15 天内为家长提供"测评计划"（Assessment Plan）和"书面通知"（Prior Written Notice），罗列为什么会推荐孩子接受教育心理测评及这个过程包括的内容，如总结所有学校档案记录、课堂观察、采访家长/老师、学生面谈、智商和学习能力等标准测试、问卷。如有需要，还可以包括语言和运动能力测评。

---

① 学生研究团体会（Student Study Team，SST）有的学校称为学生成功团队会（Student Success Team）。

家长还会收到"安全措施保证"(Procedural Safeguards),也被称作"家长权利书"①,册子上面详细记录了 18 岁前家长对孩子教育拥有的决定权,如没有家长签字同意不可以为孩子做任何测评或提供任何服务,家长有权利不接受校方的测评结论和推荐的服务等。如果与校方意见有异,家长有权力上诉,由专业机构调解。

家长签字后,特殊教育老师、语言治疗师和我需要在 60 天内(多于 5 天的假期除外)完成全部测评。听上去时间充裕,可考虑到很多学校每周校区只分配一到两天的工作时间,同时还要进行多个不同的测评,所以基本上只能保证刚好在期限内完成。

测评的第一步是总结所有学校档案记录和父母反馈的早期发展信息,包括其他家庭成员学习或行为问题历史、怀孕和出生时有无异常、健康状况、前五年的发育是否正常、入学后出勤率、老师的评语、成绩等。学校护士会检查学生的视力和听力,排除阻碍学习的生理因素。同时,我们还会采访家长和老师,全面地了解被推荐进行测评的原因等。这些信息都会写在诊断报告的"背景"部分。如果是三年复测,背景里还要包括原来的诊断、测评结果和曾接受的教育服务。

了解了学生的基本情况后,下一步学校心理学家需要和老师预约去课堂观察,一般都安排在学生最容易出现问题的课上。这时候我们和学生还没见过面,观察时会站在教室里不显眼的角落,所以他们不会和平时表现不同。观察的目的是排除环境中搅扰学习的因素,需要注意的是他们坐在哪里、和周围同学的互动、老师讲课时他们是否听从指令、有没有人或物让他们分心、出现行为或情绪问题时老师和同学如何反应等。这些信息在诊断报告上列在"行为观察"部分。"行为观察"对那些针对情绪和行为问题的测评和学前儿童非常关键,因为他们的标准测试结果的信度可能因遵守指令的困难而受到影响,在班上的表现更能反映教育上的需要。

接下来就开始一对一的教育心理标准测试了,前后需要 3~4 小时,每次不超过 1 小时,以保证学生精力集中,表现出自己的最佳水平。所有测试必须在校内时间完成,一般都安排在体育课等非主课时间,降低对学习的影响。初次面谈我们都会解释测试的原因、过程、回答学生的疑问,并询问他们的爱好等,以期建立信任。绝大多数学生非常合作,而且喜欢测试里多样的题型,特别是图片和视动统合部分。测试中学生的行为也会记录在"观察"部分,因为直接影响到结果的信度。除了一到两个认知能力测

---

① "家长权利书"已被翻译成西班牙语、中文、越南语等多种语言,方便家长理解。

试（常用的是韦氏儿童智力量表第五版①、多样能力量表第二版（Differential Ability Scales®-Ⅱ，DAS-2)等外，我们需要根据测评的原因搭配信息处理能力测试，如阅读困难的多加些语音分析、听力记忆等问题，书写困难的则多做抄画和图像分析等，常用的有学习和记忆评估量表第二版（Wide Range Assessment of Memory and Learning，Second Edition，WRAML-2）；听觉处理技能测试第三版（Test of Auditory Processing Skills，Third Edition，TAPS-3）；视动统合发展能力测试（The Beery-Buktenica Developmental Test of Visual Motor Integration，VMI)等。标准测试的优势是结果可以清晰地显示出受测学生和同龄人相比到底有无异常。

如果是发育、情绪和行为困难，相关的量表就很重要了，常用的有文兰适应行为技能量表第二版（Vineland Adaptive Behavior Scales，Second Edition）、吉列姆自闭症评定量表第二版（Gilliam Autism Rating Scale，Second Edition，GARS-2)、儿童行为测评量表第三版（Behavior Assessment System for Children，Third Edition，BASC-3、青少年抑郁量表（Reynolds Adolescent Depression Scale，Second Edition)等。

特教老师的学业测试也需要至少2～3小时，常用的测评工具是韦氏个人学业成就测试第三版（Wechsler Individual Achievement Test®，Third Edition，WIAT-3)②和伍德科克-约翰逊学业成就测验第四版（Woodcock-Johnson®Ⅳ，Tests of Achievement)③。特教老师测完后会把分数交给我们，因为学校心理学家需要比较到底能力和学业之间的差异是否达到显著水平。

最重要的工作就是学校心理学家来综合所有数据，诊断到底是什么因素造成学生学习或情绪和行为方面的困难，然后决定这种情况是否达到特殊教育的标准，并和团队一起按结果推荐孩子需要的服务。有时孩子符合一个以上标准，但也有少数孩子测评结果显示学习困难并没有达到需要特殊教育服务的程度，那就要讨论如何在主流课里帮助他们的进步。

测评快结束时，学校心理学家要提前至少两周联系家长和老师，预约时间召开个人教育方案会议。校长和所有参加测评的特殊教育者都会被邀请，

---

① http：//www.pearsonclinical.com/psychology/products/100000771/wechsler-intelligence-scale-for-childrensupsupfifth-edition--wisc-v.html

② http：//www.pearsonclinical.com/psychology/products/100000463/wechsler-individual-achievement-testthird-edition-wiatiii-wiat-iii.html

③ http：//www.hmhco.com/~/media/sites/home/hmh-assessments/clinical/woodcock-johnson/pdf/wjiv/test-of-achievement.pdf？la＝en

结果会综合在诊断报告（见附录）里向家长和老师汇报。学校心理学家还需要综合所有信息起草个人教育方案（IEP），其中最重要的是年度目标和服务两部分。根据测评结果，目标可以从阅读理解、写作表达到社交技能和肢体运动无所不包，这是特殊教育老师和语言治疗师等在后 10 个月帮助孩子的方向。服务则列出了他们每周要和孩子一起单独或小组工作的次数和时间。另外，签名页也很重要，因为没有父母的书面同意，方案上的服务都不能提供。

和父母、老师的访谈、在教室和课间的观察、面谈、前后近 4 小时的标准测试、问卷等收集各种信息，让我们学校心理学家有机会深入了解3～21岁的孩子的各种学业、行为和情绪问题及美国基础教育系统下相关的服务。测试的过程也让我们有机会给孩子提供积极的反馈，是间接的咨询。

IEP 会议结束后，服务时间最多的特教工作者成为孩子的管理员，每年至少组织一次年会来监督进步情况。除非孩子有情绪和行为的需要，学校心理学家要到三年复测时才有机会再参与他们的教育决策，这也为我们提供了机会跟踪孩子的进步。时有多年前咨询或测评过的学生成人后回来告诉我他们的状况，看到他们的成长，是给我们最大的奖励。

他为什么不做作业？
——特殊学习障碍（Specific Learning Disability）

> 学习上有困难的孩子，每个班都会有20%左右。影响学习的可能性因素有很多，真正达到学习障碍诊断标准的美国学龄儿童约占总人数的5%。学习障碍并不可怕，可怕的是不能接受。早期干预被证明对学习障碍的治疗最有效。

一般我们都推荐老师至少给学生两个月时间再召集"学生研究团队"会议，因为开学后总需要适应几周才能更好地了解孩子的需要。可刚入三年级三个星期，史密斯老师就强烈要求马上开会讨论阿尔伯特的问题。史密斯老师非常有教学经验，共事近十年来我还是第一次看他如此焦急，所以就同意了。

一打开阿尔伯特的学生档案，大家都吃了一惊，从学前班到二年级的成绩单上满满都是 N（Needs Improvement，未达标）。一般在一年内有多门功课不及格的话，老师一定会召集会议去讨论对策，或者直接推荐留级。可阿尔伯特的前三位老师都在学年结束时留下评语说他够资格升级，因为教的学业他都会，就是不做作业。

史密斯老师在会上报告，阿尔伯特性格温和安静，在班上从不打扰别人。点名叫他读课文听上去也很流利，就是课上作业时间总是东张西望，虽有老师经常提醒作业也只能完成不到20%，怎么鼓励也不见效。妈妈说她在家也想尽了办法，但阿尔伯特就是不写家庭作业。

教育法定义特殊学习障碍为"因神经心理功能异常而显现出注意、记忆、理解、推理、表达、知觉或知觉动作协调等能力有显著问题，以致在听、说、读、写、算等某项学习上有显著困难，包括阅读障碍、书写障碍或数学障碍"。看表面现象，阿尔伯特似乎不是我们会推荐测评的对象，因为常见的学习障碍症状他几乎都没有。比如，家庭历史（直系亲属中有学习困难）、早期语言发育迟缓或某科目有特别的困难但其余科目显示正常的学习能力等。我甚至可以因为他的不努力而拒绝提供测评，因为确诊学习障碍一定得排除环境因素，包括文化、出勤率、第二语言或教学不当等原因。

但史密斯老师带来的阿尔伯特的抄写样本让我很担心。已经8岁了，他的笔迹更像5岁的孩子。虽然所有的老师都同意他看上去有正常的学习能力，但那和成绩单上满满的"不及格"有天壤之别。而"能力"和"学习成绩"的差异正是学习障碍的诊断标准之一。综合所有因素，我和特教老师推荐了全面测评。

阿尔伯特的妈妈爽快地签字同意了，因为她实在想知道看上去蛮聪明的孩子，到底为什么不做作业？

去教室观察阿尔伯特，如果不是老师事先告诉我他坐哪儿，讲课时真看不出他和其他同学的区别。史密斯老师特意把他安排在前排。他戴着眼镜，安安静静地，被提问时虽然答案不是完全正确但最起码没跑题，多少在听讲。哪怕课堂作业时间他不像同学一样埋头写，但脸上也没有任何厌倦的表情，只是安静地左右看看。

带阿尔伯特去做一对一的测评，他也非常合作，简短的面谈中很放松地给我介绍他的爱好等。事先知道纸笔活动是他的弱项，我就没有像往常一样先让他画张人像来破冰，而是直接开始韦氏儿童智力量表第五版，因为十个分测试里视觉、听觉和动觉活动穿插进行，更能提高他的兴趣和注意力。每个部分阿尔伯特都尽力而为。词汇量、文字分析、听力理解、空间推理、图像类同、拼图、逻辑等都在正常范围，信息处理部分的测试发现语音规则也不差，但一让他看图抄写，差距就明显了。菱形在他笔下成了六个角的四不像，带箭头的线和箭头间的间隔超过3厘米，最不可思议的是明明往右下角斜的线他居然抄成往左下角斜。最后结果，阿尔伯特虽然总体智商达到普通水平（90～110），但视动觉统合能力（visual/motor integration）在抄图像的两个测试上[①]一致显示处在边缘水平（borderline range,

---

[①] 视动统合发展能力测验第六版（The Beery-Buktenica Developmental Test of Visual Motor Integration (VMI)-6th Edition）和本德格式塔测验第二版（Bender Gestalt Test-2nd Edition）.

70~80)。同时，他的图像记忆能力也远远低于听力记忆能力。特教老师的学业测评显示阿尔伯特的阅读和写作能力在标准测试上达到普通水平，但数学能力却低了两个标准差，落在边缘水平。这个情况和美国一些研究结论吻合：语音规则缺陷常造成阅读困难，而数学困难往往和图像分析、视觉记忆或视动觉统合能力发展障碍相关。

传统的特殊学习障碍诊断模式要求标准学业测评分数严重低于智力水平的同时（大于 1.5 个标准差），信息处理能力中，包括视动觉统合、视觉处理、听觉处理、注意力、类同/概念化/表达等认知能力①，至少有一项在两样或以上的标准测试上低于第 10 个百分位数。阿尔伯特的测评结果完全符合。

两个月后的个人教育方案会议上，父母和老师在听完我和特教老师的分析后如释重负，终于了解到阿尔伯特这三年多来拒绝做作业不只是因为"懒"或"没有学习动力"，而真是有视动觉统合的困难，需要特殊教育服务。根据他当前的需要，特教老师和史密斯老师咨询后，推荐每周三次，一次 40 分钟，为阿尔伯特提供小组服务。三个年度目标分别包括作业的完成（从现在的 20% 左右提高到 70%）、数学计算和应用题的解决。法律规定个人教育方案会议必须每年复查一次学生的进步情况，期间父母或老师如果有需要，也可以随时要求开附加会议。

* * *

学习上多多少少存在困难的孩子，每个班都会有 20% 左右。真正达到学习障碍诊断标准的美国学龄儿童从 1976—1977 学年的 1.8% 涨到 2004—2005 学年的 5.7%，几乎是接受特殊教育的总学生人数的 35%。其中因听力处理缺陷而造成阅读、拼写或写作障碍的居多，因为英语毕竟是建立在语音基础上的语言。其他还有数学障碍和书写障碍。大多数学习障碍学生是在小学期间被确诊并开始接受特教服务的。

早期干预服务被证明对学习障碍的治疗最有效，特别是低年级对语音规则的特殊训练。但传统的特殊教育测评和服务体系是"补牢"的模式，需要孩子在标准测试中显示已经至少一科远远落后于正常进度才提供服务。好在近年来越来越多的校区转向干预反应模型（Response to Intervention，RTI），把更多精力放在预防性服务上，为低年级有学习困难的儿童提供服务，以期避免加重到"学习障碍"的程度。如果半年到一年内孩子的表现反

---

① http：//www.casponline.org/pdfs/pdfs/Title%205%20Regs,%20CCR%20update.pdf

映预防性服务效果不明显,学校再推荐特殊教育测评。

学习障碍确实给孩子的成长带来挑战,使他们的自尊受损,在学校受嘲笑或欺负的概率更大。学习障碍在线网站报道,有阅读困难的孩子中10%~15%高中辍学。青少年和年轻人中有犯罪记录的和有吸毒历史的约半数有阅读困难[1]。2010—2011学年的调查发现,美国有36个州允许个人教育方案团队(IEP Team)影响有残疾(包括学习障碍)的学生的高中毕业标准。比如,加州的公立高中把特殊教育课列为选修课,完成就可以拿到和普通课一样的学分,而且社区大学也接受。但同样的特殊教育课学分本科大学不接受。2012—2013学年的调查发现,无须特殊教育服务的学生中毕业率从最低的哥伦比亚特区的62%到最高的爱荷华州的90%不等,有特殊教育服务的学生中毕业率从最低的密西西比州的23%到最高的阿肯色州的80%整整差了57个百分点,这和各州对毕业标准的不同要求相关[2]。

2012—2013学年的数据显示,3~21岁,接受特殊教育服务的亚裔中学习障碍所占比例(23%)远远低于全国平均数(35%),但不得不提的是我工作中也遇到亚裔家庭虽然孩子被诊断为学习障碍但拒绝特教服务,选择课外雇用家教辅导等方式。如果是轻度障碍还可以,但如果严重,没受过特殊教育培训的家教提供的辅导是不会有太大效果的。比如,一位华裔男生5岁就被校区诊断为严重学习障碍,但父母拒绝特教服务,坚持认为他的理解、记忆和推理困难是缺钙造成的。美国尊重父母在孩子18岁前拥有的教育权,如果他们不签字,校方不能提供任何服务。他的家长花了大量时间和精力来帮孩子跟上普通班的进度,但四年级以后随着课业难度的增加,孩子越来越难以理解需要抽象思维的问题。父母到初中时终于接受将特殊教育课作为他的选修课,不然按正常班的要求他会不及格,到高中就无法取得足够学分毕业了。

94%有学习障碍的学生在高中阶段接受特殊教育的帮助,但其中只有17%在大学接受帮助[3],尽管绝大多数公立大学提供不同程度的服务。2011—2012学年,11%的本科和专科生报告自己有某种残疾[4]。根据国家特殊教育研究中心的数据,只有34%有学习障碍的学生在高中毕业八年之

---

[1] http://www.ldonline.org/article/223/

[2] http://www.edweek.org/ew/articles/2015/06/04/graduation-rates-vary-for-students-with-disabilities.html

[3] http://hechingerreport.org/colleges-respond-to-growing-ranks-of-learning-disabled/

[4] https://nces.ed.gov/fastfacts/display.asp?id=60

内完成四年本科学位①，相比无学习障碍的学生平均六年内本科毕业率达 56%。

美国特殊教育法规定，学校心理学家需要每三年为接受特殊教育服务的孩子做复测，检查他们进步程度的同时，看他们是否还符合诊断标准。17 年间做的 200 多例复测让我有机会跟踪他们的进步情况，发现不再需要特殊教育服务的孩子不到四分之一。而这些孩子的一致特点是家长不懈的支持和鼓励，让他们掌握了优良的学习习惯，对自己和学习都有信心。记忆、理解或视动统合能力等先天缺陷在标准测试上仍然显示，但个人的努力加上教育方案提供的方便，完全可以让他们有机会按时交作业，充分地准备考试等。比如，阅读理解有障碍但听力理解力强的，那考试题就读给他听；有书写障碍的，作业可以口头应答然后由书写软件记录下来，老师还提供课堂笔记复印件等。

近年来越来越多的国内家长也意识到学习障碍的存在，会去专业机构寻求测评和帮助。学习障碍并不可怕，可怕的是不能接受或积极治疗。解决任何问题都需要先认清问题到底是什么。许多行业的精英，如著名演员汤姆·克鲁斯(Tom Cruise)等，当年都有严重学习障碍。家长让学生接受并治疗学习上的困难，同时发现孩子其他方面的长处，才能帮他们更健康地成长。

---

① http://ies.ed.gov/ncser/pubs/20113005/

她为什么不说话？
——发音/语言障碍和自闭症

> 自闭症在美国儿童中的患病率从2000年的每150位中有一位升至2010年的每68位中有一位，成为增长速度最快的发育障碍。虽然从接受特殊教育服务的总数来看，亚裔是美国所有族裔中最低的（6%比13%），其中自闭症的比例（18%）却远远高于全国平均数（8%）。

2002年9月，安娜被妈妈带进学前测评组办公室时，她精致的五官，在公主裙的衬托下，像个洋娃娃，让人忍不住想去抱抱。她刚满3岁，在幼儿园老师的要求下，妈妈才申请校区的测评，不满之意溢于言表。"她们班还有一个不讲话的孩子，为什么老师没要求那个孩子去做测试呢？"

好在我接到妈妈签字的测评计划后已经有机会去安娜的幼儿园观察过，所以可以回答妈妈的问题。学前儿童语言发展确实曲线不同，快慢的原因也不同。安娜的同班小朋友两岁了还不讲话，明显是环境造成的，因为我观察到那位家长去幼儿园时，只要孩子手指一下，就把他想要的东西拿给他。我确信一旦家长和老师配合，要求孩子讲出词语才给他物品，那个孩子一定能进步。原因是，虽然他暂时不讲话，但小朋友们说笑时他在目不转睛地观察，而且老师带领大家做手工时，他一直在一步一步地模仿周围的小朋友。

安娜就大相径庭了。周围的人和事物对她好像并不存在。老师带着大家唱儿歌、做游戏时，她一个人踮着脚尖转到窗边，每隔几分钟就跳一下。助教和她讲话时虽然蹲下来看着她的眼睛,可她的眼神却在回避。助教拉着她的手和小朋友们坐成一圈,周围的小朋友也友好地欢迎她,但她的眼睛始终不和任何人对视,不到半分钟就试图站起来离开。课间小朋友们在操场上欢快地跑来跑去时,安娜从未瞥过她们一眼,一个人在围栏边站着,盯着上面常春藤的叶子,每隔几分钟还会突然跳一下。

发音/语言障碍在美国3~21岁接受特殊教育服务的总数中所占比例仅次于学习障碍的类别①。3~5岁接受特教服务的学前儿童中多数需要语言治疗。如果只是语言发育迟缓,校区的语言治疗师就可以独立完成测评,并为在标准语言测试中百分位数低于7的孩子提供治疗服务。但很多孩子在表面的词汇量低、听力理解和表达困难下,还隐藏着社交和适应行为技能(adaptive behavior skills)发育障碍,那就必须由学校心理学家提供全面测评。

由于三四岁有语言障碍的孩子听力理解大多有困难,很多标准测试的要求给举了例子他们也不明白,再加上口语表达的困难,所以学前期测评中很多诊断的凭据来自临床观察、对父母和老师的采访以及量表②。

不出所料,安娜在一对一的测评中对共同关注能力表现出极度困难,即她自己想玩的东西会主动拿给妈妈看,但对我拿给她看的图片或玩具没有任何兴趣,拒绝做演示给她的任何考题,如拼图、卡片归类、重复数字或单词等。学前儿童接受测评时父母可以在旁边观察,她妈妈亲眼看到女儿听从指令的困难,自己过来左哄右哄到安娜试图跑开,终于承认其实她一直也担心孩子的交流和社交能力发育迟缓,只是不愿面对,总存着希望——她会慢慢好起来,直到和同龄人的差距越来越大,才在幼儿园的督促下来校区寻求帮助。

如果按标准测试的结果,安娜智商的百分位数会落在2以下,符合智力障碍的标准之一。但她的表现和她当时的语言及社交障碍有关,无法合作,所以必须在测评报告中说明其认知能力需要在三年复测或之前重新评估。我接触过好几例在学前期因为智商测试不准确而被误诊为智力障碍的,好在教育法规定至少每三年复测一次有个人教育方案的孩子,所以错误得以纠正。

在这个年龄阶段,临床观察和适应行为技能量表是比较准确的测评工具。父母和老师分别按照自己在校内外对安娜的观察为她的行为技能打

---

① http://nces.ed.gov/programs/coe/indicator_cgg.asp
② 常用的是文兰适应行为技能量表(Vineland Adaptive Behavior Scales, Second Edition)。

分，结果一致显示她的语言理解与表达、肢体运动、独立生活和社交技能与同龄孩子相比百分位数在10以下。同时，她对触觉、光、声音等非常敏感，只穿柔软宽松的衣服，声音稍高就烦躁不安，还不喜欢别人碰。另外，任何对惯例的改变都会让她发脾气，如睡前妈妈一定要读固定的一本书给她听，门口的鞋子要按她特定的顺序排整齐等。

可以看出，安娜的困难已经不只是语言的问题，而是扩展到行为和社交能力，符合加州教育法中对自闭症的定义：一种显著影响语言和非语言沟通与社交能力的发育障碍，症状在3岁前就明显，而且已影响到孩子的教育表现。2014年7月生效的修订版教育法把"与自闭症相关的特性"从原来的七项简化成三项[1]：

①经常有重复性的活动或刻板的动作；
②抗拒环境或日常惯例的改变；
③对感官体验不寻常的反应。

传统的自闭症诊断标准包括交流能力、社交、刻板行为三项。虽然修订版教育法不再把交流障碍单列一项，但我还没有遇到过任何一例自闭症儿童语言能力健全的。

根据美国疾病控制与预防中心2014年的统计数据，自闭症在美国儿童中的患病率从2000年的每150位中有一位升至2010年的每68位中有一位，成为增长速度最快的发育障碍。期间社会对它的关注肯定是诊断比例升高的因素之一，但不能完全解释十年间如此高的增长率[2]。加州发展服务部（Department of Developmental Services）报道，加州严重自闭症已经从1989年的3,262例暴涨到2014年初的73,000多例[3]。值得重视的是，虽然从接受特殊教育服务的总数来看亚裔是美国所有族裔中最低的，其中自闭症的比例（18%）却远远高于全国平均数（8%）[4]。

因为对自闭症最有效的干预是早期治疗，所以近年来所有医院在婴幼儿的年度体检时，都要求父母完成一个自闭症筛查表，符合任何症状，小儿科大夫都会进一步咨询，决定是否需要到当地的地区中心（Regional Center）做全面测评。地区中心负责3岁前孩子的早期干预服务，包括语言治疗、每周高达25小时的一对一行为矫正训练等。3岁生日后由公立校区

---

① http://www.casponline.org/pdfs/pdfs/Title%205%20Regs,%20CCR%20update.pdf
② http://www.cdc.gov/ncbddd/autism/facts.html
③ http://www.sfautismsociety.org/sf-bay-area-autism-by-numbers.html
④ http://nces.ed.gov/programs/coe/indicator_cgg.asp

提供特教服务，上门服务换成学校的特教班、语言治疗和社交小组服务等。因为美国对自闭症儿童的测评和服务相对成熟，我在旧金山湾区还接触过多个专门为有自闭症的孩子治疗和教育而移民来的华人家庭，爱子之心让人动容。

理论上自闭症不会痊愈，但我在做三年复测时遇到两位在6岁时语言、社交和行为技能完全正常的孩子。他们都是从两岁时被地区中心确诊为自闭症后开始接受早期治疗的，3~5岁在校区特教班接受服务，进步明显，6岁复测时不再有任何自闭症征兆。绝大多数孩子进步没有这样大。三年后见到安娜，她的词汇量、拼图和图片分类等能力已经达到正常水平，还爱上了数数和阅读，但语言和社交能力仍然有很大缺陷，如无法把不同孩子的面部表情归类，和她交谈时她也答非所问等，在班里和同学很难交流，所以需要继续接受特教服务的帮助。

当情绪控制主人

> 和学习、语言障碍相反,情绪障碍基本都是在中学确诊的。这些智力正常甚至超常的孩子在正常的环境下产生反常的生理、行为或情绪反应,无法专心学习,许多不能按时来上课,严重影响到在学校的表现。很多症状如果在早期引起家长重视,治疗效果会事半功倍。

2004年春季,一进副校长办公室,我先注意到的不是垂着头的维维安,而是她妈妈脖子上塑料壳的支架。虽然没好意思问,但脑子里先画了个问号。

维维安九年级了,这是她的第一次"学生团队研究"会议。她从三年级就达到资优生资格(智商130以上),小学时一直名列前茅,这学年的老师们也一致反映她学习能力强。

那为什么需要开会讨论她呢?

因为当时她已经连续两周无法来上学了。

随着会议的进行,我逐步了解到,维维安从八年级开始出现焦虑症状,因为一直轻易拿全A的她,当年在科学快班上居然首次得了个C。她开始担心到睡不着觉,一有考试就手心出汗、全身僵硬、大脑一片空白。但因为学习基础牢,其他科目成绩一直保持良好,所以老师和同学们并没有发现异常。

上高中后,随着课业的加重,维维安开始越来越紧张。两个月前,她姐姐在家和妈妈顶嘴,结果妈妈一时想不开,把油浇在自己身上后点着火。姐姐马上报警,救护车及时赶到。妈妈重度烧伤后恢复稳定,姐姐也向妈妈道歉后开始正常学习生活,可是目睹了整个过程的维维安从此一听到救护车或警笛的声音或看到任何有关火的信息和图像就浑身石化。有两次在课堂上出现这种反应后校方只能用轮椅把她推出来。

一个月前,维维安的父母把她带到医院精神病科,大夫也确诊她为焦虑症和创伤后应激障碍(Post-Traumatic Stress Disorder),但她吃了一次药后说副作用太大,拒绝继续。因为这个诊断,校方马上为她依法设立了504方案①,老师们提供了很多配合措施,如作业迟交不扣分、需要离开教室随时可以要求等。但最近两星期她拒绝起床,整日蒙头在床上。落下的功课越多她越紧张,越紧张就越不能来上课,恶性循环。

因情绪障碍严重影响到学业而被推荐来测评,在那一学年维维安已经是第四位了。国家精神健康研究所报告,美国大约10.7%的青少年有抑郁症②,5.9%有严重焦虑症状③,但其中只有18%～25%会寻求治疗。美国中小学里接受特教服务的儿童和青少年中有情绪障碍的占6%左右④。

采访维维安的父母时,问到家庭历史,她妈妈承认自己在自焚前有抑郁症状,但没去寻求诊断或治疗。研究证明,直系亲属中有精神健康问题、家庭破碎、父母吸毒史等都会增加儿童和青少年出现情绪障碍的概率。

父母签字同意校方测评后,维维安还是无法正常到学校来,我就把测评地点换到她家里。到的时候已经过了上午十点,维维安还在床上用被子蒙着头。如果有外人在,青少年一般会顾及自己的形象。维维安的反应让我看到情绪对她的捆绑有多严重,她已经完全不关心别人会怎样看自己了。

勉强起来做完智力测试和情绪量表后,维维安又有气无力地回到床上。空洞的眼神和房间里她照片上小时候一脸灿烂的笑容形成鲜明的对比。智商和三年级时的结果以及小学初中历年的成绩一致,超常,却和她目前的精神状况和开始不及格的成绩渐行渐远。家长、老师和她本人的量表结论一致,抑郁、焦虑的症状都远远超出正常范围。毫无疑义,维维安

---

① 1973年通过的康复法案(The Rehabilitation Act)第504条,由民权办公室(Office for Civil Rights, OCR)负责,规定凡接受联邦资金的单位不能因为任何人的残疾而排斥或歧视。在公立学校里服务那些有医疗诊断但对学习的影响程度没有大到需要特殊教育服务的学生,包括考勤、课上行为的宽容,作业、考试的灵活等。

② http://www.nimh.nih.gov/health/statistics/prevalence/major-depression-among-adolescents.shtml

③ http://www.nimh.nih.gov/health/statistics/prevalence/any-anxiety-disorder-among-children.shtml

④ http://nces.ed.gov/programs/coe/indicator_cgg.asp

符合情绪障碍的诊断标准①。

因为情绪紊乱,学生严重显示以下所列一种或以上症状很长一段时间,并对学习表现产生负面影响:
①无法专心学习,却不能用智力、感知觉或健康因素来解释;
②无法建立或维持与同伴和老师间满意的人际关系;
③正常的环境下产生不恰当的行为或情绪反应;
④持续不快乐或抑郁的情绪;
⑤因个人或学校问题而引起的生理反应或恐惧。

和学习、语言障碍相反,精神障碍基本都是在中学确诊的。这在公立校区的服务上也能清楚地看出来:加州教育经费的裁减让小学没有咨询员的预算,学校需要由校外心理健康机构的实习生提供一周一到两天的咨询服务。到了初高中每500位学生必配一名全职咨询员不说,大多学校还另有一到两个实习生提供心理健康咨询。大多数学生的情绪问题如果有正确的引导,短期内完全可以调整好。像维维安这样发展到病理程度的,学校会提供情绪障碍特殊教育班服务。小学期间费利蒙和邻近的两个市只需共用一个情绪障碍特教班,到了初中就成立了一个本校区专用的班,高中时达到五个,每所高中都有一个。

情绪障碍特殊教育班不超过15位学生,除了特教老师和助教外,校区还配备了专职学校心理学家负责每位学生每周一小时的个人治疗、集体治疗和家长的沟通,如果用药还要和精神科大夫及时反馈任何变化。部分学生每天只需要一节特教课的支持来缓解压力,其他课都和没有特教需要的同学在一起。

可惜的是维维安的父母虽然签字同意了推荐的服务,但可以看得出来他们内心不能真正接受女儿病症的严重性,在她拒绝去上学时,没有配合学校鼓励她从一天一节课起慢慢恢复。妈妈也因为自己的过激反应诱发了维维安的焦虑症而有愧疚感,没勇气去帮助她振作精神,虽然我一直告诉她其中基因的成分很大,早晚会爆发,家长应该庆幸她的病症出现在高中,父母可以及时提供帮助。维维安最终被父母转去附近一所私校,告诉我会接受私人心理治疗,不知道效果如何。其实校内的治疗服务有很多优势,可以和老师及时沟通。好几位类似情况的学生,在药物的帮助下开始控制生理上的抑郁和焦虑症状后,积极配合治疗,拿满学分按时毕业。和其他类别相似,那些进步最快的学生一定是父母在家里积极配合。

---

① http://www.casponline.org/pdfs/pdfs/Title%205%20Regs,%20CCR%20update.pdf

注意力不集中怎么办?
—— 其他健康障碍(Other Health Impairment)

> 4~17岁的美国儿童和青少年中被诊断为注意力缺陷多动障碍(ADHD)的人数逐年上升,2011年已高达11%。如果严重影响到学习表现,可归在其他健康障碍(OHI)下接受特殊教育服务,其中包括很多慢性或急性的健康问题,如哮喘、糖尿病、癫痫、心脏病等。

乔治七年级初转入我所在校区的初中,之前在附近的城市因为搬家换过几个小学。两周下来,老师就发现他注意力和组织计划能力极弱,上课东张西望,提问时如梦初醒,课后不知道作业是什么。咨询老师发现他家庭有困难,没钱买本校学生的行事历后,马上送他一本,并教给他怎样把每天的作业记在各科目下,但他还是十有八九忘记在课堂上拿出来用。乔治在三年级的时候就被小儿科大夫诊断为注意力缺陷多动障碍(Attention-Deficit/Hyperactivity Disorder,ADHD),但并没有遵医嘱用药。老师们已经按照他的504方案在课堂上提供很多方便,如坐在头排、投射在屏幕上的笔记打印出来给他、作业晚一天交不扣分等,但看上去对他的帮助不明显。

老师们本着乔治刚从其他校区转来,需要更多时间适应的原则,坚持到第一个学期末才召集"学生团队研究"会议讨论对策,因为那时问题已经很明显:无论老师们怎样尽力,他四门主课都会不及格。交不上作业是他最大的问题,因为在初中各科的作业占到成绩的50%~60%。绝大多数学生都会查看"学校圈"网站去保证各科的作业和考试按时准备。乔治说家里不能上网，推荐他利用学校图书馆课后开放的一小时，他也很少留下。

乔治的父母离异但分担监护权，两位倒都理解老师的担心，承认乔治从小注意力就很难集中，坐不住，还常丢东西，马上签字同意测评。就连一对一的测评也能明显观察到乔治注意力缺陷的影响，如在听力理解部分，他常常对简单的问题答非所问，但对更抽象需要推理的问题反而能答对。还有，需要理解的语言信息，如短故事，他可以复述主要内容，但前后没联系的信息，如一串数字或单词，超过三个他就开始犯错误了。神经心理测试（NEPSY-2）中的"注意力"部分，CD上单调的声音播读一百多个互无联系的单词，乔治需要在听到某个指定颜色时用手指从面前四个不同颜色的圆形中找出相应的并点击，同时忽略所有其他单词。他错过了超出四分之一的目标词，让此项测试的百分位数落到2，也就是98%的同龄孩子比他答对的多。其他几项注意力测试结果也都惊人地相似，包括家长和老师的量表。另外，因为无法集中注意力，所有计时的题目他得分也很低。

美国精神病学协会（The American Psychiatric Association，APA）的数据显示，5%的美国儿童被诊断为注意力缺陷多动障碍（ADHD），但美国疾病控制和预防中心[①]报告：4~17岁的孩子中这个比例呈逐年上升趋势，2003年是7.8%，2007年是9.5%，到2011年已经高达11%了[②]。小学低年级的时候，他们有些还能凭优良的理解力去达标，但到初中和高中劣势就越来越明显了。上课时走神很难完全理解老师的讲解，再加上条理差，爱忘事，按时做完并上交作业成为挑战。而那六年的各科成绩都是各项作业和考核的平均数，所以注意力不集中的孩子到了高中，成绩都远远不能正确反映自己的智力水平。

只有医生才能做注意力缺陷多动障碍（ADHD）这个诊断。大部分有ADHD的孩子可以借助504方案罗列的对策，在老师的帮助下继续在普通班里学习。比如，坐在前排，减少周围让他分心的人和物；安排送考勤表或发卷子之类可以跑动的任务，以便常有机会活动腿脚；实在坐不住时有个软垫子可以舒展四肢等。如果症状严重影响到学习，就可以归类到其他健康障碍（Other Health Impairment，OHI）而接受特教服务。

乔治的教育需要符合其他健康障碍的诊断标准："学生由于慢性或急性的健康问题，如哮喘、注意力缺陷障碍（Attention Deficit Disorder，

[①] 美国健康和人事服务部（Department of Health and Human Services）的主要部门，有关于公共健康最权威的数据。

[②] http://www.cdc.gov/ncbddd/adhd/data.html

ADD)或注意力缺陷多动障碍、糖尿病、癫痫、心脏病、血友病、铅中毒、白血病、肾炎、风湿热、镰状细胞性贫血、抽动秽语综合征等，局限气力、活力或注意力，包括加重对环境中刺激的反应而削弱对教育环境的反应，造成对学习表现的负面影响。①"3～21岁的学生中因其他健康障碍而接受特教服务的占全部适龄学生的1%左右，其中最常见的就是ADHD。

在乔治的IEP会议上，家长和校方都同意把他的选修课换成资源专家课（Resource Specialist Program，RSP），里面十几位有不同IEP的同学由特教老师和助教提供小组服务，确保作业的完成，解释不懂的概念，完成在课堂上做不完的试卷等。乔治的智力没有问题，但在30多位同学的普通班里难以集中精力，初中和高中必备的学习技巧等弱。一旦掌握了如何使用记事本，家长也在家配合检查他是否每天完成了上面记录的作业项目，准备当周的考试，预习第二天的内容，他在课堂上的表现就有明显改善，学习上也更有信心了。

① http：//www.casponline.org/pdfs/pdfs/Title%205%20Regs，%20CCR%20update.pdf

孩子在学校不听话怎么办？
——行为管理咨询

> 2014年加州通过的议会法案420取消了以"故意违抗指令或打扰学校活动"为理由开除学生或停学（suspend）学前班到三年级的学生。小学对行为管理的重视不亚于学业。学校以行为主义的基本理论做指导，强调批评不良行为的同时，一定要教给孩子正确的替代行为去满足旧行为的功能。

2012年秋季开学第一天，学前班的明同学在教室号啕大哭，吵着"我要回家！"声音之大，几乎半个校园都可以听到。老师保险起见把他送到学校办公室，秘书联系家长，确认他没有生病等任何可以回家的理由就送回教室。但他一到教室又开始大哭。为了不耽误其他同学的第一天，明被请到校长办公室待完那半天。课后老师马上找到我，询问该怎样应对。

除了教育心理测评和咨询，为老师们提供行为管理咨询也是学校心理学家工作的一部分。和明的妈妈通过电话后，我了解到他一方面在任何新环境中都缺乏安全感，比同龄孩子需要适应的时间长；另一方面又喜欢做主，在不清楚规矩时总想试一下自己的行为能否取得控制权。权威人物如果说话不算数，或者哪个集体规矩不一致，会很难取得他的顺从。

第二天老师早有准备，明一踏入教室哭起来，就被镇定并和气地告知在学校除非生病，否则不可以早回家。如果哭，请坐在教室的一角，哭够了就和同学们一起学习。明马上加足马力更大声地哭。老师镇定地把他领到教室里隔开的一角,向其他同学解释:每个人来到新的环境,反应会不一样,有的小朋友需要多一点时间适应,请大家谅解。然后老师和其他学生开始一天的活动,忽视明的哭声。明哭累了停一会儿时,老师就问他准备好加入课堂活动了吗?明报之以"NO!"然后接着再哭。二十分钟的课间,别的同学都去操场玩耍,明拒绝出去,但哭声小了很多。老师陪他在教室里,告诉他新的学校真的很陌生,感谢他这么勇敢,早上按时到学校,并鼓励他把自己的心情在纸上画出来。明简单地回答了问题,但一直在啜泣。

第三天,明还是一进教室就哭,但底气已经明显不如前两天足。哭了不到一小时就没声音了。老师马上表扬他的安静,热情邀请他加入自己的小组开始剪贴手工,并拿他的成品向全班展示,夸他剪得多整齐。课间他和同学一起走到操场,虽然没有参与但在留心看别人在攀爬设施上玩儿得不亦乐乎。

从那天起,每次在校园见到明他都是满面笑容,谁也无法把他和当初那震耳欲聋的哭声联系在一起。

* * *

2014年,加州通过的议会法案420取消了以"故意违抗指令或打扰学校活动"为理由开除学生或停学(suspend)学前班到三年级的学生[①]。美国小学对孩子行为管理的重视不亚于学业,成绩单上近1/3的考核指标是关于自控能力、团体合作能力等行为的。学校以行为主义的基本理论做指导,强调指出不良行为不对的同时,一定要教给孩子正确的行为。行为,不管是父母和老师想看到的还是不想看到的,都是为了达到一定的目的。目的大多可以分成两类:为了得到想要的或者为了避免不想要的。分析孩子行为背后可能的原因和想达到的目的,然后想办法帮助他们找到并练习更合适的表达方式,才能达到更长远的效果。

管教,不管是在学校还是家里,"管"的目的都是"教"。英语里的"discipline"词根原意也是"引导"(to guide)。管了但没有教给孩子任何解决问题更好的方法,甚至还造成伤害,那就失去了意义。学校每年都为老师们做培训,每一位善于教学的老师一定是行为管理专家。他们防患于未然,从开学第一天起就及时发现学生的积极行为,如认真听讲、团结互助等,及时鼓励,建造良性循环。常见的奖励方式是代币制(token economy),如

[①] http://edsource.org/2014/new-law-limits-student-discipline-measure/67836

每次完成在班里的责任(举手发言、按时交作业等)，老师就放一个玻璃球在小坛子里，或在巨大的分格图案上把一块砖涂色，放满或涂满时老师用孩子喜欢的方式庆祝，如请全班吃比萨饼或周五下午在教室里看电影。

如果学生重复出现行为问题，家长会被请来和老师、校长、学校心理学家开"学生研究团队会"，一起讨论孩子行为背后可能的原因和想达到的目的，然后想办法找到并帮助他练习更合适的表达方式。

在小学，我们一般考虑的因素有以下几方面。

1. 生理原因

比如，孩子上课精力不集中时，那就先问晚上几点睡的？早上上学前吃早餐了吗？有没有生病？睡眠不足或饥渴都会影响到孩子在课堂上的行为。另外，家族历史也是重要的考虑因素，因为很多情绪及行为障碍受遗传影响。

2. 课程原因

比如，上课时总讲话，还打扰其他同学的学习，是因为老师教的内容他听不懂吗？在家里有没有不理解或记不住父母讲话的情况？之前学习有没有类似困难？有学习困难的学生更容易有行为问题，因为在学习上找不到控制感和成就感时，更容易用行为问题来掩盖。

3. 行为习惯

明一定有过用哭达到目的的经验。因为刚开学，新的学校对他来说陌生而没有安全感，所以他哭的目的是"被送回家"。老师完全可以用他打扰课堂秩序为理由让家长把他接回去，但这样就加强了明以"哭"为工具来达到自己目的的习惯。如果老师以严厉的方式制止明哭，他可能暂时被吓倒，不哭了，但却可能更加深了对学校的恐惧，在没有安全感的情况下是不可能安心学习的，后患无穷。所以要打破这个习惯，就要帮明用语言来表达自己的焦虑，然后及时鼓励，让他体验到新的学校其实并没有这么恐惧，逐步建立起信任感。好几次见到超市里购物的家长对哭闹的孩子让步，买了他们要求的东西。我敢保证，下次这些孩子再提什么过分的要求，会变本加厉地用这种方式达到。

其他在小学常见的行为原因还有：不知道或不理解校规和班规；想试探到底规范是否真被执行；想得到老师或同伴的注意力；重复使用观察到的成人或同伴行为。

比如，打人，家长、老师和校长等就要考虑这是否是来掩饰自己学习困难的工具？如果只是自控能力弱，那就研究怎样帮他用语言来表达自己的不满。常见的措施是建立行为合同，每次合理解决冲突，老师就及时表扬并用行为表格等通知家长，而家长在回家后根据孩子的兴趣合理奖励，建立正面行为的良性循环。攻击性行为严重的孩子需要接受学校咨询服务，系统学习制怒的课程。

奖励不一定用物质，也可以用对孩子有用的活动。比如，自控能力弱的学生可能阅读能力强，那如果一天下来没有和同学发生冲突，就可以安排他到低年级给学弟学妹朗读十分钟。老师也可以让他参与学校的冲突调解队，看别人需要改进的地方永远比看自己的清楚，对自己来说也是学习的机会，同时建立对学校的信任感、归属感和成就感，学习上才会更安心和尽心。

如果带个人教育方案（IEP）的学生有行为影响到学习，法律规定必须把"行为干预计划"（Behavior Intervention Plan，BIP）加到 IEP 里。BIP 要求学校心理学家通过观察分析、采访家长和老师来回答以下问题：

①请具体描述影响学习的不良行为是什么？
②不良行为发生的频率和延续的时间？
③什么规律，如时间、地点、科目、和什么人在一起时最能预测此行为的发生？
④环境中有什么因素支持此类行为的发生？
⑤怎样改变课程或服务才能消除学生使用不良行为的需要？

找到不良行为的功能后，IEP 团队需要讨论如何对症下药，提供不同服务来练习，用可以达到同样功能的适当行为替代旧习惯。每次学生使用替代行为时就给他感兴趣的奖励，提高新行为的使用率。比如，每次课间不再生气时动手打同学，而是用言语解决冲突，老师就会及时表扬，按班里的"代币制"系统奖励，并通知家长在课后继续表扬强化。校区还聘有行为管理专家，为有严重行为问题的孩子提供行为咨询和治疗。

"半杯子满"还是"半杯子空"?
——心理咨询

> 美国成长于平均年收入 120,000 美元的家庭（中上阶层）的青少年中报告有抑郁、焦虑和吸毒的比例比任何其他阶层的青少年都高。为高中生做咨询，学校心理学家一般是以认知行为治疗的理论为基础，通过改变无用的思维方式和行为来解决当前问题。

2010 年初春，我正在写测评报告，十一年级的蒂芙尼被她的朋友拖进我的办公室，没进门时就已经泪流满面。我大吃一惊：蒂芙尼成绩优异，而且外向热情，去年还被老师推荐帮我辅导另一位有社交障碍的学生，怎么会哭成这个样子？

蒂芙尼告诉我，其实她有抑郁和焦虑的症状已经超过一年了，三个月前还曾在家吞食过量安眠药，幸亏妈妈及时发现把她送到医院抢救。现在她又快崩溃了，担心自己会控制不住重蹈覆辙。究其原因，是对自己各方面的挑剔和失望：刚刚结束的第一学期有一个 B，打破了她全 A 的纪录和角逐校冠的梦想；第二学期刚开始她就不得不放弃一门 AP 课，这让她觉得自己很没用；原来和她常在一起的几个女生最近不知为什么疏远了她，只剩一个朋友在她身边，更让她觉得自己被世界遗弃。总之，学业、生活都让她看不到任何乐趣和希望，就连对自己甜美的五官、齐腰的秀发和匀称的身材她也有诸多不满。我提到每次在校园看到她，从头到脚都穿戴得无可挑剔。她说自己最抑郁的时候打扮得最漂亮，只是为了在同学面前掩盖内心的绝望。

为学生提供心理咨询辅导只占学校心理学工作的小部分时间，但它是这个工作最吸引我的部分。旧金山湾区富庶的高分校区吸引着大量亚裔家庭，就像蒂芙尼所在的高中，亚裔比例已经达到88％。可绝大多数家长不了解的是，心理学家索尼亚·卢萨博士（Dr. Suniya S. Luthar）在一系列对比研究中发现，成长于平均年收入120,000美元家庭的青少年中报告的抑郁、焦虑和吸毒的比例比任何其他阶层的青少年都高[1]。这个发现和类似研究一致[2]。2009年，斯坦福大学对旧金山湾区近5,000名高中生的普查发现，54％的女生和32％的男生说他们最近一个月有三个以上的身体症状和压力有关，如头疼、腹痛、难以入睡等。

同样是十一年级，姜妮从外表上看才应该是悲观的那个：因为出生时有轻度小儿麻痹症，虽然不用轮椅，但她行动比同龄人迟缓，体力差，而且手指不灵活。别人用5分钟写完的作业，她要花大概15分钟，所以从3岁起就开始接受不同的特殊教育服务，如校方会提供课堂笔记复印件、免体育课、课间还有同学帮她背书包等。这在学习成绩普遍高的高中是很显眼的。但姜妮脸上永远挂着有感染性的笑容，让人完全忽略她比同龄人瘦小很多的身材。

精神健康有基因的因素，如蒂芙尼告诉我，比她小两岁的弟弟有冲动控制障碍（Trichotillomania）[3]，焦虑时忍不住拔自己的头发。蒂芙尼已经有轻度抑郁症的诊断，但她拒绝吃药，所以在征得她妈妈同意的情况下，她每周到我这里接受45分钟的心理咨询。

为高中生做咨询，学校心理学家一般是以认知行为治疗的理论为基础，因为它通过改变无用的思维方式和行为来解决当前问题，效率相对高。悲观的思维和归因方式是抑郁情绪的起源之一。蒂芙尼原来的朋友突然今天在学校里没理她，她会告诉自己："没人喜欢和我在一起。我情绪最差，最需要朋友支持的时候她们抛弃了我。我怎么这么没人缘？"如果同样的事情发生在姜妮身上，她会解释："可能同学今天很忙。兴许下节课的考试她还没准备好，心事重重的，所以没看见我。"同时，她把任何积极的事都归结到对自己的肯定："同学帮我背沉重的书包，复印笔记，到处都有人帮我，我很有价值！"而同样这些事情在蒂芙尼的眼中则会被看成"低人一等""让人难堪"。

---

[1] S. S. Luthar, & S. J. Latendresse. (2005). Children of the Affluent: Challenges to Well-being. *Current Directions in Psychological Science*, 14: 49-53.

[2] M. Levine. (2006). *The Price of Privilege: How Parental Pressure and Material Advantage Are Creating a Generation of Disconnected and Unhappy Kids*. New York, NY: Harper Collins.

[3] 一种冲动控制障碍，特点是强迫性拔自己的头发，导致脱发或秃顶、紧张、社交障碍等。

美国积极心理学的创始人之一马丁·塞利格曼博士从1964年开始研究"无助感"和"乐观",他在自己的畅销书《活出最乐观的自己》①里总结,乐观和悲观的根本区别在于个人的解释方式。坏事发生时,悲观的人会把它永久化、概括化和个人化;而好事发生时他们的解释则正好相反,是具体的、转瞬即逝的、外在原因决定的。比如,打赢了球,悲观的人的结论会是:"今天对手可能太累了,没发挥好。"或者"今天我侥幸而已。"如果输了,则是"我球技不好,我本来就不如对手。"

许多研究反复证明,乐观对身体健康、寿命、手术后的恢复、社交、学业到职场表现等都有积极的影响。比如,宾夕法尼亚大学(University of Pennsylvania)在1983年秋季给300多名新生做了乐观情绪量表。第一学期结束时发现,大约三分之一的学生在宾夕法尼亚大学的成绩和入学申请资料不相符:其中20%左右在大学的成绩远远低于高中的表现,80%左右则远远超出他们高中及SAT成绩所预测的。而这个区别在乐观量表上清晰地显示:相似的智力下,大学里表现更优秀的学生都是那些更乐观的。

西点军校每年招收大约1,200名新生,个个高中时学业优异并拥有超强的领导力和体能。但每年七月到八月的集训期间都会有约100名学生在学校正式开学之前就选择放弃了。西点请塞利格曼博士对1991级学生所做的追踪调查同样证明,辍学的是那些在情绪量表上清楚地显示悲观倾向的学生。

10岁以下的孩子绝大多数都是积极乐观的,这也是这一年龄阶段极少有抑郁或自杀的原因之一。但为什么到青少年期和成年后情绪表现差别这么大呢?塞利格曼博士的研究表明,孩子的解释方式在8岁左右开始形成,决定他们悲观或乐观取向的三个原因包括常听到和看到的父母,特别是母亲,对日常生活事件的因果分析;孩子失败时,父母批评的方式和早期生活中负面事件反复发生。

塞利格曼博士的书中极少提到基因对乐观和悲观的影响,但据我观察,天生的情绪倾向还是不容忽视的,有些孩子确实天生较注意生活中负面的经验。在幼儿园就常常看到,有些孩子跌跌撞撞都一笑了之,但总有几个孩子则常常忧心忡忡,摔个跟头好像灾难一样。

好在天生的乐观或悲观倾向比起其他人格特征是后天比较容易改变的一项,如《打破墨菲定律》一书中讲道:"乐观主义者快乐而健康,不是取

---

① M. Seligman. (1991). *Learned Optimism: How to Change Your Mind and Your Life.* London: Penguin Books.

决于他们是谁，而是他们选择做什么①。"既然研究发现悲观的解释方式是观察学习来的，如果家长能在日常生活中养成并示范积极的归因方式，孩子一定会在潜移默化中学习乐观的解释方式。如果孩子已经有悲观的倾向，也可以帮他们通过学习来解除（unlearn）。

认知行为疗法很适合这个年龄的蒂芙尼，因为16岁的孩子可以理解信念如何影响情绪及行为的反应。蒂芙尼每次来我办公室都花半小时的时间，将日常生活中发生的不顺心的事件，在纸上列出并理清逆境—信念—后果（adversity-belief-consequence）的关系，然后练习如何通过辩驳（D-disputation）自己的想法而改变结局，达到给自己加油（E-energization）的目的，慢慢养成自动分析并调节情绪的习惯。

比如，篇头蒂芙尼的问题：

逆境（adversity）：刚刚结束的第一学期有一个 B，打破了这两年多全 A 的纪录，打碎了我角逐校冠的梦想。

信念（belief）：成绩是用来证明自己多聪明的。全 A，毕业时全年级第一，才能证明我的聪明和价值。

后果（consequence）：我不聪明、没用、抑郁、焦虑、绝望，甚至产生结束生命的念头。

辩驳（disputation）：这学年我学业压力大，特别是最近几个月情绪不好，不能专心学习，影响了正常发挥，所以才出现一个 B，它并不能代表我的总体学习能力。我有很多优秀的地方：这么恶劣的情绪下还能基本完成课业要求，同时组织校园慈善时装表演。第二学期去掉一门 AP 课后压力小很多。如果能把情绪调整好，一定会学得很好。再说，成功并不完全取决于课堂成绩，我的交流能力很强，已经为将来的事业打下良好的基础。

加油（energization）：停止哭泣，不再盯着造成自己不良情绪的事件，看到希望，更专心地做自己该做的事情。

除了这个 ABCDE 方法，多项研究也表明学会感恩可以明显提高人的乐观情绪。蒂芙尼接受我的建议——记"感恩日记"，每天至少记录一件，越详细越好。养成这样的习惯，会使她自然地多注意生活中的美好，相当于给她注入积极基因。

另外，抗抑郁药人为地增加人脑内激素血清素（serotonin）的含量，有许多自然的方法也可以增加血清素的分泌，包括充足的阳光、体力活动

---

① S. Segerstrom. (2007). *Breaking Murphy's Law*: *How Optimists Get What They Want from Life-and Pessimists Can Too*. New York：The Guilford Press.

等。最近几个研究发现，每天进行半小时让自己微微出汗的锻炼，对抑郁的治疗效果和轻剂量的抗抑郁药类似[1]。蒂芙尼开始坚持在放学后跑步半小时，不但身体感到放松，晚上睡眠质量也提高了。

乐观并不是十全十美的。乐观最大的弱点是容易忽略或低估负面因素和困难的程度，结果会对很多问题准备不足。踏实的悲观鼓励我们正面残酷的现实，预测可能发生的不良结果并加以准备，反对太过理想的期望。2006年经济学家鲁比尼博士（Dr. Nouriel Roubini）准确地预测了2007—2008年的房地产泡沫破灭和经济危机，被金融界嗤笑为"不可想象的悲观"，还被戏封为"末日博士"（Dr. Doom）。当危机到来时，人们才发现他是多么有远见。

但对蒂芙尼来讲，两个月内养成的更积极乐观的归因方式确实帮助她更理智地处理十一年级繁重的学业和社交压力。从第三个月开始，她就隔两周向我报告一次进步情况，不再需要咨询了。

---

[1] http：//www.health.harvard.edu/mind-and-mood/exercise-and-depression-report-excerpt

识字冠军的困惑
——社交能力

> 积极心理学研究发现，充实的社交生活是五个与幸福相关的因素之一。社交技能缺失的孩子不尽相同，要找到问题的根源才能对症下药。社交常识好掌握，但移情等更高层次的社交能力学起来比较困难。

2007年，一位母亲打电话找到我，抱怨旧金山湾区成绩优异的普莱森顿（Pleasanton）校区不以学习为主，挑剔她天才儿子的社交能力。孩子刚5岁，已经可以读《水浒传》，曾在湾区中文识字比赛中获头奖，记忆力的超常可见一斑。可一入公立学校学前班几个月，老师就反复告诉家长：孩子与同伴交往的能力远远落后于同龄人，建议接受社交小组训练。

这位母亲振振有词，"学校不是学习的地方吗？成绩好就好了，管什么社交能力呢？"耐心解释也无法说通：美国强调，学校教育是为成人世界做准备的，与人交往不但是职场必备的能力，而且直接影响到人的幸福感，所以社交能力是小学教育大纲里和学业同等重要的内容。她拒绝了我去学校观察一下孩子的建议，坚持认为是学校的偏见，而且执意要搬家到圣荷西（San Jose）市著名的私立学校哈克（Harker）附近，因为那里入学要给智商测试，130以上才考虑录取，应该更重视学业吧。从我这里得不到共鸣，这位母亲挂了电话。

半年多后我又接到她的电话，语气更加凝重。原来孩子顺利地进入哈克（Harker）后没几周，老师提出同样的问题：与同伴交往的能力远远落后于同龄人，建议接受社交服务。这位母亲还是不明白，为什么超强的记忆力在学校不受重视，非要让孩子提高与人交往的能力呢？

社交能力是情绪智能的重要组成部分，它帮助我们判断是非，根据不同情况做不同的选择，与人合作等。很多教育心理研究表明，优良的社交能力和孩子的学业表现及课外活动的成功等呈正相关。宾夕法尼亚州立大学和杜克大学的研究人员追踪调查了700名在美国各地的儿童，发现他们入学前班时的社交技能，包括与同伴合作、乐于助人、理解他人的感受和独立解决冲突的能力等，对20年后表现的预测力比当时的学业知识强得多[1]。

孩子在社交方面的天生资质大相径庭。比如，大卫六七个月时，脖子刚转灵活，我抱着他看报纸的时候，他就本能地知道要想得到妈妈的注意力，只要把他的脸转到我的脸前面，目光能对视就好了。别小看这个动作，对视和共同关注能力可是人际交流的基础。大点儿后，大卫果然善于察言观色，一岁半还不会讲话就知道在哥哥做错事受到保姆责备时，脸上堆满微笑去讨好她，被保姆称为"小人精"。

威廉就截然相反了。两岁半时入幼儿园，常常沉浸在自己的世界里，叫他的名字一半以上的时间没反应，和人讲话时目光的交流时有时无，对周围的小朋友视而不见，从不表现任何与同伴交往的兴趣。两岁的孩子以平行玩耍(parallel play)为主，并排坐在一起，但各玩儿各的都属正常。但四岁以后，孩子社交情绪和能力快速发展，绝大多数可以移情(empathy)，开始从别人的角度想问题，同伴之间可以合作游戏，互动玩耍。更复杂的情绪，如嫉妒等也同时开始逐步成熟。威廉的不足到了大班就更明显了。

社交能力和单纯的"外向"不是一回事。流行的社交课程[2]把它分为四类：

①基本技能：如专心听讲、遵守指令、为自己辩解等；

②人际交往技能：如分享、得到允许、加入团队活动、等待轮到自己等；

③解决问题技能：如请求帮助、道歉、接受后果、决定该做什么等；

④解决冲突技能：如怎样面对指责、挫折、失败、霸凌、同伴压力等。

---

[1] Damon E. Jones, Mark Greenberg, & Max Crowley. (2015). Early Social-Emotional Functioning and Public Health: The Relationship Between Kindergarten Social Competence and Future Wellness. *American Journal of Public Health*, 105(11): 2283-2290.

[2] http://projectachieve.info/stop-think/stop-and-think.html

威廉的社交技能在 5 岁前的发展确实远远低于同龄人，如果这种缺陷同时还伴有语言发展（如听力理解和口头表达）的迟缓和刻板行为，那就有自闭症的症状了。当时我可以放心的地方是威廉理解力很强，词汇量和表达能力正常，思维逻辑性强，可以在家里为自己据理力争，对老师讲故事等活动也很专心。另外，他虽然很少主动找小朋友玩，但全班孩子的名字记得很清，见到他们的家长也能正确对上号，并不是完全封闭在自己的世界里。

前面提到的家长对老师的要求完全没必要产生这么强的抵触情绪，因为只要没有病理的原因，绝大多数孩子会随着年龄慢慢发展社交能力。很多孩子在集体场合慢热，但只要他们观察力强，如清楚地告诉你班里谁最受欢迎、谁最胆小等，虽然不会一下子就找到朋友，长远来看不会有特别的社交困难。进入公立学校的前两年，表面上并看不出威廉社交发展的迟缓，因为他在自己喜欢的活动中，如棒球和象棋队，和同伴都是谈笑风生。但他实际上对友谊的理解还是落后，如对"好朋友"没概念，也并不在乎。好在二年级时出现了一位和他兴趣爱好相似的男生，两人课间形影不离，这种友情确实让威廉每天对上学更向往，常常很骄傲地提到他的"好朋友"如何如何。有一次这位男生还为他打抱不平，更让威廉尝到有"朋友"的甜头儿。

积极心理学三十几年对幸福的研究发现，充实的社交生活（rich social network）是五个与幸福相关的因素之一①。这一点在我工作的学校屡见不鲜，特别是初中和高中。初中午饭时没有固定的座位，如果没有人愿意和你一起聊天儿，那在三五成群的校园里还是蛮显眼的。如果长期被同伴排斥，郁闷不乐的情绪会影响到对学校及学习的兴趣。

初中和高中时有学生因社交、交流困难被老师推荐来做测评，他们往往智力中上甚至超常，才能在小学时用出色的学业掩盖交流等方面的弱点。然而，随着年龄的增长，和同龄人社交能力上的差距越来越大，缺陷才开始明显。这些孩子会在认知能力的标准测试中游刃有余，但在社交知觉部分弱点暴露无遗，包括识别面部表情的细微差异、预测行为后果、从别人的角度想问题等。这些孩子大多都可以继续上正常班的课程，但需要每周一到两次接受社交语言和社交技能训练，一般由语言治疗师、"Inclusion Specialist"②或学校心理学家来提供。

---

① M. Seligman. (2002). *Authentic Happiness: Using the New Positive Psychology to Realize Your Potential for Lasting Fulfillment.* New York: Free Press.

② 专门帮助有自闭症的孩子的社交发展，让他们更好地适应主流课的集体环境．

社交技能缺失的孩子不尽相同，要找到问题的根源才能对症下药。我们一般按学校心理学家协会的推荐，从以下几方面入手。

1. 社交常识

比如，有轻微自闭症的学生智力都很正常，很多甚至超强，但正常发育的孩子可以轻易通过观察学习的社交常识，如讲话时要和他人保持一定距离、保持目光对视等，这些孩子却要逐步学起。他们谈话只是围绕自己感兴趣的话题，看不懂肢体语言，听不到语调/语气的变化，听谚语等字面后的意思困难，还有社交判断能力弱。比如，混淆别人是善意的玩笑还是真正在讥笑。这就一定需要专业人士讲解、演示，同时家长要在日常生活中练习。如果从学前期就开始一致的社交训练，到初中和高中时这些孩子里有一部分已经可以彬彬有礼，基本的人际交流完全没有问题了。

最难学习的是更高层次的社交能力，如移情（empathy），感受到周围人的情绪，从别人的角度想问题。角色扮演是重要的练习途径。另外，平时还可以多提醒他们注意观察家人和朋友的喜好，生日时可以投人所好，挑选特别的礼物。训练社交能力的书，如卡罗尔·格瑞（Carol Gray）的社交故事书（Social Story Book）[1]，也很方便讨论练习。

2. 知道该怎么做但因自控能力差而做不到

最有效的行为训练一定是侧重教孩子该做什么，而不是惩罚负面行为。孩子的不良社会行为是告诉父母、老师自己的缺陷在哪里。家长和老师一定要在教他们正确行为的同时，及时表扬他们的应用，这样才能提高正确行为发生的概率。比如，孩子知道上课发言之前该举手，但到时候会忘记。如果每次发言前做到先举手就得到老师的表扬，坚持下去，孩子会提高举手的频率。

3. 知道该怎么做，但因不熟练而不成功

比如，孩子打闹过头的行为常出现在课间时间，罚这些孩子坐板凳，失去玩儿的机会，远远不如采取像游戏的力量（Power of Play）[2]等干预方法，让在操场上监督孩子的成人（yard duty）组织做游戏，这样孩子边玩儿边学到并练习如何轮流等，还同时减少了违纪行为出现的概率。有的孩子学过面对霸凌该怎么办，但因为缺乏练习或反馈而在现实生活中无法反抗，那角色扮演就很有效。

---

[1] http://carolgraysocialstories.com/

[2] 游戏的力量：加州大学圣巴巴拉分校（UC Santa Barbara）心理学教授尚·吉姆森博士（Dr. Shane Jimerson）为小学设计的减少霸凌的方法。

4. 内在或环境的原因干扰孩子把已知的社交技能正常发挥出来

比如，焦虑让孩子在社交场合太紧张，那就需要先练习如何有效地处理紧张情绪。

环境的因素在社交能力学习的过程中确实很重要。夫妻之间相互尊敬爱护，邻里关系良好，孩子耳濡目染，与人交往时也会得心应手。相反，在学校常打架的孩子，十有八九在家里有挨打的经历或见过家庭暴力，才会用同样的方式来解决自己身边的问题。同样，如果老师管理课堂纪律不善，班上违纪行为也一定多。

另外，很多社交问题和孩子内在的个性和能力偏差等也有关系。威廉在2~4岁时对同伴没兴趣的很大原因是，他对更抽象的符号和图形等更感兴趣。比如，两三岁的孩子到教室会先注意到老师和同学，而他会先看墙上贴的字；三四岁的孩子假想玩耍（pretend play）最丰富时，他只会追着我给他出数学题。这也是当时给他安排玩伴没效果的原因，因为把小朋友请到家里来一对一地玩，人家感兴趣的玩具不吸引他，而他两岁时喜欢、着迷的美国地图拼图，对大多同龄孩子又太枯燥。对这样的孩子就不如等到大一些后，找到他和同龄人共同感兴趣的活动，在自然的环境中发展人际交往能力。特别是高中，多样的俱乐部、球队和社团为孩子提供各种发挥自己特长和兴趣的机会，既锻炼了领导和交流能力，也增加了校园生活的色彩，一举两得。

我曾经服务过的一位八年级男生，小时候发音有困难，口齿不清，连年接受语言治疗还是没有根除。小学时，有不懂事的同学嘲笑过他，让他养成除非万不得已，否则在人前尽量不讲话的习惯。到初中时已经在校园里很孤僻了。他告诉我，如果有要求小组合作的作业，同学们都不愿找他。就算老师强制把他安排在一个小组里，其他组员也会委婉地拒绝他参加周末进行的小组工作，只是把他的名字加到作业上而已。后来父母在校外给他报名参加篮球夏令营，不但让他在打球的过程中认识了几位同校的学生，也让这些同学见识到他勇敢的一面。从此在午饭时间，他不再孤独地一个人躲在图书馆看书，而是饭后和同学们一起打篮球，融入热闹的校园生活。同时，篮球也增强了他的自信心，他在班上开始发言，这让同学们刮目相看。上学，不再是一种折磨。

真正的社交障碍出现的概率比较小，大约每68个孩子里有一位自闭症患者，这种交流、行为等发展障碍后天培养需要很多努力，效果还不敢保证。我曾在一年级的时候为几位患有轻微自闭症的孩子做过全面测评，他们智商非常高，词汇量也很大，但人际交流固定在自己的爱好上，无法与同学正常沟通。9年后，在高中为他们复测，虽然社交常规上有进步，但还是很难站在别人的角度上想问题。

包括威廉，我也看到他在人际交往上的应变能力等永远都不会像大卫一样八面玲珑。但只要他成人之前能通过反复提醒、练习、鼓励等学会与人交往的基本技能，不影响到将来的工作和生活就可以了。像尼克和他的几位麻省理工（Massachusetts Institute of Technology，MIT）的同学朋友圈很小，但在工作中的交流都没问题。某电脑工程奇才不会在买车时讲价，但至少他可以按时把自己的工作做好吧。

家长如果连基本社交能力的培养都不重视，那对孩子的影响就大了。有些学生凭高分和得奖等条件被名牌大学录取，却在面试中从肢体语言等各方面显示出不自信、不成熟，最终被取消入学资格。

很多学校越来越重视学生社交技能的发展。制怒、解决冲突、抵制同伴压力等主题的小组训练逐渐普遍。很多初中每月安排一次全校性的社交活动，高中更是每年几次大型舞会，为校园生活增加了很多乐趣。但有些教育界人士，包括我工作过的学校的一位校长，过于强调社交能力的重要性，又走向另一个极端。认识到它的重要很好，但太过也没必要。见过很多学生，特别是到了高中后，把社交生活当成首要任务，边做作业边上社交网站和朋友聊天，三小时可以完成的作业要花上六小时还不一定做得好。毕竟，学校最大的作用之一是养成良好的学习习惯和方法。社交能力的培养为孩子的未来锦上添花，但如果没有真才实学，"花"的作用也会逊色。

我为什么还活着？
—— 自杀防御

> 2013年春季，美国疾病控制与预防中心对上万名九年级到十二年级学生的调查表明：近15%的青少年报告曾很严肃地考虑过自杀。家庭的和睦和支持，包括友好的社区，被列为增强孩子韧性的第一条，因为良好的家庭关系和亲子交流会增强孩子的"归属感"。

2013年5月，一位拥有全A成绩的十一年级亚裔女生从金门大桥跳下，结束了自己17岁风华正茂的生命。

当晚接到消息，学区总监马上通知了她所在的高中校长和她妹妹所在的初中校长，两位校长在第二天上课前召开全校教职员工会议解释了这个噩耗，并宣布如果哪位老师情绪难以控制，包括她的网球教练，校区会安排代课老师。当事女生所修的六门课的老师，由副校长亲自逐一通知。其他四所高中的咨询老师和学校心理学家也一大早赶到她的高中，为需要的同学提供悲伤辅导，她的好朋友们被特别集中在一个小组。妹妹所在的初中老师们也被通知如果看到哪位学生情绪有波动，请立刻通知咨询老师和学校心理学家，因为有不少学生是她的邻居。

七天后，静寂的墓园里，我泪眼模糊地参加了她的葬礼。除我之外，只有两位高中老师参加。我知道学校领导不来，不是因为不重视这件事，而是怕给在场的几十位学生造成错觉，给自杀蒙上英雄色彩，引起不堪设想的"自杀群"现象。曾经有学校在自杀事件后允许校内的纪念活动，结果又有几位学生采取同一方式结束自己的生命。

巨大的棺木被缓缓地降到穴底，然后一束束洁白的鲜花落在上面，"咚咚"的声音好像在敲门，试图唤醒沉睡的她。

灿烂的阳光遮盖不住黑衣上承载的悲痛，反而更映照出大家眼中的疑惑和绝望。

那一幕，永远刻在我记忆里。

因为我知道，躺在墓里的，可能就是我。

初中的时候，父母在家里的争吵愈演愈烈，没心思管我们三个孩子。弟弟妹妹还小，天性敏感的我觉得活着真没意思，经常想到自杀。当时热播的日本连续剧《血疑》中的女主角幸子身患血癌，说"要像非洲野象一样孤独地死去"，我觉得那该有多么浪漫，也想象着自己"像非洲野象一样孤独地死去"，追悼词都给自己写好了。

美国疾病控制与预防中心2013年春季对上万名九年级到十二年级学生的调查表明：近15%的青少年报告曾很严肃地考虑过自杀；近13%报告已经为此做了计划；近8%在过去的12个月中已经尝试过自杀①。

统计数据显示，美国15～24岁的年轻人中因自杀身亡的占近万分之一。

就算是万分之一也太多了，因为所有关于自杀的研究都证明它完全可以被预防。

人，都有求生的本能。历史上多少君王在寻求"长生不老"的秘诀，现代多少重病患者都会去积极配合治疗，以求延长生命。

而我们的孩子，体能、智力接近人生顶峰的青少年，为什么选择这样的方式放弃他们无价的生命？

近年来，各公立校区都越来越重视自杀防御工作。我的博士同学，达里瓦尔州的学校心理学家特丽·俄柏卡博士（Dr. Terri Erbacher）已成为这个课题的专家，其专著《学校里的自杀》②于2014年出版。我也一直为家长做心理健康讲座，帮助社区了解"求死的欲望"哪里来？自杀的原因在哪里？同时更找到"活得很快乐的青少年的特点"，以求降低自杀风险，不让这种悲痛降临到更多的家庭。

结合学校心理学家协会的总结③，以下几点供国内的父母和教育工作者参考。

---

① http：//www.cdc.gov/violenceprevention/suicide/youth_suicide.html

② T. Erbacher, J. Singer, & S. Poland. (2014). *Suicide in Schools：A Practitioner's Guide to Multi-level Prevention, Assessment, Intervention, and Postvention*. London：Routledge.

③ https：//www.nasponline.org/resources-and-publications/resources/school-safety-and-crisis/preventing-youth-suicide/preventing-youth-suicide-tips-for-parents-and-educators

1. 自杀的原因在哪里？

自杀并非由一个原因造成，而是存在以下风险因素，然后由一个诱因引发。

①精神疾患（抑郁、行为障碍等）；
②家庭压力；
③环境风险，如家里枪支的存在；
④情境危机（如亲人离世、受虐待、家庭暴力等）。

国家精神健康研究院（National Institute of Mental Health）曾清楚地指出，青少年自杀的诱因常常是"失望、失败、被拒绝等，如和女朋友分手、考试成绩不理想或者家庭纠纷"①。

为什么当年我有风险因素（父母争吵不休），也有征兆（给自己写下追悼词），但是没死成呢？除了没有死的途径（如当时住平房、家里没有枪或毒药、市内也还没建火车等），广为引用的自杀人际理论解释，人还需要"求死的欲望"才能完成自杀。"求死的欲望"来自人长期体验自己是他人的累赘和缺乏归属感②。

这两项和孩子基本的心理需要——成就感和健康的人际关系正好相反。如果有成就感，他们就会觉得自己有价值，不会觉得是"累赘"；如果和周围的人有亲密的关系，就不会缺乏归属感。当年我很幸运，在高中找到学业上的成就感，再加上生性外向，身边没缺过朋友，所以才没有被一时的绝望推上不归之路。

这也是为什么美国学校心理学家协会把"家庭的和睦和支持，包括友好的社区"列为增强孩子韧性的第一条，因为良好的家庭关系和亲子交流会增强孩子的"归属感"，温暖的家应该永远是孩子力量的源泉。

另外，研究表明，90%死于自杀的人有精神健康疾病。从作家张纯如到喜剧大师罗宾·威廉姆斯（Robyn Williams），因精神健康问题而自尽的名人已经引起公众对这个问题的重视。最近几年关于自尽高中生的调查也不例外。美国大约10.7%的青少年有抑郁症③，5.9%有严重焦虑症状④。

---

① http://www2.nami.org/Content/ContentGroups/Helpline1/Teenage_Suicide.htm
② http://www.apa.org/science/about/psa/2009/06/sci-brief.aspx
③ http://www.nimh.nih.gov/health/statistics/prevalence/major-depression-among-adolescents.shtml
④ http://www.nimh.nih.gov/health/statistics/prevalence/any-anxiety-disorder-among-children.shtml

而其中只有 18%～25% 会寻求治疗。如果孩子心理有需要而家长或朋友的帮助效果不显著，一定要像对待生理疾病一样支持孩子就医。"很容易找到有效的医疗和精神健康资源"也是美国学校心理学家协会推荐的防御自杀机制必不可少的一项。美国各州和县都有为青少年开设免费热线，以便他们在离家出走、有自杀倾向或其他危机时寻求帮助。各市政府也都附心理健康服务机构，不只提供家庭和个人咨询，还常年开设各种亲子课程，增进家庭关系。

2. 科普自杀征兆，培训更多"看门人"

研究表明，预防自杀的一个关键步骤就是科普自杀征兆[①]。50%～75% 的人在自杀前有征兆，而这些征兆是最容易被熟悉他们的家人、朋友和老师察觉到的：①口头威胁自杀；②写下自杀留言和计划；③曾经试图自杀；④给自己做身后安排，如写遗嘱、把原来宝贝的东西送人；⑤心思意念总和死亡相关；⑥举止、打扮等突然有巨大变化。

我在学校曾经帮助过的几位有自杀倾向的高中生，他们都是被朋友或父母带到我办公室来的。有更多的"看门人"，我们才能为有风险的孩子及时提供服务。

学校对任何征兆都很重视。加州 5150 法案规定，如果学生在校期间显示任何自杀倾向，如说出或在纸上写下"想死"，学校有权在通知家长前先报警，学生会被警察直接带到精神病院监护 72 小时。这种情况每年在华人聚集、成绩优异的中学都有发生，让家长措手不及。但这其实是对学生生命的保护措施。

3. 了解青少年的大脑：情绪调控和抗压机制还在建设中，冲动常占上风

美国 10 岁以上的人口中自杀只是死亡原因的第 10 位，但在 10～24 岁这个年龄阶段却上升为第三位，每年约有 4,600 年轻人死于自杀，更可怕的是同时还有近 157,000 位的同龄人曾在急救室因自我伤害而需要接受医疗服务[②]。青少年期间死亡的首位原因——意外事故以及盲从造成的"自杀群"，都和这个年龄阶段大脑的发育特点息息相关。

国家精神健康研究院总结[③]：大脑成熟的顺序从后向前，是脑神经被

---

① T. Erbacher, J. Singer, & S. Poland. (2014). *Suicide in Schools: A Practitioner's Guide to Multi-level Prevention, Assessment, Intervention, and Postvention*. London: Routledge.

② http://www.cdc.gov/violenceprevention/pub/youth_suicide.html

③ http://www.nimh.nih.gov/health/publications/the-teen-brain-still-under-construction/index.shtml

髓鞘包裹的过程。神经只有被髓鞘包裹好后，它的信号才能最快地传导到目的地。青少年时期记忆力、阅读理解、数学分析、运动等功能逐渐达到顶峰，但与其他的脑叶相比，大脑的额叶（frontal lobe）最不成熟、信号传导性能最差，要到25岁左右才能完全发育成熟。而额叶却总管对危险和冒险的判断能力，控制冲动，计划和选择自己的行为，是大脑的总指挥。这是很多青少年情绪化、易怒、冲动、注意力不集中、做事欠条理、易受毒品、酒的诱惑以及喜欢冒险的本质原因。

对从金门大桥跳下后为数不多的幸存者的采访发现，他们在空中的那一瞬间都后悔了，意识到自己一直以为不能改变的困境，其实都是可以解决的问题①。多少青少年试图自杀也是一时冲动。我们成人因为生活的阅历，认同"塞翁失马，焉知非福"，但孩子一旦遇到失望和挫折，很容易看不到事情有转机的可能。

能够帮助青少年大脑健康发育，减少冲动概率的办法，除了健康的饮食，还需以下两点。

（1）充足的睡眠：每晚8～10小时

研究发现，青少年阶段，睡眠周期往后推迟，大多数晚上11点前入睡困难②。很多高中因为这个规律而尽量推迟早上开课时间。比如，有的高中每周三9点才上第一节课。长期睡眠不足会增加青少年冲动、不理智的言行，对生理和心理健康都有损。

（2）经常锻炼：每天保证半小时

国家生物科技信息中心（National Center for Biotechnology Information）总结，自杀往往是冲动时完成的，试图自杀的人大脑内帮助控制冲动的激素血清素（serotonin）低于同龄人③。有许多自然的方法可以增加人脑内血清素的分泌，包括充足的阳光、体力活动等。经常锻炼不止帮助释放压力，而且提高自尊和睡眠质量。

4. 改变信念，增强抗压、抗挫折和解决问题的能力

国家精神健康研究院曾清楚地指出，青少年自杀的诱因常常是"失望、失败、被拒绝等"④。这也是为什么"适应性、解决问题的能力"是学校心理学家协会推荐的防御自杀机制重要的一项。

近七年，旧金山湾区多起青少年自杀事件，让很多家长思考，为什么

---

① https：//en.wikipedia.org/wiki/The_Bridge_(2006_documentary_film)
② https：//sleepfoundation.org/sleep-topics/teens-and-sleep
③ http：//www.ncbi.nlm.nih.gov/pmc/articles/PMC2077351/
④ http：//www2.nami.org/Content/ContentGroups/Helpline1/Teenage_Suicide.htm

我们60后、70后在艰苦的环境中长大，走过高压的高考之路，很少听说过有自杀的。反而是我们的下一代，生活条件这么优越，还成长在相对宽松的美国学校，怎么就这么多想不开的？

一有自杀悲剧发生，家长就开始提醒孩子，"人生不如意十有八九"。可之前呢？我们给过他们，去体验"不如意"和"失败"的机会吗？相反，很多孩子生活在假象中：考试要全A、竞赛要拿奖、大学要名校、工作要大公司……一旦挫折来临，他们措手不及。

我们这一代，父母工作很忙，花在孩子学习上的时间少很多，倒是给了我们机会去失败，再爬起来。而有过这样经历的一代人，收获的只是"控制感"，体验到通过自己的努力改变命运，不论遇到什么难题，怎么会轻易放弃生命呢？无助感（helplessness）是预测自杀最准的情绪。

能够看到并接受生活中的不完美，并不是让孩子去"降低目标"甚至"逆来顺受"。《完美主义者手册》[①]一书中总结近20年对完美主义的研究，发现"健康的完美主义"帮我们达到自定的目标，这和工作学习上的成就、生活的满意度等都相关。"不健康的完美主义"问题不在于目标太过完美，而是为了达到目标而采取的方式，特别是过度担心期间会发生的错误及过度怀疑自己。在自己努力做到最好的同时，可以接受本身力量的有限，才能更从容地面对结果。在意外到来时可以想到，很多事情的发生是在自己的控制能力以外的，不把时间浪费到怨天尤人上，才能踏实地面对挑战。

青少年自杀是用一种永久的方法解决一个暂时的问题。帮孩子端正对生活的态度，逐步建立抗压机制，能看到任何问题都可以找到解决的办法，是我们可以在日常生活中做到的。孩子在身边成长的过程中，请千万别忘记让他们有机会经历失败，增强他们对挫折的免疫力。青少年各不相同，适合他们的减压方式也不同。我认识的高中生中有的编织，有的运动（如做瑜伽），有的喜欢和朋友聊天，这些都是健康的放松身体、抒发情绪的方式。

5. 责任感和使命感

有很多家长问：父母没有给孩子压力，但孩子从同学那里自己感到压力怎么办？家长反映成绩好的高中盛行"学业霸凌"，选普通课或成绩平平的学生常受那些选多门大学预修课或成绩优异的同学嘲笑，这给他们带来很多压力，成为焦虑和抑郁情绪的根源。

那么我们就要帮他们开阔眼界，通过责任，找到自我以外的价值。

[①] J. Szymanski. (2011). *The Perfectionist's Handbook：Take Risks, Invite Criticism, and Make the Most of Your Mistakes*. New York：Wiley.

"对生活的满足感、自尊和使命感"是学校心理学家协会推荐的防御自杀机制必不可少的一项。

英语有句俗话:"如果你想幸福一小时,就睡个午觉;如果你想幸福一天,就做自己喜欢的事;但如果你想幸福一辈子,只有帮助他人。"帮助别人,服务社区,是增强青少年价值感,同时又拥有归属感的最佳途径。

我周围有很多这样的高中生,不但自己求知欲强,还通过各种方式用自己的知识帮助他人。像小学科学队的教练,就是当地高中十年级的学生。他热爱科学,不论自己课业再紧,课外网球队训练再累,都乐于每周拿出两小时的时间指导两个小学科学队。还有很多学生需要照顾家人,或在医院做义工等。他们的生命超越了自己,有更大的意义。这样的孩子,就算生活中遇到挫折,这么多的责任和牵挂也会帮他们想得更远。他们常常一天24小时都不够用的,怎么会考虑自杀呢?

如果孩子只是为了"成绩"而学习,为了"受欢迎"而社交,那压力一定很大。可如果孩子看到自己现在的课业、活动、朋友等和社区、社会及世界的关系,那压力也会成为动力。美国高中要求每个学生在完成课业的同时,有几十小时服务社区的经历才能毕业,那是最佳的帮助孩子向成人期过渡的步骤。很多不了解的移民父母把它看作负担,就大错特错了。我见过很多孩子结合自己的兴趣和特长,建立非营利组织,为社区提供学业辅导、园艺、环保等各项服务,完成几百小时还孜孜不倦,乐在其中。很多人更是在这个过程中找到继续高等教育的动力和方向。

很多上了大学的孩子回来告诉我,回头再看看自己的高中时代,觉得当时自己很可笑,把很多并不重要的人和事看得那么高。她们当时以为那个高中就是"整个世界",可现在才开始了解世界有那么大,自己可以做的有意义的事情有那么多,而学业成绩远远不能定义自己的个人价值。可多少孩子放弃了走到那一天和找到那个结论的机会。

6. 健康的信仰

对幸福的研究表明,除了健康的人际关系外,只有健康的信仰和幸福的相关值在统计学上达到显著水平[1]。美国学校心理学家协会也把"强调健康生活的文化和宗教信仰"列为提高青少年抗挫折能力的六个因素之一。

2014年,某项研究对超过35,000名18岁以上的美国人的抽查发现,成年人中报告为基督徒的比例是70.6%[2]。基督的核心思想"信,望,爱"

---

[1] M. Seligman. (2002). *Authentic Happiness: Using the New Positive Psychology to Realize Your Potential for Lasting Fulfillment.* New York: Free Press.

[2] http://www.pewforum.org/2015/05/12/americas-changing-religious-landscape/

中囊括了预防自杀的所有因素：有信心、希望和盼望，感受到来自基督的爱，遇到再大的困难也不会走上绝路。

* * *

世界卫生组织把心理健康定义为"个人可以发挥潜能，处理生活中的压力，有效工作，为社区做贡献的状态"。

这难道不是我们对每一个孩子的希望吗？

我们改变不了青少年还在发育中的情绪调控机制，就算搬家远离铁轨、大桥，我们也不能保证孩子生活在真空里，永远没有压力和失败。

我们能做到的是增强韧性因素，包括亲密的家庭关系、健康的社交圈、乐观的生活态度、健全的减压机制、成就感、价值感、责任感、使命感、信仰等。这些足以增强生的快乐和意义，抵挡任何的失望、失败、挫折和不幸，以不变应万变，协助我们的下一代健康成长。

附录 费利蒙联合校区教育心理诊断报告样例[①]

CONFIDENTIAL

FREMONT UNIFIED SCHOOL DISTRICT
PSYCHOEDUCATIONAL REPORT

4210 Technology Dr. Fremont, CA 94537-5008
510-657-2350

Name: Wei Schmidt	Birthdate: 11/13/2009	Chronological Age: 6-4
Parents: Ms. Hui Liu & Mr. Bent Schmidt	School: M--- Elementary	Grade: Kindergarten
Ethnicity: Chinese/Caucasian	Primary Languages: Chinese/French	English Proficiency: EL
Examiner: G. Julie Xie, Ph.D.	Title: School Psychologist	Report Date: 3/14/16

This report shall include, but not be limited to (a) whether the pupil has a specific disability and the basis for making that determination; (b) relevant behavior during observation and its relationship to academic and social functioning; (c) educationally relevant medical findings, if any; (d) any discrepancy between achievement and ability that cannot be corrected without special education and/or related services; (e) effects of environmental, cultural, or economic disadvantage, where appropriate; (f) that assessment measures selected are appropriate for the pupil based on normative data or other research and are valid for their intended purpose; (g) that the pupil's English language proficiency and primary language is taken into account in the interpretation of the assessment results.

REASON FOR REFERRAL:

Wei was originally found eligible for special education service due to Speech/Language Impairment in December 2015. He was referred for a comprehensive psychoeducational assessment by his IEP team due to concerns about his social and behavioral difficulties. This assessment is to determine Wei's present levels of performance in relationship to his eligibility for other special education services.

BACKGROUND INFORMATION:

Wei was born in the US and lives at home with his parents and a two-year-old sister. His mother was originally from China and communicates with him in Mandarin while his father communicates with him in French. Wei is fluent in both languages. He reads in Chinese language since age two and has been attending a weekend French School since age four. Wei's English language proficiency was tested within the Early Advanced range on CELDT (California English Language Development Test) in fall 2015, which fell within the EL (English Learner) range.

An interview with Wei's mother, Ms. Liu, indicated that Wei's paternal grandfather exhibits social difficulty such as poor eye contact. Ms. Liu reported that Wei was born via C-section one week before his due date. He had met most early developmental milestones within normal limits, e.g., walking at 12 months, speaking single words at age one, etc. He was taken to China to be with his maternal grandparents between age 10 months and 20 months. Physically Wei has been in good general health except for asthma and Amblyopia, for which he has been receiving patch therapy since age four. He also wears glasses for nearsightedness. Wei passed both vision and hearing screenings at school in fall 2015.

Ms. Liu reported that Wei started to be exposed to English language at two-year seven-month of age when he had attended Tiny Totes classes twice a week. Then he had attended a home-based daycare at three-year nine-month of age where he experienced significant difficulty following directions. Within two months, Wei was transferred to a church affiliated preschool where he responded well to teacher's accommodations and gentle redirections. Reportedly he made significant progress in social and communication skills there and made three good friends.

[①] 报告中的人名、时间和地点都有改动，以保护学生和家长隐私。

| Psycho-educational Report | Page 2 |

During the current school year, Wei has been attending a regular education kindergarten program at M--- Elementary. He was originally found eligible for special education services under speech/language impairment in December 2015 due to mild to moderate articulation disorder. He was also found exhibiting pragmatic skill difficulties, such as poor eye contact when conversing and poor use of personal space. Therefore, social skill goals were established as well. He has been receiving speech/language service twice a week since then. Mrs. Smith, Wei's kindergarten teacher, reported that Wei is very intelligent and makes grade level progress in all academic skills except for Speaking & Listening (*Participates in collaborative conversations*) and Writing (*participates in shared research and writing projects*). At the beginning of the school year, Wei had frequently exhibited aggressive behaviors such as hitting peers, shouting out strange noises, wrapping hula hoop around teachers and trying to knock them down, etc. Those have gradually improved except for occasional atypical behaviors such as getting on his arms and legs and slamming into teacher's legs without any apparent trigger. Wei's difficulty following directions persisted in class in spite of accommodations and support such as weekly counseling service, which is often disruptive to teacher's instructions. For example, he still scribbles on worksheets or do the opposite of what the teacher asks. In addition, Wei is noted to have difficulty with social development, e.g., difficulty making friends, poor eye contact, etc. Subsequently Wei was referred for a comprehensive psychoeducational evaluation in January 2016 to determine his eligibility for other special education services.

ASSESSMENT PROCEDURES:

Parent, Teacher, and Student Interviews
Record Review
Behavioral Observation
Differential Ability Scales – Second Edition (DAS-II)
The Beery-Buktenica Developmental Test of Visual Motor Integration (VMI)
Test of Auditory Processing Skills: Third Edition (TAPS-3)
NEPSY-II
Vineland Adaptive Behavior Scales – Second Edition
Behavior Assessment System for Children – 3rd Edition

BEHAVIORAL OBSERVATION:

Group Setting:

1/25/2016: Wei followed directions to line up with his peers at the end of recess. During the observation session, Wei sat in the front of the class on carpet but his inconsistent attention appeared to negatively impact his learning. For example, when the teacher gave instructions on an activity, Wei looked down at his knees. When teacher prompted him to look up, he asked for a bandage. After receiving it from the teacher, he continued to look sideways during teacher's verbal instructional time. He was silent when the teacher led the class sing a song. Occasionally he rocked his body gently while the class sounded out words out loud. When called on, Wei was able to give out a correct ending sound. Later he followed the direction to put a writing journal back but stopped to touch something on the wall on the way back until the teacher prompted him to sit down with the class.

3/07/2016: Wei was observed during both instructional time and recess. When Wei arrived at school at 11:30 a.m., he seemed to know class routines well and put his backpack inside the classroom before going outside to line up with his class automatically. After walking in class with his peers, he sat at his seat and started doing a morning worksheet as asked. There were 25 students sitting in 5 groups and Wei was seated with 4 peers. He traced letters on the worksheet quietly for a couple of minutes and then pulled out a book from his desk. He occasionally looked at the book while coloring the worksheet. Then he was distracted by the book and read it for a couple of minutes before going back to coloring. It is noteworthy that instead of coloring only the circles with letter T in, Wei used crayons and connected all the circles with T's. Then he yelled "I'm done." He handed in his worksheet and sat on carpet with his class as asked. Wei looked at the teacher when she did the roll call and raised hand when his name was called. Wei looked up when the teacher talked about the calendar. He was quiet when the class discussed the days of the week and sang a song, neither did he make the gestures. He also did not follow directions tracing T in the air with his finger when the teacher demonstrated and asked the class to repeat

| Psycho-educational Report | Page 3 |

after her. Without any observable trigger, Wei spit at a student sitting to his left. After his peers called for the teacher's attention, Wei stopped immediately. Wei looked up at the teacher when she demonstrated how to write upper and lower case T. Occasionally he looked away or looked down at the carpet but always looked back at the teacher in a minute or so. At one point, he knocked his head on the back of a boy sitting in front of him for about 10 seconds. As the class continued discussing words with "t" sound, Wei had a hard time sitting crisscross for more than a couple of minutes at a time so he bent his legs on the side from time to time.

During independent work time, Wei got the folder box as the table leader. Then he worked attentively on his package. It is noteworthy that on two occasions Wei didn't understand the instructions as he stared at the worksheet. He immediately worked on it after this observer explained to him what was needed to be done. At 12:30 p.m., Wei moved to the carpet again with his class for math. He looked up at the teacher when she demonstrated math problems. Occasionally he looked away but had no problem resuming attention to the teacher soon after. He grabbed a hand of the boy sitting in front of him but was able to let go when teacher prompted him.

During recess, Wei at first rolled a hula hoop around by himself. Then he ran to the play structure and approached a boy in his class. He ran around with him for a few minutes before returning to the class to use the bathroom. Wei washed his hands afterwards before returning to the playground. He had no problem lining up with his class at the end of the recess.

Testing Setting:

Wei came to the testing office with his mother on three separate days. He presented as a well-groomed boy with a somewhat flat affect. He exhibited a lateral lisp on /s, z/ and "sh" while speaking but his intelligibility was over 95% for this examiner. During the first session, Wei was getting over a cold but followed all directions attentively in part due to visual cues. During the second session, Wei looked more energetic. He still followed all directions but started to grab objects across the table without asking. He responded to prompting well and was easily redirected. During the third session, Wei showed no response when the examiner greeted him. He also sat with a flat affect when asked to draw a picture. He was able to cooperate after the examiner asked him which hand he uses to write (in Chinese language). Wei not only drew a picture as asked but also explained the picture about his father in Chinese language enthusiastically. He cooperated with all requirements after that. When Wei saw this examiner in his kindergarten class later that morning, he said "hi" to her. When he returned to the testing office that afternoon, Wei looked more responsive and followed direction to greet another adult in the same room. He followed all directions during that session of testing.

Wei's cultural and language backgrounds might have adversely affected validity of those standardized measures involving mostly English language. Findings from other sections of this evaluation are considered to constitute a valid estimation of his current performance level with his cooperation.

ACHIEVEMENT ASSESSMENT:

Wechsler Individual Achievement Test®-Third Edition (WIAT®-III)

The WIAT-III is an updated standardized achievement test for individuals 4:0-50:11 in a variety of clinical, educational, and research settings. The mean for the standard scores is 100 and average range between 90 and 110.

Date: 02/2016 Administered by: Ms. Hansen, RSP Teacher

Composite Scores	Standard Score	Percentile
Basic Reading	108*	70th
Oral Reading Fluency	106*	66th
Mathematics	117	87th
Oral Language	106*	66th

*Needs to be interpreted with caution due to language and cultural background.

| Psycho-educational Report | Page 4 |

Results from the WIAT-III indicated that Wei scored within the Average range in basic reading, reading fluency and oral language skills on this standardized achievement test when compared with other children at his age whose primary language is English. His relative strength is math, which fell within the High Average range. Although those are overall consistent with his current class performance as he is making grade level progress in reading, math and writing, they may constitute a minimal estimation of Wei's true academic skills due to his language and cultural backgrounds. Please refer to the Resource Specialist's report for more information.

COGNITIVE ASSESSMENT:

Differential Ability Scales – Second Edition (DAS-2)

The DAS-2 is an individually administered battery of cognitive and achievement tests for children from ages 2.5 through 17. The cognitive battery yields the General Conceptual Ability (GCA) and cluster scores that have a mean of 100 and standard deviation of 15. The cognitive subtests provide T scores with a mean of 50 and standard deviation of 10. Diagnostic subtests also provide additional information on specific abilities.

02/15/16 & 02/22/16   Administered by: School Psychologist

	Standard Score	90% Confidence Interval	Percentile
Verbal Cluster	*100	93-107	50th
Nonverbal Cluster	133	121-136	99th
Spatial	128	121-132	97th
Processing Speed	106	98-112	66th
General Conceptual Ability (GCA)	**125***	**119-129**	**95th**

Core Subtests	T Score	Percentile
Verbal Comprehension	54*	66th
Picture Similarities	54	92nd
Naming Vocabulary	46*	34th
Pattern Construction	72	99th
Matrices	73	99th
Copying	61	86th
Diagnostic Subtests		
Recall of Digits Forward	63*	90th
Recall of Digits Backward	60*	84th
Speed of Information Processing	48	42nd
Rapid Naming	58*	79th
Phonological Processing	58	79th

*Needs to be interpreted with caution due to language and cultural background.

Results from the DAS-2 indicated that Wei's overall cognitive functioning is difficult to be represented by the GCA due to significant discrepancy among different areas. Wei demonstrated excellent nonverbal and spatial reasoning abilities, which fell within the High to Very High range when compared with other children at his age whose primary language is English. He easily identified patterns in matrices designs and categorized pictures based on their function or shapes. He also identified relationships between parts to the whole and composed geometric designs expected only at a much older age. In addition, he was able to copy geometric designs on paper accurately.

In the verbal section, Wei's word knowledge and verbal comprehension skills in English language fell within the Average range when compared with other children at his age whose primary language is English. In addition, Wei was able to repeat series of digits up to 6 at a time, which fell within the Above Average range. Those indicate adequate skills in comprehending and retaining instructions at his age level in a regular education program in America. Lucas also demonstrated age appropriate phonological processing skills such as finding rhyming words and blending phonemic sounds into words. It is noteworthy that Wei was able to name a lot more pictures in Chinese language than in English language. When his responses in Chinese were counted, his word knowledge is estimated to be within the High range for his age. He also gave more elaborate answers

| Psycho-educational Report | | | Page 5 |

during interviews when this examiner talked with him in Chinese language, which indicates that Chinese continues to be Wei's primary language at this time.

In the area of processing speed, Wei was able to name series of pictures in a timely manner. On the other hand, when he had to scan and cross out a target shape out of a row of distractions, his speed slowed down noticeably. Although his overall processing speed still fell within the Average range when compared with other children at his age whose primary language is English, it is noteworthy that the speed of writing may be an area of relative weakness for Wei when compared with his other abilities.

PROCESSING ASSESSMENT:

The Beery-Buktenica Developmental Test of Visual Motor Integration (VMI)

The VMI measures visual-motor integration through a series of shapes the individual copies. It provides information about how accurately an individual can copy a series of increasingly complex designs. It is appropriate for individuals' ages 4-0 years through 17-11. The VMI is a valid measure of sensory-motor skills with respect to visual-motor integration. It is nondiscriminatory for gender and ethnicity.

Date: 02/24/16　　　　　　　　　　　Administered by: School Psychologist

Wei was given the VMI to measure his ability to integrate visual and motor skills in paper/pencil tasks. His overall visual/motor integration skills in copying fell within the Average range (Standard Score of 100 at the 50th percentile) when compared with other children at his age. He easily reproduced geometric designs on paper at his age level, indicating adequate skills in copying and handwriting when focused.

Test of Auditory Processing Skills: Third Edition (TAPS-3)

The TAPS-3 is a systematic measure used to determine auditory-perceptual strengths and weaknesses for children between 4 and 18 whose primary language is English. Scaled scores for subtests have a mean of 10 & average range between 8 and 12.

Date: 02/29/2016　　　　　　　　　　Administered by: School Psychologist

Index	Subtests	Standard/Scaled Score	Percentile
Phonologic		116*	86th
	Word Discrimination	11*	63rd
	Phonological Segmentation	17*	99th
	Phonological Blending	11*	63rd
Memory		115*	84th
	Number Memory Forward	13*	84th
	Number Memory Reversed	13*	84th
	Word Memory	15*	95th
	Sentence Memory	11*	63rd
Cohesion		108*	70th
	Auditory Comprehension	13*	84th
	Auditory Reasoning	10*	50th
Auditory Processing Index		113	81st

*Needs to be interpreted with caution due to language and cultural background.

The TAPS-3 was given to Wei to evaluate his skills in processing verbal/auditory information in English language. Wei demonstrated strong phonological processing skills when asked to tell similar phonemic sounds apart, segment or blend sounds in words. His short-term verbal memory skills also fell within the High Average range when asked to recall series of digits, words and sentences. In addition, Wei exhibited strong listening comprehension skills when presented with questions involving factual knowledge in sentences. He was also able to perform within the Average range for questions involving auditory reasoning skills when asked about implied meanings and making inferences in sentences. Wei's overall auditory processing skills fell within the High Average range when compared with other children at his ages whose primary language is English. Although this might be a minimal estimation of Wei's auditory processing skills due to his language and cultural backgrounds, it clearly shows his ability to comprehend and retain verbal instructions at his age level in general education programs when he is focused.

NEPSY-II

The NEPSY-II is a comprehensive instrument designed to assess neuropsychological development for children between 3 and 16. It consists of a series of neuropsychological subtests that can be used in various combinations according to the needs of the child. The subtests have scaled scores with a mean of 10 and average range between 8 and 12.

3/07/2016   Administered by: School Psychologist

Subtest	Scaled Score	Percentile
Auditory Attention & Response Set	10	50th
Inhibition	(INN) 12 & (INI) 7	(INN) 75th & (INI) 16th
Comprehension of Instructions	13	84th
Narrative Memory	10	50th
Affect Recognition	7	16th
Theory of Mind	12	75th

Auditory Attention & Response Set: This subtest is designed to assess selective auditory attention and the ability to sustain it. It is designed to assess the ability to shift and maintain a new and complex set involving both inhibition of previously learned responses and correctly responding to matching or contrasting stimuli.

Inhibition: Inhibitory control is the ability to resist the urge to engage in an enticing behavior, as well as the capacity to stop oneself from engaging in automatic behaviors.

Comprehension of Instructions: This subtest is designed to assess the ability to receive, process, and execute oral instructions of increasing syntactic complexity. For each item, the child points to appropriate stimuli in response to oral instruction.

Narrative Memory: This subtest is designed to assess memory for organized verbal material under free recall, cued recall and recognition conditions.

Affect Recognition: This subtest is designed to assess the ability to recognize affect from photographs of children's faces in four different tasks.

Theory of Mind: This subtest is designed to assess the ability to understand mental functions such as belief, intention, deception, emotion, imagination and pretending, as well as the ability to understand that others have their own thoughts, ideas and feelings that may be different from one's own and the ability to understand how emotion relates to social context and to recognize the appropriate affect given various social contexts.

Wei was given a few subtests from the NEPSY-II to measure his attention, inhibitory control, verbal comprehension, narrative memory as well as social perception skills. Wei performed within the Average to High Average range in the subtests involving verbal comprehension and verbal memory skills when asked to follow 2-step verbal directions or recall contents from a short story. Those are overall consistent with his performance on the TAPS-3, indicating adequate skills in comprehending and retaining verbal instructions at his age level when focused. Wei also demonstrated adequate attention skills when asked to keep track of one target word when dozens of distraction words were presented. In the subtest of Inhibition, he was able to name series of pictures in a timely manner but experienced more difficulty when asked to stop himself from engaging in automatic behaviors. His inhibitory control skills fell within the Low Average range when compared with other children at his age, which suggests relative inflexibility for his age. In the social perceptual skills, Wei was able to respond to most questions requiring knowledge of another individual's point of view or predict subsequent affect after reading various scenarios. However he experienced relative difficulty when asked to identify photographs depicting faces with the same facial expressions from others with subtle differences, which fell within the Low Average range for his age. This often suggests a relative weakness in social awareness in group settings.

| Psycho-educational Report | Page 7 |

ADAPTIVE BEHAVIOR SKILLS ASSESSMENT:

Vineland Adaptive Behavior Scales – Second Edition (Vineland-II)

The Vineland –II is an individually administered measure of adaptive behavior for ages birth through 90. The Teacher Rating Form provides a comprehensive assessment of personal and social sufficiency for students aged 3 through 21 years. The Vineland-II assesses adaptive behavior in 4 broad domains of Communication, Daily Living, Socialization and Motor skills for children under 7. Standard scores between 86 and 114 fall within the Adequate range, 71 and 85 within the Moderately Low range, 20 to 70 within the Low range.

Survey Interview Form: Interviewee: Ms. Liu, Mother, 03/2016

Domain	Standard Score	90% Confidence Interval	Percentile	Adaptive Level
Communication	97	90-104	42nd	Adequate
Daily Living Skills	95	88-102	37th	Adequate
Socialization	75	69-81	5th	Moderately Low
Motor	81	72-90	10th	Moderately Low
Adaptive Behavior Composite	**84**	**80-88**	**14th**	**Moderately Low**

Teacher Rating Form: By Mrs. Smith, Kindergarten teacher, 03/2016

Domain	Standard Score	90% Confidence Interval	Percentile	Adaptive Level
Communication	103	97-109	58th	Adequate
Daily Living Skills	92	86-98	30th	Adequate
Socialization	72	68-76	3rd	Moderately Low
Motor	94	85-103	34th	Adequate
Adaptive Behavior Composite	**89**	**80-98**	**23rd**	**Adequate**

Adaptive behavior refers to an individual's typical performance of the day-to-day activities required for personal and social sufficiency. Wei's mother, Ms. Liu, completed the Survey Interview Form through two extended interviews in Chinese language. Ms. Liu described Wei as "strong-willed" and "determined/persistent" at home. She admitted that Wei used to experience significant difficulty following directions at home, which has improved noticeably over the past 2 years. Ms. Liu rated Wei's current communication and daily living skills within the Adequate range when compared with other children at his age whose primary language is English. Wei was noted to have the following strengths:
- Excellent hands-on skills and enjoys making things with hands;
- Persistent and focused in self-initiated activities, e.g., could saw wood in garage for over two hours;
- Excellent learning abilities, e.g., estimated to read Chinese language at 2nd grade level;
- Adequate daily living skills, e.g., takes care of himself independently in eating and dressing, can prepare simple food like pancake on his own;
- Can ride a bike without training wheels smoothly (relative difficulty with ball catching).

Wei's classroom teacher, Mrs. Smith, also rated his communication, daily living and motor skills in school within the Adequate range for his age. Wei is noted to have the following strengths:
- Grade level academic skills in reading, math and writing;
- When in a good mood, he shows a good sense of humor.
- Can be very creative and has a good imagination.

On the other hand, both Ms. Liu and Mrs. Smith consistently rated Wei's social skills within the Moderately Low range when compared with other children at his age whose primary language is English. His relative weaknesses in social development exhibit in class in the following areas:
- Poor social awareness such as personal space or property of others;
- Inconsistent eye contact when spoken to;
- Difficulty with transitions and changes such as a substitute teacher;
- Difficulty following directions, especially on class activities that he does not consider important;
- Lack of self-control, flexibility and anger management skills when upset;
- Not showing empathy or taking responsibility for his actions;
- Defies authority openly & seems to seek negative attention.

Psycho-educational Report | Page 8

Ms. Liu reported similar difficulties at home and believed that they could have resulted from a lack of consistent boundary at a younger age. She saw noticeable progress over the past 2 years. Mrs. Smith had observed Wei frequently exhibiting aggressive behaviors at the beginning of the school year such as hitting peers, shouting out strange noises, wrapping hula hoop around teachers and tried to knock them down, etc. Those have gradually improved except for occasional atypical behaviors such as getting on his arms and legs and slamming into teacher's legs without any apparent trigger. On the other hand, his difficulty following directions persisted in school, which is often disruptive to the teacher's instructions.

BEHAVIORAL & SOCIAL/EMOTIONAL ASSESSMENT:

The Behavior Assessment System for Children 3 (BASC-3)

The BASC-3 is a multi-method, multidimensional approach to evaluating the behavior and self-perceptions of children and young adults aged 2 to 25 years of age. Two types of normative scores are provided for each scale: T scores and percentiles. T scores greater than 70 on the Clinical Scales suggest significant disturbance in the domain. T scores greater than 40 on the Adaptive scales are desirable.

BASC-3, Teacher Rating Scales Mrs. Smith, classroom teacher Date: 3/2016

Composite	T-Score	Percentile	90% Confidence Interval	Description
School Problem	49	54th	46-52	Normal
Internalizing Problems	60	86th	56-64	**Clinically At-Risk**
Externalizing Problems	73	96th	70-76	**Clinically Significant**
Behavioral Symptoms Index	80	99th	77-83	**Clinically Significant**
Adaptive Skills	33	6th	30-36	**Clinically At-Risk**

Wei's classroom teacher, Mrs. Smith, completed the TRS based on her observation of Wei over the past 6 months. Overall Wei's attention, learning and study skills were rated within the normal range when compared with other children at his age whose primary language is English. Mrs. Smith reported that Wei can be nice and kind when he chooses to. He also has good study habits such as consistently completing homework assignments.

On the other hand, Wei's externalizing problems, internalizing problems and adaptive skills were rated within the Clinically At-Risk to Significant range when compared with other children at his age in America, including **adaptability, social skills, functional communication, aggression, withdrawal, atypicality, hyperactivity, conduct problems**, etc. Mrs. Smith chose "often" or "almost always" for Wei on the following statements:

> has poor self-control; loses control when angry and does not let things go when upset;
> defies teachers, intentionally does the opposite of what he is asked;
> can be overly aggressive such as hitting others;
> disrupts the schoolwork of other children such as annoying others or scribbling on peers' work;
> argues when denied own way; refuses advice;
> acts without thinking; is easily stressed;
> does strange things such as making disruptive noises with voice and school tools;
> isolates self from others; has trouble making new friends; avoids eye contact.

Although Wei continues to make grade level academic progress at this time, it is noteworthy that the above behaviors disrupt the class instructions and negatively impact his social development.

SUMMARY:

Wei Schmidt, a six-year old kindergartener at M--- Elementary, was assessed due to his social and behavioral difficulties. Wei's first languages are Chinese and French. He started to be exposed to English language around two and a half years of age. Wei had a history of difficulty with social and behavioral development such as empathy, eye contact, self-control, following directions, etc. since age two, which has been improving at home over the past two years. He had demonstrated significant aggressive and defiant behaviors in

| Psycho-educational Report | Page 9 |

class at the beginning of this school year. As his aggression seems to have improved, his defiance persisted in school, which is disruptive to the class. Wei was originally found eligible for special education service due to articulation disorder in December 2015. Pragmatic language skills such as eye contact and personal space was also noted to be his relative weaknesses. Weekly speech/language and counseling service are provided at school at this time.

Findings from the current assessment indicated that Wei's cognitive development in nonverbal reasoning, spatial reasoning, and word knowledge in Chinese language were estimated to be within the High to Very High range when compared with other children at his age. His phonological processing, short-term verbal memory, listening comprehension, auditory reasoning, visual/motor integration, and attention skills fell within the Average to High Average range for his age. Wei's adaptive skills in communication, daily living and motor development were rated within the adequate range for his age. On the other hand, his social and behavioral development was rated within the Moderately Low/Clinically At-Risk to Significant range for his age. He demonstrated significant difficulty with self-control and emotional regulation skills in school, which has resulted in frequent defiant behaviors in class. Although Wei continues to make grade level academic progress at this time, it is noteworthy that his social and behavioral difficulties are inappropriate for his age and negatively impacting his ability to build age appropriate social relationships.

DISCUSSION:

An IEP meeting will be convened to share results of the assessment with the IEP team, and the team will make recommendations regarding appropriate educational services for Wei. Considering Wei's multi-cultural background and lack of consistent boundary while growing up, it is not conclusive about his eligibility for SERIOUS EMOTIONAL DISTURBANCE at this time even though he exhibits at least two characteristics as listed on CCR 5 3030(i):
An inability to build or maintain satisfactory interpersonal relationships with peers and teachers.
Inappropriate types of behavior or feelings under normal circumstances exhibited in various situations.

Based on his profile, Wei is recommended to continue language service to promote his articulation and social/pragmatic language skills. In addition, it is clear that he requires direct instructions on self-control and emotional regulation skills. Weekly social skills and counseling services as well as Behavior Intervention Plan (BIP) are recommended to be added to his IEP to support his progress in general education program. Wei also needs to learn functional communication skills such as how to ask for help when needed. For example, he tends to scribble when he did not understand the instructions.

The following accommodations in and out of school may also be considered:
Preferential seating to be with peers who are more patient and friendly;
Repeat instructions as needed; Break tasks down into smaller steps;
Provide accurate, prior information about changes and expectations;
Model correct format of communication without correction;
Create cooperative learning situations where Wei can share his proficiencies with peers;
A designated place on campus for Wei to calm down when upset.

It was a pleasure working with Wei, his parents, and teacher. He will continually benefit from consistent boundary and positive reinforcement from both home and school to promote self-control and emotional regulation skills. His progress will be monitored closely to determine his future eligibility for more intensive services.

_____   _____
School Psychologist   Date

图书在版编目(CIP)数据

我在美国做学校心理学家：走进真实的美国中小学生活／（美）谢刚著.—北京：北京师范大学出版社，2016.4（2023.3重印）
　　ISBN 978-7-303-20247-8

Ⅰ．①我… Ⅱ．①谢… Ⅲ．①中小学教育－教育心理学 Ⅳ．①G44

中国版本图书馆 CIP 数据核字（2016）第 061641 号

教材意见反馈　　gaozhifk@bnupg.com　010-58805079
营销中心电话　　010-58807651
北师大出版社高等教育分社微信公众号　　新外大街拾玖号

WOZAI MEIGUO ZUO XUEXIAO XINLI XUEJIA

出版发行：	北京师范大学出版社　www.bnup.com
	北京市西城区新街口外大街 12-3 号
	邮政编码：100088
印　　刷：	三河市兴达印务有限公司
经　　销：	全国新华书店
开　　本：	787 mm×1092 mm　1/16
印　　张：	15.25
字　　数：	255 千字
版　　次：	2016 年 4 月第 1 版
印　　次：	2023 年 3 月第 5 次印刷
定　　价：	45.00 元

策划编辑：周益群	责任编辑：齐　琳　王星星
美术编辑：袁　麟	装帧设计：宋　涛　金敏峰
责任校对：陈　民	责任印制：马　洁

版权所有　　侵权必究

反盗版、侵权举报电话：010-58800697
北京读者服务部电话：010-58808104
外埠邮购电话：010-58808083
本书如有印装质量问题，请与印制管理部联系调换。
印制管理部电话：010-58805079